아베 신조와 미·일 동맹의 도약

사무라이와 양키의 퀀텀점프

이하원

박영사

'동맹 이상의 동맹' 구축하는 일본과 미국을 바라보며

1. 나루히토 일왕의 2019년 5월 즉위 직후 당시 미국 대통령이던 도널드 트럼프가 도쿄를 국빈 방문했다. 마침 그의 숙소는 조선일보 도쿄지국에서 멀지 않았다.

트럼프는 오테마치에 위치한 팰리스 호텔에서 4일간 머물렀다. 그를 보기 위해 많은 일본인이 인근에 모여드는 것을 지켜봤다. 트럼프는 플래카드를 들고 환호성을 지르는 이들을 위해 손을 흔들었다. 그가 스모 경기장을 찾았을 때는 모든 관람객이 일어나 손뼉을 치며 환영했다. 직전에는 "트럼프가 의자에 앉아서 관람하는 것은 스모 전통을 깨는 것"이라는 비판이 나왔지만 "스모를 전 세계에 알리는 좋은 계기"라며 반색하는 분위기였다.

트럼프는 일본 황거(皇居)에서 양국관계를 '보물 같은 미·일 동맹'으로 불렀다. 요코스카 기지를 방문해 일본이 항공모함으로 개조하기로 한 헬기 탑재 호위함 가가에 승선, 미·일 동맹의 굳건함을 강조하기도 했다.

2018년 한국 대법원의 징용배상 판결과 2019년 일본의 수출규제로 한일관계가 최악인 상황에서 도쿄를 방문한 트럼프는 미·일 관계가 절정에 이르렀음을 보여줬다. 아베 신조 당시 총리와 골프장, 스모 경기장을 함께 다니며 하루 세 끼 식사를 함께 했다. 트럼프는 공식석상에서 일본을 '동북아 안보의 반석'이라고 부름으로써 아베의 손을 번쩍 들어줬다고 할 수 있다.

트럼프가 노골적으로 일본을 지지하고, 일본은 미일 동맹을 활용해 외교 무대를 확대하는 모습은 워싱턴 특파원에 이어 2018년부터 도쿄 특파원으로 일하던 필자에게 많은 것을 생각하게 만들었다.

한일갈등이 심각하고 한미동맹이 이전 같지 않은 상황에서 미·일 관계가 이렇게 비상하는 것은 미래에 어떤 영향을 미치게 되는 걸까. 미·일 양국이 한국을 배제하고 중국, 북한을 포함한 동북아 정세를 논의하면 한국의 설 자리는 어디인가. 앞으로 한·미 동맹은 어떻게 되는 걸까.

2017년 문재인 정부가 들어서기 전까지만 해도 한·미 동맹이 미일 동맹에 비해서 현격한 차이가 있었던 것은 아니다. 오히려 2009년 일본에서 '자주 외교'를 내건 민주당 정권이 등장했을 때는 미국이 한국을 더 중시하는 현상도 나타났었다.

2007년부터 약 4년간 조선일보 워싱턴 특파원으로 활동하던 필자는 '일본의 새로운 길(A New Path for Japan)'을 내건 하토야마 유키오 총리가 '일본의 노무현'으로 불리며 불신당하는 것을 목도한 바 있다. 오바마 미 행정부는 미·일 동맹의 중요성을 강조할 때 언급하던 '주춧돌(cornerstone)', '린치핀(linchpin·핵심축)' 개념을 한·미 동맹에 사용하며 양국 관계를 굳게 했다. 그 결과로 나타난 것이 한·미 FTA 체결이었고, 민간 분야에서의 교류는 더욱 활발해졌다. 이후 한국인의 미국 취업도 한층 용이해졌다. 문재인 정부의 지난 5년간은 그 당시와는 정반대의 현상이 나타났다고 해도 과언이 아니다. 외형은 멀쩡해 보이지만 균열이 커져온 것이 한미동맹이다. 문재인 정권은 바이든의 핵심 정책인 쿼드 참여에 부정적이었다. 종전선언, 베이징 동계올림픽 '외교적 보이콧' 문제로 양국 간 불협화음은 커져왔다. 한·미 통화스와프는 미국이 부정적이어서 연장에 실패, 2021년 12월 31일 종료됐다.

2. 일본에서 '(미·일) 동맹 표류'라는 책이 출간된 게 1997년이다. 저자는 훗날 아사히신문 주필이 되는 후나바시 요이치. 주일미군의 오키나와 여중생 강간 사건 등으로 흔들리던 미·일 관계를 우려하며 쓴 책이었다. 이 책은 윌리엄 페리 전 미 국방장관의 우려로 마무리된다. "미·일 동맹은 역(逆)피라미드 같은 구조라고 느껴진다. 항상 양옆에서 받쳐 주지 않으면 쓰러져 버릴 것 같은 느낌이 든다." 1990년대 미·일 동맹의 불안함을 역삼각형에 비유한 것이다.

이 책이 나온 지 25년 된 2022년에 살펴보니 미·일 동맹은 역(逆)피라미드가 아니라 안정된 피라미드 모양 같다. 일본에서는 이제 '(미·일) 동맹 도약'이라는 제목의 책이 나올 시점이 아닌가 생각될 정도로 동맹의 발전 속도가 빠르다.

일본 관점에서 미일 동맹을 가늠하는 중요한 지수는 중국과 영토 분쟁 중인 센카쿠열도(중국명 댜오위다오) 문제다. 조 바이든 미 대통령은 2020년 11월 당선 직후 스가 요시히데 당시 일본 총리와의 첫 전화 통화에서 센카쿠 보호를 언급, 일본 열도를 놀라게 했다. 일 외무성 고위 관리가 크게 만족하며 "100점 만점"이라고 언급한 사실이 내서특필했나. 미국은 요즘 '(누구노) 깰 수 없는(unbreakable) 미·일 동맹' 표현을 사용하기 시작했다. 대만이 위협받으면 양국이 공동 작전을 펼치는 작전 계획이 만들어졌다. 2021년 창설된 미국·영국·호주의 3국 동맹 오커스(AUKUS)에 일본이 들어가 조커스(JAUKUS)가 될 것이라는 얘기도 나온다.

3. 과거 미·일 동맹이 일방적인 미국 주도였다면 요즘엔 일본이 배후에서 조종, 끌고나가는 측면도 보인다. 일본은 바이든 정부에서도 아베 신조 전 일본 총리가 고안한 '자유롭고 열린 인도·태평양(FOIP)' 슬로건을 계속 사용하도록 하는 데 성공했다. 미국·일본·인도·호주 4국의 안보 협력체 '쿼드'의 사실상 사무국 역할도 하고 있다.

2021년 영국·프랑스·독일의 '아시아로 회귀'는 국제사회의 큰 주목을 받았다. 영국 해군의 항모 퀸 엘리자베스호 등을 비롯한 유럽 3강(强) 함정을 요코스카항에 기항시키며 중국 견제에 나서도록 한 주역은 일본이었다. 북한의 해상 불법 환적(換積)에 대응한다며 호주·캐나다·뉴질랜드까지 끌어모아 준(準) 동맹 체제를 만들었다. 미국의 어깨에 올라타서 중요한 역할을 하며 실리를 챙기는 것이다.

2021년 12월 기시다 후미오 일 총리 발언은 '미·일 동맹의 우주화' 전략을 상징적으로 보여준 장면이었다. 일본은 미국이 280억 달러를 투입하는 '아르테미스(Artemis)' 달 탐사 계획에 핵심 파트너로 참여 중이다. 그는 이를 바탕으로 "2020년대 후반에는 일본인 우주 비행사의 달 착륙 실현을 도모하겠다"고 발표했다. 미·일 공동으로 달에 식민지를 건설해 희귀 자원을 들여오는 계획도 논의되고 있다.

이제 미·일 동맹은 약 9년간 총리로 집권했던 아베 신조가 제안하고, 트럼프 전 대통령이 브랜드화한 인도·태평양 전략의 핵심 축으로 자리 잡았다. 2021년 트럼프를 대선에서 꺾은 조 바이든 대통령이 집권 후에도 미·일 동맹은 인도·태평양 전략을 앞에 내세워 활동 범위를 서쪽으로 지속적으로 확장하고 있다.

4. 이 책은 사무라이(일본)와 양키(미국)가 미일동맹 강화를 위해 퀀텀점프하는 상황에서 시사점을 얻어야 한다는 생각에서 출간하게 됐다. 일본이 생존 전략으로서 미일동맹의 진화를 위해 얼마나 노력하고 있는지를 담아내 알리고 싶었다.

2018년부터 도쿄 근무 3년간 일본 정관계 관계자들은 물론 도쿄 주재 미국 외교관들을 취재 대상으로 삼아 미·일 동맹의 한 복판에 깊이 들어가 보려고 노력했다. 주일 미군 사령부가 있는 요코다 기지, 요코스카 해군 사령부와 오키나와의 후텐마, 가데나 기지를 직접 취재하며 한국에 시사점을 주려고 했다. 미·일 양국이 우주군을 함께 만들어 달과 화성으로 뻗어 나가며 밀착하는 사실의 의미 등을 다양한 기사를 통해서 전달하려고 했다. 이 책은 이런 노력들의 결과물이다.

1부에서는 일본이 미군 함재기를 위해 1,760억 원을 들여 무인도를 구입하는 것을 비롯, 미·일동맹이 구체적으로 어떻게 진화하고 있는지를 보여주려고 했다.

2부에서는 미일동맹을 바탕으로 일본이 우주로 뻗어나가며 영국 프랑스 호주 등과 준(準) 동맹 관계를 구축하는 상황을 분석했나.

3부에서는 중일관계가 최악의 상황에서 정상궤도로 복귀하는 과정을 다뤘다.

4부와 5부에서는 한일관계가 최악으로 치닫고 한미동맹이 제대로 작동되지 않는 현장을 담았다.

6부에서는 미·일 동맹 퀀텀점프의 주역인 '문제적 정치인' 아베 신조 전 총리에 대해서 집중분석했다(아베는 이 책의 출간 마무리 중이던 2022년 7월 8일 참의원 선거 유세 중 전 해상자위대원의 총격에 의해 사망했다).

7부에서는 아베가 어떻게 도널드 트럼프 당시 미 대통령과의 브로맨스를 형성했는지에도 초점을 맞췄다.

8부에서는 미국의 행정부가 공화당에서 민주당으로 바뀌었지만 미·일 동맹이 중단 없이 발전해 가는 모습을 담았다.

미·일 동맹의 비상(飛上)에 대한 현장 기록과 분석이 한·미 동맹을 한 단계 도약시키는 데 작은 도움이 되기를 바라는 마음뿐이다. 2022년 5월 윤석열 정부 출범을 계기로 한미동맹이 미일동맹에 버금가는 동맹으로 도약하고, 한미일 3각 협력이 동북아 안보의 주춧돌이 되기를 희망한다.

이 책은 조선일보의 방상훈 사장님과 선후배들의 배려와 도움 덕분에 출간할 수 있었다. 두 손 모아 깊이 감사드린다.

부족하나마 이 책으로 인해 받는 은혜와 기쁨을 온전히 하나님께 드리고 싶다.

차례

PART **2**

PART **3**

이 책은 방일영 문화재단의 지원을 받아 저술, 출판됐습니다.

PART

1

비상하는 미일동맹

일본, 美함재기 훈련용 무인도 160억 엔에 구입

'불침항모' 마게시마, 미일동맹의 새 상징으로

미 CNN방송은 2019년 12월 일본 정부가 미 항모 함재기(艦載機) 훈련을 위해 사들이기로 한 일본 가고시마현 남단 8㎢의 작은 섬 마게시마(馬毛島)에 주목했다. CNN은 둘레가 16㎞, 가장 높은 곳은 70m인 이 섬에 대해 "마게시마는 미국의 불침항모(不沈航母) 될까"라는 제목을 붙였다. "동중국해 가장자리에 자리 잡은 마게시마가 아시아에서 유사시 미 해군의 불침항모로 사용되는 날이 올지도 모른다"고 했다.

일본 정부가 주일미군 항공모함 함재기의 이착륙 훈련(FCLP · Field Carrier Landing Practice) 부지로 제공하기 위해 마게시마를 160억 엔(당시 환율로 약 1,760억 원)에 매수하는 계약을 체결하자 이렇게 분

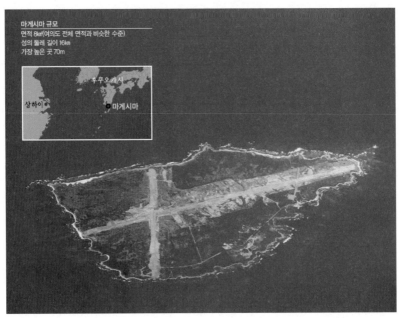

마게시마 규모
면적 8㎢(여의도 전체 면적과 비슷한 수준)
섬의 둘레 길이 16㎞
가장 높은 곳 70m

상하이

후쿠오카시

마게시마

일본이 미군에 제공하기 위해 160억 엔에 구입한 무인도 마게시마

석한 것이다.

일본 정부가 주일미군의 FCLP를 위해 섬 하나를 통째로 매입한 것은 미·일 동맹에 새로운 이정표가 세워진 것을 의미한다. 미국은 세계의 군대 중에서 다른 어떤 나라보다 훈련을 중시하는 나라다. 특히 인도·태평양 군사 전략의 핵심인 항공모함 함재기의 이·착륙 훈련은 필수불가결하다고 보고 있다.

CNN방송은 일본 정부의 마게시마 구입이 더 큰 목표를 가지고 있을 수도 있다고 분석했다. 중국이 센카쿠 열도(중국명 댜오위다오) 영유권을 주장, 일본은 동중국해에서의 입지 강화를 모색하고 있는데 "적절한 시설이 완성되면 마게시마는 일본 자위대의 항구적인 기지로서의 역할도 완수할 수 있을 것"이라고 했다. 마게시마에서 중국

상하이까지는 불과 900㎞밖에 되지 않는다. 일본이 앞으로 미국에서 도입하는 F-35 스텔스 전투기를 이곳에 배치, 중국을 겨냥할 가능성을 배제할 수 없다.

주일 미군의 이착륙 훈련은 기본적으로 연간 약 2회, 각각 10일간에 걸쳐서 진행된다. 주일 미군이 훈련하지 않는 기간에는 자위대가 전투기 기동 전개 및 낙하산 훈련을 하게 된다. 미일 양국은 유사시 오키나와 미군 기지에 배치된 미 전투기를 마게시마로 옮기는 방안에 대한 연구에도 착수했다. 일본이 중국에서 날아오는 미사일을 막기 위한 사드(THAAD) 시스템을 이곳에 설치할 가능성도 있다는 분석이 나온다.

'신의 한 수' 마게시마, 중국도 견제

일본 정부는 2020년부터 FCLP를 위해 구입한 마게시마 정비에 착수했다. 중장비를 동원해 인근 해저 37곳을 조사한 뒤 항만 시설 위치와 규모를 정하기로 했다. 기지 건설 공사를 위한 환경영향평가도 실시한다. 일본 정부는 바이든 대통령 당선인이 임기를 마치는 2025년 전에 완성하는 것을 목표로 하고 있다. 조만간 미군은 중국의 코앞에서 항공모함 함재기의 '터치다운' 훈련을 자유자재로 하며 전투 능력을 증강시키게 된다. 장기적으로 마게시마가 오키나와 미군 기지 일부를 대체한다면 오키나와의 '미군 피로감'을 줄일 수도 있다. 일본이 마게시마 구입으로 미일동맹을 굳건하게 하는 것은 물론 중국을 견제할 수 있는 '신의 한 수'를 뒀다는 분석이 유력하다.

마게시마는 일본이 미·일 동맹의 새로운 표상으로 내세우고 있나는 섬에서 국내외에서 주목받고 있다. 2020년 스가 요시히데 당시 일본 총리는 문예춘추(文藝春秋) 10월호에 밝힌 자신의 '정권 구상'에서 "일·미 동맹을 한층 강고하게 하는 것이 필수 불가결하다"며 "내가 지난해 마게시마 토지 취득 교섭을 지휘했는데 이것이 (미·일 동맹 강화에) 큰 효과가 있다"고 했다. "약 2,500m 활주로를 정비해 함재기 훈련에도 활용하게 하면 이런저런 장점이 나올 것으로 생각한다"며 "마게시마 교섭을 지휘해서 미국 국방장관을 포함한 관계자들로부터 많은 감사 편지를 받았다"고도 했다. 스가는 아베 정권의 '실세' 관방장관으로서 미·일 양국 간 주요 현안으로 약 10년 전부터 거론돼 온 마게시마 구입 논란에 종지부를 찍은 사실을 자랑스러워하고 있다.

군사적 요충지에 최적의 미 함재기 훈련장 구축

서울 여의도 전체 면적과 비슷한 규모의 마게시마 매입이 논의되기 시작한 것은 약 15년 전부터다. 그동안 주일미군 항모 함재기는 도쿄 인근 가나가와 현의 아쓰기(厚木) 기지를 거점으로 해왔다. 함재기가 아쓰기 기지에서 FCLP를 할 때 나는 소음 때문에 민원이 많이 발생했다. 특히 야간훈련(NLP·Night Landing Practice)이 문제였다.

이런 민원 때문에 FCLP는 약 1,000km 이상 떨어진 남태평양의 오가사와라(小笠原) 제도의 유황도(硫黃島)를 오가며 실시돼왔다. 효율적이지 못한 것은 물론 함재기에 이상이 생길 경우 비상착륙할 수 있는 공항 시설이 전혀 없는 것이 문제로 지적돼왔다.

그러던 중 함재기의 거점이 일본 서부의 야마구치현의 이와쿠니

(岩國)기지로 옮겨가면서 더 이상 오가사와라 제도에서 훈련이 불가능하다는 판단이 내려졌다. 일본이 마게시마를 FCLP후보지로 확정한 것은 2011년. 일본은 워싱턴 DC에서 열린 미·일 외교·국방장관회의(2+2)에서 마게시마를 FCLP의 이전 후보지로 제시했다.

마게시마는 원래 무인도가 아니었다. 메이지 정부 시기에는 주로 목장(牧場)으로 운영되다가 제2차 세계대전 때는 방공(防空) 기지로 활용됐었다. 1960년대 초까지는 인구가 증가, 한때는 500여 명이 살기도 했다. 초등학교 분교도 있었다. 그러나 도시화가 진행되면서 사람이 살지 않는 무인도가 됐다. 일본인 기업가가 이곳에 화물공항을 구입하겠다는 발상으로 사들인 후, 현재 십자 모양의 활주로를 완공했다.

이 같은 역사를 지닌 마게시마는 최적의 함재기 훈련장이라는 평가를 받는다. 마게시마는 큐슈(九州) 본섬으로부터 약 30㎞ 떨어져 있다. 이와쿠니 기지에서 이륙하면 불과 수 십분 만에 마게시마까지 이동이 가능하다. 현재 십자 모양의 활주로는 콘크리트 포장을 하지 않아도 훈련이 가능한 수준이다.

무인도이다 보니 지역의 반발도 작은 편이다. 이 섬을 관할하는 니시노오모테시(市)의 의회는 훈련 이전을 전제로 한 섬의 매매에 반대하는 결의를 채택했다. 그러나 이곳에는 훈련장 이전을 계기로 젊은이의 고용 확대 등을 기대하는 목소리도 나오고 있다.

그동안 마게시마 매입 협상은 난항의 연속이었다. 이 섬을 소유한 태스톤 에어포트사는 처음엔 400억 엔을 요구했다. 일본 방위성이 원래 예상했던 45억 엔과는 10배나 차이가 났다. 마게시마 매입이 어렵게 되자 방위성은 기타큐슈(北九州)공항 주변에 훈련 시설을 만드는 빙인을 꼬리하기도 했다.

일본 방위성이 꾸준히 이 회사를 설득, 2019년 약 160억 엔에 기본 합의가 이뤄졌다. 이 회사가 약 4만평(약 0.13㎢)만은 계속 갖고 싶다고 해 일정기간 동안 부분소유가 가능하다는 조건에 타결됐다.

마게시마 구입 문제에서 미국의 '압력'도 있었다고 한다. 미국은 마게시마 구입이 늦어지는 데 대해 각종 회의에서 불만을 표시했다. 2017년에는 미군이 5년 만에 민가가 많은 아쓰기 기지에서 FCLP를 전격 실시하기도 했다. 일본 방위성 내에서는 이를 '무언의 압력'으로 인식했다고 아사히 신문이 보도한 바 있다.

일본 정부가 마게시마를 구입해 미국에 제공하는 것은 앞으로 미국과 일본이 추진 중인 인도·태평양 전략의 상징처럼 될 전망이다. 스가 요시히데 전 총리는 마게시마 구입에 대해 "미일 동맹의 억지력 유지나, 일본의 방위력 강화에 매우 중요하다"라고 언급한 바 있다.

우주 식민지 공동 건설 착수

美 NASA "함께 달에 착륙하자" 日에 제안

2022년 4월 미국의 존 레이먼드 미국 우주군 참모총장은 미 하원 군사위에서 "러시아의 우크라이나 침공은 우주의 중요성을 보여주는 계기가 됐다"고 했다. 실시간으로 지구궤도를 돌고 있는 첨단 위성을 통해 러시아의 움직임을 한 눈에 파악해 대응할 수 있었는데, 앞으로 다른 전쟁도 우주를 어떻게 활용하느냐가 좌우한다는 것이다. 그는 "전쟁의 성격이 명백히 바뀌었다. 우주는 이 변화에서 근본적 역할을 한다"고도 했다.

미 우주군 참모총장의 이 발언은 우주 전략의 중요성을 잘 보여준다고 할 수 있는데, 미·일 동맹은 지구를 넘어서 우주 공간으로 팽창하는 시대로 접어들었다. 2020년 1월 미국은 일본에 유인 달 탐사 프로젝트를 공동으로 진행할 것을 제안했다. 미 항공우주국(NASA) 짐 브라이든스타인 국장이 일본을 방문해 가사이 요시유키 일본 우주정책위원장에게 2020년대 후반 미국과 일본의 우주비행사가 나란히 달 표면에 착륙해 탐사하는 프로젝트를 언급한 것이다. 지금까지 달을 밟은 것은 '아폴로 시대'의 미국인 12명인데, 미국에 이어 두 번째로 달에 우주비행사를 착륙시킨 국가가 될 기회를 준 것이다.

NASA의 제안은 미국의 화성(火星) 탐사를 최종 목표로 하는 '아르테미스(Artemis) 계획'의 일환이다. 아르테미스는 그리스 신화에 나오는 태양의 신 아폴론의 쌍둥이 남매로 달의 여신을 의미한다. 이 계획은 달 궤도 무인 비행, 달 궤도 유인 비행, 달 착륙 우주선 발사의 3단계로 진행된다. 이를 통해 물을 비롯, 지구에서 부족한 자원을 찾는 탐사활동에 주력하게 된다. 특히 미국과 일본은 달 표면의 헬륨3에 주목하고 있다. 헬륨3 1g은 석탄 40t에 해당하는 에너지를 만들어 낼 수 있는 것으로 알려졌다. 달에는 지구가 수백 년 사용할 수 있는 헬륨3가 있다는 연구도 있다. 아르테미스에는 첨단 산업에 쓰이는 희토류를 채굴해 지구로 가져오는 구상도 담겨 있다. 장기적으로는 달 궤도에 우주정거장 '게이트웨이'를 설치하고 화성 탐사에 나설 계획이다.

아르테미스 계획은 달 궤도에 우주정거장 '게이트웨이' 설치와 달 표면 기지 건설을 포함한다. 달 착륙 자체가 목표였던 아폴로 계획과 달리 이번엔 사람이 지속적으로 체류할 수 있는 달 기지 건설이 1차 목표다. 이후 달 기지를 거쳐 화성 탐사에 나설 계획이다.

미국은 우주 식민지를 건설하는 계획에 일본을 중요한 파트너로 초청함으로써 양국관계를 더 긴밀하게 만들 계기를 만들었다. 2024년까지 달의 남극에 우주 비행사를 보내는 아르테미스에 초대받은 7개국 중에서 일본은 가장 중요한 역할을 맡을 것으로 전망된다. 미국은 2024년 독자적으로 달에 착륙한 후, 2025년부터는 일본 정부가 참여하기를 바라고 있다.

2022년 5월 바이든 대통령은 도쿄를 방문, 기시다 후미오 총리와의 정상회담에서 이 같은 우주협력을 재확인했다. 그는 "미국, 일본의 우주 협력은 달과 화성을 바라보며 도약하고 있다"며 달에 착륙하게 될 최초의 일본 우주 비행사를 기대한다고 말했다. 미일 공동성명에도 미일 동맹을 우주로 확장하는 내용을 담았다.

日, 미국 제안으로 우주 부대 창설

일본은 2012년 자민당이 다시 집권에 성공한 후, 자위대의 활동 영역을 우주로 확대한다는 구상을 지속적으로 추진해왔다. 2018년 아베 신조 당시 총리는 장기 방위 전략을 다룬 '방위계획 대강(大綱)'에 전자파, 사이버 분야와 함께 우주 분야의 역량 강화를 중점 추진 과제로 포함시켰다. 미국과의 협력을 염두에 둔 것이었다.

2019년 미·일 외교·국방장관 2＋2회의에서는 사이버 공간은 물론 우주에서도 협력한다는 합의문을 발표했다. 미·일 양국은 이 회의에서 일본의 인공위성에 미국이 운용하는 우주 감시 센서를 탑재하기로 합의했다. 우주 공간에서의 위협에 대해서도 방관하지 않겠다고 했다. 니혼게이자이신문은 "미·중 간 우주를 둘러싼 패권 다툼이 격렬해지면서 미국과 동맹국인 일본도 (우주군) 체제 강화를 요구받고 있다"고 전했다.

이 같은 배경하에 2020년 일본 항공자위대 산하에 우주부대가 신설됐다. 미국이 2019년 우주군을 창설하자 뒤이어 우주를 담당하는 군부대를 만든 것이다. 항공자위대 산하의 우주부대는 도쿄도 후추시에 설치했다. 이어서 2021년 11월 야마구치현 호후시에 제2우주작전대를 두기로 했다.

일본의 우주부대는 당분간 미국과 협력 하에 당분간 중국, 러시아 등의 인공위성 동향을 감시하는 임무를 주로 수행할 예정이다. 야마구치현에 신설된 고성능 지상 레이더로 우주와 관련한 각종 데이터를 분석하는 업무도 담당한다.

미·일 동맹이 우주로 확대되는 배경에는 트럼프와 아베의 긴밀힌 권계기 *른* 억힐을 횄디. 두 *정·상은* 인도 · 대평상 *구상*을 메개로 미·일 동맹을 업그레이드하면서 우주에서의 협력도 본격화시켰다.

일본과 미국의 우주협력은 '우주 경영(宇宙經營)' 시대에 대비하기 위한 것이기도 하다. 미국의 증권 회사인 메릴린치는 우주산업 시장 규모가 2016년 3,390억 달러에서 2045년 2조 7,000억 달러로 성장할 것으로 전망한 바 있다. 15~18세기 첨단 항해 기술을 보유한 스페인, 포르투갈이 세계 경영을 주도했던 것처럼, 앞으로는 희귀 자원 채취를 비롯한 우주 탐사 기술을 보유한 나라가 세계 경제를 주도한다는 것이다. 우주개발은 첨단 기술의 집약체로 각종 산업을 견인하는 동력으로 작용한다는 점에서도 주목받고 있다.

우주개발은 국민을 하나로 뭉치게 하고, 국가적인 자존심이 걸린 문제라는 점에서도 민간기업도 우주 개발에 적극적으로 나서고 있다. 도요타 자동차는 2020년대 후반 발사를 목표로 우주비행사가 탑승해 수자원 등을 찾는 탐사 크루저를 JAXA와 공동 개발 중이다. 일본의 우주 신흥기업 '아이스페이스'는 독자적인 탐사 자동차와 착륙선의 개발을 진행하고 있다.

중국의 우주 굴기(堀起)에 경계감

미·일 동맹이 우주공간으로 확대되기 시작한 결정적 요인은 중국이다. 양국 모두 중국의 '우주 굴기(堀起)'에 경계감을 느끼며 밀착하고 있다. 미국이 2030년대 달 기지 건설을 추진하는 중국에 앞서기 위해 일본과 협력을 강화하고 있다.

중국은 2013년 달 탐사선인 창어(嫦娥·중국 신화에 등장하는 선녀)

3호를 발사한 바 있다. 미국과 러시아에 이어서 역대 세 번째였다. 2019년 1월엔 세계 최초로 달 뒤편에 무인 탐사기 창어 4호를 착륙시켰다. 달은 자전주기와 공전주기가 같아서 지구에서는 항상 달의 앞 표면밖에 볼 수 없었는데 뒤편에 탐사기를 착륙시켜 새로운 정보를 확보했다.

2020년 12월 24일 지구를 떠났던 중국 무인 달 탐사선 창어 5호는 달 표면에서 흙과 암석을 채취한 뒤 지구로 귀환했다. 중국이 달 표면에서 암석을 채취하고 처음으로 달 표면에 중국 국기를 꽂은 사진을 지구로 보내기도 했다.

중국은 달 탐사 이외에도 화성 탐사, 우주 정거장 건설 등 동시다발적인 우주 탐사 프로젝트를 진행하고 있다. 2020년 7월에는 화성 탐사선 톈원(天問) 1호를 발사했다. 소련 해체 후 미국이 독점해온 화성 탐사에서 미·중 경쟁 시대가 본격적으로 열린 것이다.

중국은 화성 탐사를 본격화하고 미국, 일본, 유럽의 국제 우주정거장과는 별도의 우주정거장 우주정거장(ISS) 톈궁(天宮)을 본격적으로 운영한다는 계획이다. 2016년엔 선저우(神舟) 11호를 타고 간 우주 비행사 두 명이 33일간 톈궁에서 체류 후 무사히 귀환하는 데도 성공했다.

중국의 우주 개발엔 군(軍)이 깊게 관여하고 있다. 최근 국방법을 개정하면서 중국군이 방어할 대상에서 기존의 국경·영해·영공 이외에 우주 공간을 추가했다.

시진핑 중국 주석은 2015년에 우주 및 사이버 전자파 등을 담당하는 전략 지원 부대를 인민해방군에 창설했다. 중국의 정찰위성과 측량 위성은 각각 53기, 40기로, 미국보다 각각 8기, 9기 많다. 미국은 지구에서의 국방력은 중국에서 앞서지만, 우주 공간에서는 열세라는 평가도 일각에서 받고 있다.

미국의 입장에서 갑자기 미국의 위성이 공격받아 GPS 시스템 등이 먹통이 되는 '스페이스 펄 하버(우주 진주만 공격·기습적인 공격을 의미)'는 상상하기도 싫은 시나리오다. 트럼프 전 대통령은 2017년 취임 직후부터 "우주는 전 세계의 최신 전쟁 영역"이라며 우주에 대한 관심을 높여왔다. 우주군을 창설한 것도 이런 맥락에서였다.

미국과 일본 중국은 우주개발이 국가 안보와 경제발전에 중요한 요소가 된다고 판단해 국책 사업에서 우주개발의 우선순위를 빠르게 높여가고 있다. 양국은 우주를 제대로 장악하지 못할 경우, 미래 국가 안보에 치명상을 입을 수 있다고 보고 있다. 지구를 내려다보며 취득한 정보로 국가 안보 전략을 펴는 나라와 그렇지 않은 나라 간에 차이가 날 수밖에 없다는 것이다.

하야부사2, 3억km 떨어진 소행성 탐사

미·일 우주협력은 일본이 오랫동안 축적해 온 우주 관련 기술을 기반으로 하고 있다. 일본의 우주 기술은 미국·러시아·중국에 육박하는 세계 최고 수준이다. 일본은 1969년 가고시마 남단의 다네가시마(種子島)에 우주센터를 만들어 범정부 차원에서 우주 개발에 주력해왔다. 일본은 그 결과 지구에서 약 3억㎞ 떨어진 소행성 '류구'에 탐사선 하야부사2를 보내 인공 웅덩이(crater)를 만들 정도의 과학 기술력을 갖게 됐다. 소행성에 인공 웅덩이를 만들어서 시료를 채취한 것은 일본이 처음이다.

일본어로 매를 의미하는 하야부사는 원래 제2차 세계대전 당시 일본 육군 전투기의 이름이었다. 일본은 우주개발을 본격화하면서 하야부사를 부활시켰다. 2020년 12월 지구에서 3억㎞ 떨어진 소행성에서 일본 무인 탐사선 하야부사2가 채집한 토양 시료가 지구에 도착한 것은 탐사선이 2014년 지구를 출발한 지 6년 만이었다. 일본 우주항공연구개발기구(JAXA)는 무인 우주 탐사선 하야부사2에서 분리된 캡슐을 호주 사막에서 무사히 회수했다. 무게 16㎏, 직경 40㎝의 이 캡슐엔 소행성 '류구'에서 채취한 모래 등이 담겼다. 지구와 화성 사이를 도는 소행성 류구는 일본이 붙인 이름이다.

JAXA에 따르면 12월 5일 지구에서 약 22만㎞ 떨어진 우주 공간에서 하야부사2에서 분리된 캡슐은 6일 새벽 초속 12㎞로 대기권에 진입했다. 약 3,000도 대기권 열을 이겨낸 캡슐은 이후 낙하산을 펼쳐 예정했던 호주의 우메라 사막에 오전 3시쯤 착륙했다. 호주에 파견된 JAXA 요원들은 헬리콥터를 동원, 캡슐에서 발신되는 전파를 찾아가는 방식으로 수색 작전을 벌여 캡슐을 회수했다. 일본 언론이 한 치의 어긋남도 없는 '완전완벽(完全完璧)한 성공'이라고 평가했다.

가나가와(神奈川)현 사가미하라(相模原)시의 JAXA 관제실에선 하야부사2에서 분리된 캡슐이 불덩이와 같은 모습으로 낙하하는 모습이 관측되자 환호성이 나왔다. 사가미하라 시민회관에서 화상으로 지켜보던 시민 400여 명도 박수를 치며 소리를 질렀다. 일본 신문과 TV는 온종일 관련 뉴스를 비중 있게 전했다. 스가 요시히데 당시 총리도 트위터에 "매우 기쁘다"고 썼다.

우주의 소행성 대부분은 46억 년 전 태양계가 탄생할 당시 발생한 암석 파편들이다. 일본은 이번에 채취한 물질이 태양계 진화 및 생명의 신비를 푸는 연구에 활용될 것으로 기대하고 있다. 소행성 시료 연구를 담당하는 해양연구개발기구의 니토 모토오 수석 연구원은 "하야부사2가 채취한 물질은 연구원에게는 최고의 보물상자"라고 했다.

우주 개발에서 새로운 기록 세운 일본

하야부사2 임무의 가장 큰 난관은 표면이 어떤 상황인지 알 수 없는 소행성에 무사히 착륙하는 것이었다. JAXA는 하야부사2의 안전한 착륙 장소를 찾으려 암석 1만여 개의 크기를 모두 측량했다. 그중에서 표면이 가장 평평한 곳을 골라 예상보다 60㎝ 떨어진 곳에 '터치다운'하는 데 성공했다. 하야부사2는 시료 채취를 위해 화약이 5㎏ 들어 있는 충돌장치를 폭발시켜 크레이터(구멍)를 만들었다. 이렇게 채취한 시료는 태양계와 생명의 신비를 연구하는 데 도움을 줄 수 있다.

일본은 2010년 인류 최초로 달 이외의 천체에 하야부사를 착륙시킨 후, 시료 채취에 성공한 바 있다. 하야부사2는 로봇을 활용해 소행성의 지하 물질까지 채취했다는 데 의미가 있다. 하야부사2는 약 52억㎞ 비행 끝에 지구 궤도로 돌아와 캡슐을 분리시킨 후, 2031년 착륙 예정인 다른 소행성을 향해 날아갔다.

JAXA는 이런 기술력을 바탕으로 2030년 달에 유인 착륙기를 보내기 위한 구상을 추진 중이다. JAXA는 매년 1차례, 총 5차례 정도 착륙선을 달 표면에 보내 탐사하는 것을 목표로 하고 있다. 유사시 외국의 군사위성 활동을 방해하는 위성을 쏘아 올리는 방안도 논의되고 있다.

인도 · 태평양 쿼드(QUAD) 조종하는 일본

아베, 2006년에 '쿼드' 개념 제시

2021년 1월 미국의 조 바이든 민주당 정권 출범 후, 인도 · 태평양 구상과 짝을 맞추어 자주 회자되는 외교 · 안보 개념이 쿼드(QUAD)다. 원래 영어로 네 개나 사각형을 뜻하는 데, 중국을 견제하기 위한 미국 · 일본 · 호주 · 인도 4국의 안보대화(Quadrilateral Security Dialogue)를 의미하는 뜻으로 쓰인다.

쿼드는 시진핑 중국 주석의 국제 전략인 일대일로(一帶一路 · 육해상 실크로드) 정책에 대항하는 의미를 담고 있다. '자유롭고 열린 인도 · 태평양(Free and Open Indo−Pacific · FOIP)' 전략을 핵심적으로 이끌어 갈 협력체로서 주목받는다.

한국에 잘 알려지지 않은 점은 쿼드나 인 · 태 구상 모두 일본이 2004년부터 구체적으로 발전시켜 사실상 '저작권'을 갖고 있다는 것이다. 일본은 원천 기술은 없지만, 외국 제품과 문화를 받아들여 일본화하는 데 탁월한 능력을 보여 왔는데 인 · 태 및 쿼드 구상도 이같은 일본의 DNA로부터 발전했다고 할 수 있다.

쿼드는 2004년 약 30만 명 가까이 사망한 인도양 지진해일(쓰나미)을 계기로 외교 · 안보 전문가들 사이에서 필요성이 거론되기 시작했다. 엄청난 인명피해를 가져온 자연 재해에 공동대응하자는 것이 출발점이었다.

이 같은 논의를 외교, 안보적 개념으로 끌어 올려 정립한 정치인이 아베 신조 전 일본 총리다. 2006년 관방장관이었던 아베는 일

본의 총리로 식행하는 사반낭 총새 신서글 군비하먼시 비태 구싱을 담은 책을 출간했다. '아름다운 나라로(美しい国へ)'라는 제목의 이 책은 당시 수십만 부수가 팔릴 정도로 주목받았다. 그는 이 책에서 '일본, 인도, 호주 그리고 미국과의 연계'라는 장(章)을 만들어 이같이 역설했다.

"일본, 미국, 인도, 호주 4개국의 정상과 외무 장관 레벨에서 회의를 개최하고 전략적인 관점에서부터 협의하는 것이 가능하다면 이것은 매우 훌륭하다고 생각한다." 이미 16년 전에 쿼드 정상회의, 쿼드 외교장관 회의를 주창한 것이다. 유감스럽게도 이 책에 한국은 거의 등장하지 않는다.

그는 특히 제휴 국가로 인도에 주목했다. 미일 동맹만으로 중국에 대응하는 것은 한계가 있다고 보고 13억이 넘는 인구의 인도와 협력 필요성을 역설했다.

아베는 인도의 중요성을 설명하기 위해 자신의 조부인 기시 노부스케 전 총리의 1957년 인도 방문을 거론했다. 당시 네루 총리는 기시 총리를 환영하면서 "(인도를 식민지배한) 영국에 이길 수 없다고 생각했는데 일본이 러시아와의 전쟁에서 승리했다. 그래서 우리도 인도의 독립에 일생을 바칠 결심을 했다"며 일본을 높이 평가했다고 했다. 아베는 인도의 여론조사에서 친밀함을 느끼는 국가 중 '넘버원'이 항상 일본이었다고도 기술, 인도에 대한 호감을 숨기지 않았다.

아베, 인도 의회 연설서 인태전략 강조

아베는 2007년 총리자격으로 인도를 방문, 당시 의회에서 연설

할 기회가 있었다. 이때 그는 태평양과 인도양의 합류 필요성을 역설하며 쿼드의 필요성을 강조했다. 하지만, 정상회담, 외교장관 회담까지 포괄하는 쿼드 결성은 아베가 총리 취임 후 건강악화로 1년 만에 사임함으로써 잊히는 듯했다.

아베는 2012년 12월 2차 집권을 시작하면서 더욱 정교해진 쿼드 아이디어를 들고 나왔다. 그는 총리에 취임하기 직전에 발표한 논문에 쿼드 구상을 본격적으로 펼쳐 보이기 시작했다. 미·일·인·호를 잇는 선을 통해 다이아몬드 모양의 협력체를 만들어 나가자고 했다. 2016년엔 '자유롭고 열린 태평양 구상(FOIP)'을 발표하며 '자유와 번영의 호(弧·활모양의 지역)'와 가치외교의 필요성을 강조했다.

아베의 쿼드 및 인·태 구상은 2017년 더 늦기 전에 중국을 억눌러야 한다는 생각을 가진 도널드 트럼프 미 대통령 취임을 맞아 날개를 달기 시작했다. 트럼프는 아베의 구상을 그대로 받아들여서 마치 자신의 정책처럼 이를 활용하기 시작했다. 2018년 하와이의 미 태평양 사령부를 인도·태평양 사령부로 명칭을 바꿔서 역할을 확대한 것은 그 서막이었다. 2017년 쿼드 국장급 회담이 처음 열린 데 이어 2019년 뉴욕에서 첫 외교장관 회담이 개최돼 연대를 과시했다. 쿼드 국가가 모두 참가한 가운데 군사훈련도 실시됐다.

2020년 10월 도쿄에서 열린 제2회 쿼드 외교장관 회의는 코로나 사태 중에 열렸다는 점에서 주목받았다. 이 회의에서 모테기 도시미쓰 일본 외무상은 이같이 선언했다. "우리 4개국은 민주주의, 법치, 자유경제라는 기본적 가치관과 지역의 책임 있는 파트너로서 규칙에 따라 자유롭고 개방된 국제질서를 강화해 간다는 목적을 공유하고 있다."

B. 쿼드 2.0의 사무국 역할

바이든 대통령은 출범 직후부터 '쿼드 2.0'을 본격화하기 시작했다. 바이든 행정부는 2021년 화상회의를 통한 외교장관 회담에 정상회의를 잇달아 개최했다. 일본의 국책대학인 정책연구연구원대학(GRIPS)의 인·태 연구회는 2020년 10월 쿼드 정상회담 개최를 제안한지 5개월 만이다. 쿼드는 2019년 이후 모두 세 차례 외교장관 회의가 열렸으나 정상회담은 처음이었다. 특히 2021년 1월 미국 바이든 행정부 출범 후, 2월 쿼드 외교장관 회의에 이어 3월 쿼드 정상회담이 열려 쿼드가 인도·태평양 지역의 중요한 기구로 자리 잡게 됐다.

바이든 미 대통령은 트럼프 전 대통령에 이어 쿼드를 반중(反中) 연대의 핵심 틀로 삼겠다는 입장을 분명히 했다고도 할 수 있다. 특히 이번 첫 쿼드 정상회담에서는 중국의 코로나 백신 외교에 대응하기 위해 쿼드 4국이 힘을 모아 개발도상국에 백신을 공급하는 프로젝트에 합의했다. 미국·일본·호주가 아시아, 아프리카 개도국에 저리(低利)로 융자하면 해당 국가들이 이를 이용해 인도산(産) 백신을 구매하는 방안이 논의됐다. 앞서 중국 외교부는 최근 개도국 53곳에 백신 원조를 완료했거나 실시할 예정이라고 밝힌 바 있는데 이에 대한 대응인 셈이다.

개도국 백신 공급 프로젝트가 성사되는 데는 일본 역할이 컸다. 중국과 갈등을 우려해 쿼드에 다소 소극적이던 인도를 일본이 적극 설득했다. 일본 정부의 한 관리는 "쿼드가 개도국 지원에 인도산 백신을 사용하는 것은 인도를 일본·미국·호주 쪽으로 끌어당기려는 목적도 있다"고 했다.

쿼드의 역할이 커지면서 유럽의 북대서양조약기구(NATO)처럼 공식 협의체로 발전할 가능성도 거론되는데, 일본은 쿼드의 사실상 사무국으로 활동하는 분위기다. 무엇보다 바이든 행정부는 아베가 주창한 '자유롭고 열린 인도·태평양' 슬로건을 그대로 사용함으로써 일본에 힘을 실어줬다.

일본은 유럽의 주요 국가를 인도·태평양 지역으로 끌어들이는 역할도 맡고 있다. 일본은 2021년 영국과의 외무·국방 장관(2+2) 회의를 통해 영국이 인도·태평양 지역에 퀸 엘리자베스 항모 전단을 파견, 미국과 함께 공동훈련을 하기로 합의했다. 프랑스, 독일과도 협의를 통해 인·태 지역에 군함을 파견 받아 중국 견제에 나서기로 했다.

바이든 행정부가 역점을 두고 있는 쿼드에 문재인 정부는 부정적이었다. 미국은 어떤 형태로든 한국이 참여하기를 바라나 문재인 정부는 중국을 자극한다는 이유로 쿼드 참여 논의조차 금기시했다. 2019년 결성된 쿼드는 미국의 인도·태평양 전략과 대(對) 중국 견제의 가장 중심에 있다. 단순한 외교 회담을 넘어 합동 군사훈련까지 실시하며 결속력을 과시하는 단계가 됐다. 미국이 한국을 콕 집어 동참을 압박해왔지만, 문재인 정부는 "특정 국가(중국)의 이익을 배제하는 것은 좋은 아이디어가 아니다"라며 참여를 유보했다. '트럼프 지우기(ABT·Anything But Trump)'를 추구하는 바이든 정부가 쿼드만큼은 계승과 확대·발전을 선언했지만 문재인 정부는 부정적인 입장이었다.

2021년 1월 미국 정권 교체 한 달 만에 일본은 바이든 행정부의 가장 중요한 동맹국으로 부상했다고 해도 과언이 아니다. 바이든 행정부가 미국·일본·인도·호주 4국 안보 협력체 '쿼드'를 동아시아

성색의 중요한 수난으로도 활용하겠다는 입장을 분명히 하면서 일본의 영향력이 커지는 분위기다. 미얀마에 군부 쿠데타가 발생했을 때도 아시아의 국가 중에서는 가장 먼저 일본과 이 문제를 상의했다. 모테기 도시미쓰 외무상은 인도가 좀 더 적극적으로 중국에 대항하도록 설득했다. 스가 요시히데 당시 총리가 아시아 국가 지도자로는 갓 취임한 바이든 대통령과 처음 통화한 데 이어 방위비 분담금 문제를 동맹국 중 가장 먼저 타결한 것도 이런 분위기 속에서 나온 것으로 볼 수 있다. 미·일 양국은 2021년 논란이 돼왔던 주일미군 주둔비 분담금을 사실상 현행 수준에서 1년간 동결하는 이례적인 결정으로 양국 간 갈등 요인을 최소화하며 대중(對中) 전선에 발맞추기로 했다. 도쿄에서 만난 일본 정부 인사들은 "트럼프 행정부 당시에는 '트럼프 리스크' 때문에 일미 관계가 조마조마한 부분도 있었지만 바이든 취임 후 그런 문제가 사라졌다"고 말했다.

쿼드에 한국 대신 영국 참여해 '퀸텟'될 수도

2021년 2월 제이크 설리번 미 백악관 국가안보보좌관이 쿼드에 대해 "인도·태평양 정책의 토대가 될 것"이라며 "더 발전시키고 싶다"고 했다. 이에 따라 백악관 실세인 그의 발언을 계기로 쿼드 참여에 유보적인 한국 대신 유럽연합(EU)과 결별한 영국이 참여할 가능성이 제기되고 있다. 쿼드가 퀸텟(quintet·5인조를 의미)으로 확대 개편될 경우 자유·민주 진영에서 한국의 입지가 축소될 수 있다는 관측이 나온다.

설리번 보좌관은 미 평화연구소가 주최한 화상회의에서 쿼드에 대해 "인도·태평양 지역에서 실질적인 미국의 정책을 구축해 나갈 근본적 토대라 생각한다"고 했다. 회의에서 로버트 오브라이언 전 안보보좌관은 "(중국에 맞서) 동맹들과 협력할 수 있어 기뻤는데 특히 쿼드가 그랬다"며 "아마도 우리가 나토(NATO·북대서양조약기구) 이후 구축한 가장 중요한 관계일 것"이라고 했다. 설리번은 이 말을 듣고 "나는 정말로 그 포맷과 메커니즘을 이어받아 발전시켜 나가고 싶다"고 했다.

이런 가운데 미국의 전통적 우방인 영국이 쿼드에 추가될 가능성도 거론되고 있다. 일본 마이니치신문은 "홍콩 문제 등과 관련해 영국의 보수파에서 아시아에 더 관여해야 한다는 목소리가 높아지고 있다"고 했다. 영국 일간 데일리 텔레그래프는 "중국에 대항하기 위해 영국이 '아시아판 나토(쿼드)'에 참가할 가능성"이라는 제목의 기사를 내보냈다. 보리스 존슨 영국 총리가 인도를 방문할 때 쿼드 참여 문제를 제기하고 협의할 가능성도 있다고 한다.

영국의 쿼드 참가 가능성은 꾸준히 제기돼 왔다. EU에서 탈퇴한 영국은 새로운 활로를 찾기 위해 '아시아로의 귀환' 정책을 추진 중이다. 미·일과의 해상 연합 훈련을 통해 지속적으로 인도·태평양 지역에 관심을 보여왔고, 일본과의 합동 훈련에 최신 항공모함인 퀸엘리자베스호를 참가시키기도 했다.

마이니치신문은 영국의 쿼드 참여 추진 배경에는 '아시아 차르 (tsar)'로 불리는 커트 캠벨 미 백악관 인도·태평양 조정관의 구상이 있다고 분석했다. 캠벨 조정관은 그동안 언론 기고 등을 통해 쿼드에 참여국을 추가시키는 이른바 '쿼드 플러스' 정책을 강조해왔다. 영국은 대중국 협력을 위한 '민주주의 10국(D10)' 모임을 제안하는 등 가치 기반 연대에 적극적인 모습을 보여왔다.

'청정 에너지' 원자력 협력 가속

核 6,000개 제조 능력 용인, 원자력 협정 재연장

일본이 47t의 플루토늄을 보유한 원자력 대국이라는 사실은 잘 알려져 있지 않다. 일본은 국내에 10t, 해외에 37t을 보관중인 원자력 대국이다. 언제든지 핵무기 약 6,000개를 제조할 수 있는 플루토늄을 확보 중인 것이다. 미국이 핵확산금지조약(NPT)체제에서 사실상의 예외를 인정, 언제든지 핵 보유국으로 갈 수 있는 문턱에 있다고 할 수 있다. 미국과 일본이 맺은 원자력협정이 2018년 7월 30년 만에 자동 연장된 것은 예사롭게 지나갈 일이 아니었다. 양국간 원자력 협정 연장에 따라 사용 후 폐연료봉에서 플루토늄을 추출한 후, 이를 다시 핵발전에 이용하는 일본의 '핵연료 주기 정책'은 앞으로도 계속될 전망이다.

미·일 양국은 1955년 처음으로 원자력협정을 체결했다. 이후, 1988년 7월 핵무기에 전용하지 않는 것을 조건으로 일본이 자유롭게 우라늄 농축과 사용후 핵연료 재처리를 할 수 있도록 허용하는 현행 협정을 맺었다. 국제원자력기구(IAEA)가 엄밀하게 감시하는 조건을 내걸었지만 국제사회에 전례를 찾기 어려운 엄청난 특혜다. 이 협정은 30년 주기로 자동 연장되는 구조다. 어느 한쪽이 파기를 통보하면 6개월 후 폐기되도록 설계돼 있다. 2018년 미국은 이 협정을 존속시키겠다는 입장을 분명히 했다.

북한 비핵화가 동북아시아 국제정세를 좌우하는 주요 의제가 되면서 일본의 대규모 플루토늄 보유에 대한 우려도 나오고 있지만, 일본은 자국의 핵 문제에 대해선 늘 바싹 엎드린 채 주변 정세를 주시하고 있다. 일본은 이미 6,000개의 핵무기 제조 원료를 갖고 있는 것은 물론 핵탄두를 실어서 공격할 수 있는 로켓 능력도 보유중이다. 한국은 2013년 원자력 협정 재개정당시 일본과 같은 대우를 요청한 것으로 알려졌다. 그러나 한국 정부의 요청은 받아들여지지 않았다.

원전을 '청정 에너지'로 부르며 미일 협력

일본은 미국과 함께 원자력을 온실가스를 배출하지 않는 '청정 에너지(clean energy)'로 규정하고 양국 간 원자력 발전과 관련한 협력을 강화하고 있다. 2018년 11월 마이크 펜스 미 부통령의 도쿄 방문을 계기로 미국 상무부, 에너지부와 일본 경제산업성, 문부과학성이 이 같은 내용을 핵심으로 하는 각서를 체결한 것은 의미가 크다.

이 각서는 혁신적 원자로를 포함한 연구개발, 폐로 및 핵폐기물 관리, 안전성 향상을 위한 산업협력 등 5개 분야로 구성됐다. 양국은 이 각서에 근거해 2011년 동일본 대지진 당시 사고가 발생한 도쿄전력 후쿠시마(福島) 제1원전의 폐로작업을 비롯, 방사능 오염 제거 분야에서 계속 협력하기로 했다. 고준위 방사성 폐기물의 최종 처리와 관련한 방안을 공동 연구하기 위한 논의도 진행된다.

기술혁신을 위한 민간 연구를 촉진하기 위해 연구소나 대학 등에서의 제휴도 가속화될 전망이다. 신형 원자로의 개발·보급을 도모하기 위한 대화도 포함돼 있다. 미·일 각서엔 '세계 원자력 이용에 공헌한다'는 내용도 포함돼 있다.

양국은 2017년 11월 트럼프 미 대통령의 방일 당시 합의한 '미·

일 전략에너지 파트너십'에 기반해 각서를 체결했다. 원자력 발전에 비판적인 도쿄신문은 "미·일이 원자력 각서에 합의한 것은 세계적으로 존재감을 잃고 있는 원전을 지구 온난화 대책에서 필수적인 전원(電源)으로 자리매김하는 분위기를 만들고 싶어 하기 때문"이라고 분석했다.

이 신문은 미·일 양국이 이번에 합의한 배경에는 2018년 5월 출범한 '나이스 퓨처(NICE Future)'가 있다고 분석했다. '청정에너지 미래계획(Nuclear Innovation Clean Energy Future Initiative)'을 의미하는 나이스 퓨처는 원자력을 청정 에너지로 인식해 탄소 배출량을 줄이기 위해 만들어졌다.

미국 일본 캐나다가 중심이 된 나이스 퓨처는 원자력 에너지를 자원으로 계속 활용, 탄소배출을 절감하는 것을 목표로 하고 있다. 도쿄에서는 같은 해 세계 원자력 협회(WNA), 경제협력개발기구(OECD) 산하의 원자력기구(NEA) 관계자들이 모여서 청정 에너지원으로서 원자력을 활용하는 방안에 대해서 논의했다.

효율, 안전성 뛰어난 SMR 협력

일본은 미국과 소형 모듈 원자로(SMR·small modular reactor)를 포함한 차세대 원자로 개발에서도 협력하고 있다. 2022년 1월 일본 원자력연구개발기구(JAEA)와 미쓰비시중공업은 미국 측과 와이오밍주에 건설하는 차세대 원자로 개발에 관해 합의했다. 이 사업은 미 에너지부와 빌 게이츠가 세운 벤처 기업 테라파워가 추진하는 것으로 34만 5,000kW급 SMR을 건설하는 것이 목표다.

일본 정부는 마이크로소프트 창업자 빌 게이츠가 설립한 벤처기업이 중국 기업과 공동으로 연료 교환이 40년간 불필요한 원자로를 개발 중인 것에 자극받았다. 일본은 기존의 대형 원자력 발전을 중심으로 하는 대기업만으로는 첨단 기술에 대한 대응이 어렵다고 판단, 벤처 기업을 통해 원자력 대응책을 마련한다는 전략이다. 특히 건설비가 적게 들고 안전성이 SMR을 포함한 차세대 원자로 개발에 주목하고 있다. SMR은 현재 약 100만kW인 기존 원전의 3분의 1 수준의 전력을 공급하지만, 원자로를 해상이나 지하에 설치할 수 있어 안전성이 뛰어난 것이 특징이다. 일본 정부는 에너지 기본계획을 확정하면서 '안전성, 경제성, 기동성이 뛰어난 원자로 추구'를 내걸었다.

일본 정부는 미국과의 협력을 염두에 두고 차세대 원자력 개발을 위해 '원자력 벤처기업' 육성에 적극 나서고 있다. 유망한 원자력 기술 연구회사에 자금 및 인력을 지원하고, 국가가 보유 중인 원자력 시설을 제공해 원자력 개발에 더 적극적으로 나선다는 것이다. 일본 경제산업성은 원자력 벤처기업의 기술력을 4단계로 구분해서 단계별로 개발비의 50~90%를 지원하고 있다. 또, JAEA가 보유 중인 고온가스로를 포함, 관련 시설을 무상 또는 일부 유상으로 사용하게 할 방침이다.

日, 후쿠시마 폭발 겪고도 원전 재가동

미국과 함께 원전을 청정 에너지로 규정한 일본 정부는 후쿠시마 원전 폭발 사고 이후의 탈원전 정책에서 유턴하기 시작했다. 일본은 2011년 동일본대지진으로 후쿠시마 제1원전이 가동중단되는 사태

를 섞은 후, '원전 제로' 정책을 추진했있다. 하지만, 환경오염을 일으
키지 않으면서도 가성비가 좋은 원전을 외면할 수 없다고 판단, 다시
원전을 재가동하고 있다. 비슷한 시기 문재인 정부가 월성 원전 1호
기 폐쇄를 무리하게 밀어붙이며 탈원전으로 폭주한 것과는 명확한
대비가 됐다.

　일본 원자력규제위원회는 2018년 이바라키(茨城)현에 위치한 도
카이 제2원전의 재가동을 승인했다. 3·11 대지진 당시 피해를 입었
던 원전에 대해 첫 번째 재가동 승인이었다. 동일본 대지진으로 피해
를 입었던 미야기(宮城)현 오나가와(女川) 원자력발전소 2호기도 2019
년 11월 재가동 승인을 받았다. 일본 원자력규제위원회는 도호쿠(東
北) 전력이 심사를 요청한 오나가와 원전 2호기가 새로운 안전기준을
충족해 심사를 완료했다고 밝혔다. 동일본 대지진 당시 쓰나미로 큰
피해를 본 3개 현(후쿠시마, 미야기, 이와테)에 있는 원전 중에서 재가동
이 승인된 것은 처음이다.

　가동 승인을 받은 두 원전 모두 방사능 폭발 사고가 발생했던
후쿠시마(福島) 제1원전과 같은 '비등수형(沸騰水型, Boiling Water
Reactor)'이다. 일본 정부는 미야기현 앞바다에서 '규모 7' 이상 지진
이 앞으로 30년 이내 발생할 확률이 90%에 이르지만 오나가와 원전
재가동이 필요하다고 판단했다. 1995년 첫 가동을 시작한 오나가와
원전의 발전량은 출력 82만㎾로 이 지역의 전력 공급에 중추적 역할
을 해왔다.

　오나가와 재가동에는 현지 주민의 동의가 필수적인데 주민들은
반대하는 분위기가 아니다. 오나가와초(町) 주민 6,400여 명 대부분
이 원전으로 인한 세금 수입 및 경제적 이유로 "마이너스보다는 플러

스가 더 많다"고 판단했다.

일본은 2011년 후쿠시마 사고를 계기로 원전을 모두 폐쇄하는 정책을 추진했다. 전체 전력의 25%를 차지하던 원자력 발전을 줄이고 재생에너지 등으로 대체한다는 것이었다. 하지만 원전 가동 중단 이후 전기료가 상승하고, 국가 경쟁력 저하에 대한 우려가 확산하자 원전을 재개하기로 했다. 아베 신조 당시 내각은 2018년 당시 전체 전력 공급의 2%로 떨어져 있던 원전 비중을 2030년까지 20~22%로 늘리는 계획을 확정했다. 태양광·풍력 등 재생에너지를 '주력(主力) 전원'으로, 원전을 '기반(基盤) 전원'으로 삼는다는 것이다. 가동하는 원전은 약 30기 이상으로 끌어올리기로 했다. 일본의 이 같은 '원자력 유턴'에는 미국이 원전을 청정 에너지로 평가하며 양국이 적극 협력하기로 한 것도 영향을 미쳤다.

원자력규제위가 2020년 5월 아오모리(青森) 현 롯카쇼무라 핵연료 재처리 공장의 안전기준 심사를 6년 만에 통과시킨 것도 이런 맥락에서 이뤄졌다. 핵연료 재처리 공장은 '방사성 물질의 화학플랜트'라고 불린다. 원전보다는 몇 배나 더 위험한 시설이지만 일본은 이를 가동하는 방향으로 가겠다는 입장을 분명히 한 것이다. 롯카쇼무라가 본격 가동되면 연간 800t의 사용후핵연료를 재처리해 플루토늄 7t을 재생산할 수 있게 된다.

日, F-35 美 스텔스 진두기 147대 구매

美 "F-35 설계기밀 일본만 주겠다"

미국과 일본의 협력은 차세대 스텔스 전투기 공동 개발에서도 본격화하고 있다. 2019년 4월 미국이 일본의 F-2 전투기 후속 기종(F-3 전투기) 개발 지원을 위해 최신예 F-35 스텔스 전투기의 기밀 정보를 제공하겠다는 제안을 했다.

요미우리 신문 보도에 따르면, 트럼프 행정부는 F-35의 엔진 등의 부품과 미사일을 제어하기 위한 소프트웨어 관련 기밀을 일본에 대해서만 해제하겠다는 뜻을 밝혔다. 현재 미국이 독점하고 있는 F-35의 소프트웨어를 포함해 '소스 코드(설계도)'를 모두 일본에 전수하겠다는 것이다. "세계 최고 수준의 전투기를 미·일이 공동 개발한다는 구상"이라는 평가를 받았다. 일본은 2030년경부터 순차적으로 퇴역하는 F-2 전투기 90대를 대체하기 위한 차세대 전투기 F-3 개발 사업을 진행 중이다.

미국의 이 같은 조치는 일본이 당초 F-35 공동 개발에 참여하지 않았던 국가라는 점을 감안하면 파격적인 조치다. F-35는 미국 외에 8개국이 투자해 국제 공동 개발 형태로 개발됐다. 미국은 투자액 규모에 따라 '레벨 1~3'으로 분류해왔다. 20억 달러 이상을 투자한 영국이 유일한 레벨 1 국가이고, 레벨 2 국가로는 이탈리아·네덜란드가 있다. 레벨 3 국가엔 노르웨이·터키·오스트레일리아·덴마크·캐나다 등이 있다.

미국은 F-35를 공동 개발에 참여한 국가 위주로 판매해 왔다.

공동 개발에 참여하지 않은 국가로 F-35 판매를 허용한 나라는 우리나라를 비롯해 일본, 벨기에 등 3개국뿐이었다. 미국의 이번 조치가 파격적인 것은 영국 등 공동 개발국에도 제공하지 않은 설계 기밀까지 제공하겠다고 나섰기 때문이다. 이로 인해서 미일 동맹은 '동맹 중의 동맹'이라는 평가를 받기에 이르렀다.

美, 한국엔 핵심기술 안 주고 日과 신형 F-22 개발

이에 앞서 2018년 8월 일 방위성은 미국의 최신 전투기 F-22를 일본의 기술로 개량해 차세대 전투기로 운용하는 방안에 대한 검토에도 착수했다. 미 방산업체인 록히드마틴은 F-22 기체(機體)를 그대로 사용하면서 F-35의 전투 시스템을 장착하는 신형 전투기 개발·생산에서 일본이 50% 이상 맡는 방안을 제시했다. 이 제안이 실현되면, 미국과의 협업을 바탕으로 F-22 개량형 전투기의 엔진은 일본 IHI중공업이, 날개는 미쓰비시 중공업이 맡게 된다.

F-22는 그동안 미국 정부에 의해 수출이 금지돼왔다는 점에서 이번 제안이 주목받았다. F-22는 2006년 모의 공중전에서 F-15, F-16, FA-18 전투기 144대를 격추하는 동안 단 한 대도 격추되지 않은 기록을 세운 최강의 전투기다. 그동안 미국 정부는 F-22의 기술 이전은 물론 완제품 판매까지 금지했는데 일본에는 예외를 인정하겠다고 한 것이다.

일본이 미국의 첨단 전투기 기술을 공유하는 것은 미·일 동맹이 한 단계 더 업그레이드되고 있음을 시사하는 것이다. 일본의 방위산업이 신장하는 효과도 적지 않다. 미국의 막대한 대일(對日) 무역

직사를 개선하는 효과도 있다. 이에 비해 미국은 한국에 대해 첨단 전투기 기술을 이전하는데 소극적이다. 한국이 F-35를 도입하면서 미국은 한국형 전투기(KFX) 개발을 위해 25개 분야의 기술을 이전하기로 했다. 하지만 미국은 전자광학 표적 추적장비 등 핵심 4개 기술의 이전을 거부한 상태다.

트럼프 "日, F-35기 105대 더 살 것"

미국이 앞으로 F-35, F-22 제작에서 일본과 협력하겠다는 뜻을 시사한 후, 2019년 5월 도쿄를 국빈 방문 중이던 도널드 트럼프 당시 미 대통령이 다시 세계를 놀라게 하는 발언을 했다. 그는 도쿄 기자회견에서 미일 양국의 군사협력이 강화될 것이라며 "일본이 F-35 스텔스기를 105대 더 사기로 했다"고 발표한 것이다.

일본은 2018년 1월부터 '무적의 전투기'로 불리는 F-35 13대를 배치한 것을 포함해 모두 42대를 도입할 계획을 갖고 있었는데, 여기에 105대가 추가되면 총 147대의 F-35 전투기를 갖추게 된다. 미국을 제외하고는 최대 규모인데 이를 트럼프가 발표했다는 점에서 더욱 주목받았다. 일본이 10년 내에 F-35를 총 147대 체제(F-35A 105대, F-35B 42대)로 운용한다는 입장이 트럼프 방일을 통해서 확인됐다.

미국은 트럼프 대통령의 발표 직전에 F-35 전투기의 기밀 정보를 일본에 제공하겠다는 입장도 밝힌 바 있어 장기적으로는 일본이 F-35 전투기를 대량 구매하면서 관련 기술을 전수받을 가능성이 크다. 트럼프의 발표는 일본의 공군력이 미·일 동맹을 바탕으로 빠르게 증강되고 있음을 보여준 것이다. 일본은 앞으로 미·일 동맹에 기반해 신형 조기 경보기 E-2D 도입을 더 늘리고, 장거리 고고도 무인 정찰기 글로벌 호크도 수입해 운용할 예정이다. 첨단 전투기 전력은 일본 201대, 중국 112대, 한국 60대로 일본이 중국에 비해 2배, 우리나라에 비해선 3배가량 우위에 있는데 격차가 더 벌어지게 되는 것이다.

달라도 너무 다른 韓·日 외교

사사에 겐이치로 일본 국제문제연구소 이사장은 외무차관과 주미 대사를 역임하고 퇴직했다. 그가 2018년 12월 아사히신문 주최로 한국 외교부 전직 고위 관리 A씨와 한일(韓日) 관계 관련 대담을 했다. 사회자가 후배 외교관들에 대한 생각을 묻자, A씨는 "한국도, 일본도 (외교관의) 외교에 관한 권한이 축소된 시대"라고 답했다.

그러자 사사에 전 차관이 반박했다. "나는 일본 외무성의 사기(士氣)가 가라앉았다고 생각하지 않는다. (일본) 외교관은 자기가 축적한 지식과 견문을 정부 안팎에 당당히 전달한다. 그것이 프로페셔널 정신이다."

비슷한 시기에 일본의 중견 언론인이 한국 외교부와 일본 외무성을 비교하는 칼럼을 썼다. 한국에서는 주일대사관 지원자가 줄고 있는데, 일 외무성에서는 서울 근무가 여전히 인기라고 했다. 서울에서 근무하는 여성 일본 외교관 두 명을 만나보고 "정말 믿음직스럽다"고 느낀 것도 소개했다. 그는 "상대방을 능가하는 열정이 있어야 상대를 압도할 수 있다"고 썼다.

일본의 전직 차관과 칼럼니스트의 표현에는 자국 외교관들에 대한 신뢰가 담겨 있다. 2012년 아베 총리가 집권 후 일 외무성의 영향력이 줄었다는 관측도 나오지만, 부정적인 평가는 크지 않은 편이다.

이들의 관찰대로 일본 외교관들이 의기소침해 있는 모습은 찾아보기 어렵다.

외무성 담당 과장이 기안(起案)하고 국장, 차관으로 올라가면서 외교정책의 틀이 잡히는 것은 여전하다. 직업 외교관으로 최고봉인 외무성 차관은 아베 총리를 수시로 만나 외교 영역을 넓히고 있다.

일본 외교는 2018년 아르헨티나 G20 정상회의에서도 돋보였다. 아베 당시 총리는 이곳에서 지구의 절반을 포괄하는 '인도·태평양 구상'을 위해 미국, 인도와 첫 3국 정상회담을 열었다. 트럼프 미국 대통령과 회담한 것은 물론이고 시진핑 중국 주석, 푸틴 러시아 대통령도 만났다. 아베는 미·중·러 '빅3' 지도자들을 도쿄로 초대하겠다는 의사를 전달해 긍정적인 답변을 얻어냈다.

같은 다자회의에서 한국 외교는 문재인 당시 대통령이 트럼프를 30분간 만난 게 사실상 전부였다. 그 직전에는 대통령이 자리를 비운 체코를 방문해 총리와 회담하는 일도 벌어졌다. 주요 국가의 대사를 역임한 P씨는 최근 두드러진 한·일 외교 격차에 대해 "한국 외교부가 문재인 정부에서 적폐(積弊) 세력으로 몰려 외교관들의 사기가 추락한 탓이 크다. 외교정책과 인사(人事)가 비정상적으로 진행됐다"고 분석했다.

강화되는 유엔 후방사 기지

요코스카 기지 방문한 트럼프, "힘에 의한 평화 필요"

1951년 제2차 세계대전을 법적으로 종결지은 샌프란시스코 협정 이후 미국 주도의 유엔군 사령부(UNC)는 일본 내 7개 미군 기지(基地)를 한반도 방어에 활용하고 있다. 유엔사는 1954년 맺은 일본과의 협정에 따라 요코다, 요코스카 기지 외에도 사세보(佐世保)기지, 오키나와(沖繩)현의 가데나(嘉手納), 후텐마(普天間) 기지 등 7곳을 후방 기지로 사용하며 북한의 위협을 막아왔다. 이곳엔 미국 외에도 영국 프랑스 호주 캐나다 등 총 11개 국가의 군대 및 연락장교가 상주하고 있다. 유엔사 후방 기지들은 70년 가까이 압도적인 전력을 유지하며 전쟁 억지력을 발휘해왔다.

당연히 북한으로서는 눈엣가시일 수밖에 없다. 북한은 2017년 북한에 유화정책을 펴는 문재인 정부가 들어서고, 남북·미북 정상회담이 잇달아 개최되자 유엔 후방사 기지 해체를 거론하기 시작했다.

북한의 리용호 외무상은 2018년 10월 유엔 총회 연설에서 "유엔군 사령부는 북남사이의 판문점 선언 이행까지 가로막는 심상찮은 움직임을 보이고 있다"며 해체를 요구했다. 비슷한 시기 국책연구기관인 통일연구원은 북한의 비핵화 50% 달성시점에 유엔군 사령부 해체를 핵심으로 한 평화협정 체결 방안을 주장, 논란을 일으켰다. 일본에 위치한 유엔군 사령부 후방기지는 모체(母體)인 유엔사가 해체되면 90일 내에 기능을 중단해야 한다는 주장이 나오기도 했다.

이런 상황에서 트럼프는 2019년 5월 도쿄 국빈 방문당시 아베 총리와 힘께 도쿄 남쪽의 요코스카(橫須賀) 기지를 찾았다. 유엔 후방사 기지의 중요성을 직접 강조하기 위한 의미가 컸다.

그는 일본이 항공모함으로 개조하기로 결정한 헬기 탑재 호위함 가가에 승선해 일 자위대원과 미 해군 앞에서 연설함으로써 유엔 후방사 기지의 역할에 힘을 실어줬다. 그는 엄지손가락을 앞으로 내밀며 "(항모로 개조한 가가가) 동북아 지역을 위협으로부터 방위할 수 있게 될 것"이라고 했다. 그는 "가가는 대단한 함정"이라며 "여러분은 이 함정을 사랑하느냐"고 물었다. "나는 (이 배 때문에) 매우 안전함을 느낀다"고도 했다. 트럼프 대통령은 같은 기지에 정박한 미국의 대형 강습상륙함 와스프(4만 1,000t급)에서는 "우리는 힘에 의한 평화가 필요하다"고 말했다.

트럼프 대통령이 항모로 개조를 '승인'한 가가는 길이 248m, 폭 38m, 만재 배수량 2만 7,000t으로 일본이 보유한 헬기 탑재 호위함(헬기 항모) 4척 중 하나다. 아베 내각은 일부의 반발을 무릅쓰고 호위함 가가와 같은 급인 이즈모를 길이 300m 이상의 경(輕)항공모함으로 개조하기로 결정했다. 일본은 이즈모와 가가의 갑판을 대폭 개조해 미국에서 도입하는 수직 이착륙 스텔스 전투기 F-35B를 운용한다는 계획이다. 비행 갑판에 스키 점프대를 설치하고 F-35B 10대를 탑재한다는 것이다. 일본은 2019~2023 회계연도 중 F-35B 42대를 도입하겠다고 발표했고, 트럼프 대통령의 방일 기간 중 추가로 105대를 구매하기로 합의했다. 계획대로 될 경우 일본은 미국과 중국을 제외하고는 세계에서 가장 강력한 항모 전단을 보유하게 된다.

"일본 없이는 한반도 지키는 미군 함정은 존재 못해"

한반도 안팎에서 유엔사 후방기지에 대한 관심이 커졌을 때 2018년 11월 요코스카, 요코다, 후텐마 기지 등을 방문해 취재했다. 요코스카 기지를 방문했을 때 가장 먼저 눈에 띈 것은 주일미군 해군 사령부 앞에서 휘날리는 유엔기였다. 성조기, 일장기와 함께 나란히 걸려 있는 유엔기는 이곳이 2018년 미북 대화가 활발해진 후 주목받는 유엔군 사령부의 후방기지임을 상징적으로 보여주고 있었다.

요코스카 기지에는 미국뿐만 아니라 영국, 프랑스, 캐나다 등 총 9개 국가의 UNC 병력이 주둔하며 유사시에 대비 중이다. 현재 UNC 후방기지의 사령관과 부사령관은 각각 호주, 캐나다에서 파견된 군인이 맡고 있다.

요코스카 기지엔 미 7함대 사령부의 지휘함 블루리지와 항공모함 로널드 레이건을 비롯, 가공할만한 전력이 주둔 중이었다. 일본 정부가 항공모함으로 개조, 스텔스 전투기 F-35B를 운용하겠다는 방

요코스카 기지에서 미군 함정을 수리하는 일본 기술자들

침을 밝힌 일본 호위함이 흰 눈에 들이었다. 호주의 잠수함, 프랑스의 군함도 수시로 드나든다. 비축중인 디젤유가 1.1억 갤런, 폭약이 500만 파운드다. 도쿄의 외교 소식통은 "북한이 기를 쓰고 유엔사 해체를 주장하는 것은 바로 이런 전력을 없애기 위한 것"이라고 말했다.

요코스카 미군 기지 방문 당시 충돌 사고가 난 미군 함정 매케인호가 약 30m 깊이의 드라이 독(Dry Dock) 속에 들어와 있는 게 보였다. 헬멧을 쓴 30여 명의 기술자가 이 군함을 수리하고 있었다. 그런데 아무리 봐도 이들이 미국인 같지 않았다.

그때 기지를 안내해주던 미군 대령의 설명이 귓속을 파고들었다. "이곳의 미군 함정은 100% 일본인 기술자들이 수리하고 있습니다. 일본 기술자들의 지원이 없으면 한반도를 지키는 미군 함정은 존재할 수 없습니다." 이곳에 근무하는 1만 명의 일본인 기술자와 근로자들은 모두 일본 정부로부터 임금을 받고 있었다. 일본인들이 정비하는 미군 함정이 동북아 주변 해역을 지키며 한국 방어를 지원하는 상황을 보여주는 현장이었다.

UNC의 7개 후방기지 중 하나인 오키나와 후텐마 기지에는 유사시 특수부대를 신속하게 이송하는 오스프레이 수십 여 대가 배치돼 있었다. 이들은 언제든지 출동가능하도록 활주로 인근에서 정비를 받고 있었다. 후텐마 기지의 데이비드 스틸 사령관은 "어떤 상황에서도 대응이 가능한 작전 운용능력을 유지하고 있다"고 말했다. 후텐마 기지 이전에 대해선 "작전을 원활하게 할 수 있는 상황이 충족되면 이전할 것"이라고 말해 당분간 계속 주둔 가능성을 시사했다.

일본 해상자위대의 제5항공 사령부는 공해상에서 북한의 불법 환적 등을 감시하는 초계기 P−3C를 공개했다. 보잉 737기와 유사한 크기의 일본 초계기 P-3C는 드럼통 180개 분량의 연료를 싣고 비행한다. 사진병, 동영상 촬영병을 태운 일 초계기는 시속 650㎞의 속력으로 날아다니며 감시중이다. 이 부대의 타쿠야 하타테 소령은 "미국 영국 뉴질랜드 캐나다 등 8개국이 협력해서 북한의 불법 환적 활동을 적발하고 있다"고 말했다.

요코다 기지에 수직 이착륙기 오스프리 배치

도쿄 서쪽에 있는 요코다(橫田) 미군 기지엔 끝없이 펼쳐진 활주로 위에 C-130 수송기 10여 대가 줄지어 서 있었다. 유사시 언제든 한반도로 출격 가능한 편대였다. 미군은 2018년부터 이곳에 수직 이착륙이 가능한 오스프리를 배치하기 시작했다.

주일미군은 2019년 도쿄도(都) 요코타 기지에 수직 이착륙기 CV-22 오스프리 5기를 배치하고 정식으로 운용을 시작했다. 주일미군은 2024년까지 요코타기지에 배치하는 오스프리를 총 10대로 늘릴 계획이다. 오스프리가 오키나와(沖繩)현 말고, 일본 본토에 배치되

오키나와 후텐마 기지의 오스프리

는 것은 처음이다. 미 국방부는 북한의 핵 위협을 포함, 동북아시아에서의 긴장도가 여전히 높다는 판단하에 오스프리의 일본 본토 배치를 결정했다. 오스프리는 한반도 비상사태 발생시 특수부대를 싣고 가서 내려놓는 역할을 하는 항공기다. 미국은 요코다 기지 인근 일본 주민의 반대를 무릅쓰고 오스프리 배치를 결정했다.

한국 당국자들의 잇따른 유엔사 방문

요코스카 미군 기지의 중요성 때문에 유엔 후방사를 방문하는 한국의 관계자들이 끊이지 않는다. 2019년 미·북 2차 정상회담을 앞두고 우리 외교부와 국방부의 고위 관계자들이 잇달아 일본의 유엔군 사령부 후방기지를 방문했다. 외교부의 김태진 북미국장은 2019년 1월 이틀간 유엔사 후방 기지를 시찰했다. 김 국장은 주일미군사령부가 있는 요코다기지와 항공모함 로널드 레이건호가 주둔 중인 요코스카 기지를 둘러보고 있다. 김 국장의 시찰에는 유엔사의 마크 질레트 참모장이 동행했다. 이에 앞서 박종진 1군 사령관(대장)도 2018년 11월 말 방일(訪日), 유엔사 후방 기지를 방문했다.

국방부와 외교부의 관리들의 유사시 한반도 파병을 목적으로 만들어진 유엔사 후방기지를 시찰하는 것이 드문 일은 아니다. 정부의 외교안보 분야 고위 관계자들은 유엔사 차원의 대북(對北) 대응 태세를 점검하기 위해 방일해왔다. 특히 2018년 미북 및 남북정상회담이 잇달아 개최되면서 유엔사 해체를 바탕으로 한 '빅딜'설이 제기되는 상황에서 외교부와 국방부 고위 관계자의 방문은 관심을 끌었다. 국방부와 외교부의 고위 관계자가 유엔사 해체가 논의될 가능성에 대비해 유엔사 후방 기지를 둘러보는 것 아니냐는 분석이 나왔다. 특히 최전선을 담당하는 1군 사령관의 유엔사 후방 기지 방문은 이례적이라는 평가를 받았다.

육해공에서 증가하는 미일 연합훈련

中·러 군사동맹 밀착에 미일 긴장

2022년 초, 러시아의 우크라이나 침공 이후 중국과 러시아의 협력이 더욱 강화되는 분위기가 나타나고 있다. 미국을 비롯한 서방국가의 압력이 커질수록 중·러 양국이 더 굳건하게 손을 잡을 것이라는 관측도 적지 않다.

이미 2019년 일본의 교도 통신이 중국과 러시아가 군사동맹 체결 방침을 굳혔으며 동맹을 규정하는 문안도 협의했다고 보도한 바 있다. 교도통신은 중·러 중 어느 한 나라가 공격을 받을 때 다른 나라가 지원하는 '상호원조' 조항을 합의문에 넣을지가 초점이라고 전했다. 이 같은 보도가 나올 정도로 중·러 관계는 군사동맹 수준으로 진화하고 있다. 특히 미국이 일본·호주 등 아시아 지역 동맹들과 함께 인도·태평양 전략을 구사하자 이에 맞대응하기 위한 움직임이 커지고 있다.

2019년 수교 70주년을 맞은 중·러가 군사동맹을 맺을 것이란 관측이 부상하는 데는 급속히 밀착한 양국 정상의 관계가 큰 작용을 했다. 시진핑 중국 국가주석이 2019년 6월 푸틴 대통령의 고향 상트페테르부르크를 국빈 방문해 양국 간 '신시대 전면 전략적 협력 동반자 관계'를 선언했다. 푸틴 대통령은 이때 세 번에 걸쳐 중국과의 관계를 러시아어로 '동맹'의 뜻을 가진 '사유즈니체스키'로 표현했다.

중러 협력의 타깃은 물론 미국이다. 미국이 러시아와의 중거리핵전력조약(INF)을 폐기한 뒤 중거리 미사일의 아시아 지역 배치를 검토하는 것이 중·러를 밀착시키고 있다는 분석이 나왔다. 2019년 3월 모스크바에서 열린 회의에서 푸틴 대통령은 "미국과 러시아만이 보유한 대륙간탄도미사일(ICBM) 조기 경보 체계를 중국이 갖추도록 돕겠다"고 밝혔다. 중·러는 이미 중국인민해방군을 위한 미사일조기경보체계(SPRN) 소프트웨어를 공동 개발하는 6,000만 달러 규모의 계약을 체결했다.

양국 정상의 밀월 관계는 긴밀한 군사 협력으로 이어지고 있다. 장유샤 중국공산당 중앙군사위 부주석과 세르게이 쇼이구 러시아 국방장관은 2019년 모스크바와 베이징을 교차 방문해 2개월 연속 양자 회담을 했다. 장 부주석은 쇼이구 장관에게 "양국 군이 양국 정상의 중요한 공동 인식을 성실하게 이행해 새로운 시대 중·러 군사 관계를 심도 있게 발전시키고 각자 국가 주권, 안보, 발전 이익을 수호하자"고 말했다. 쇼이구 장관도 "중국과 함께 계속해서 양국 협력의 영역과 방식을 새롭게 하며 양국 군의 전략적 협력을 심화시키고 싶다"고 했다. 2019년 러시아가 병력 12만 8,000명을 동원해 실시한 '중부-2019' 합동 군사훈련에는 중국군도 함께 했다.

미국을 '공동의 적'으로 상정한 중·러의 공세적 군사 밀월로 한국의 안보는 위협받고 있다. 2019년 7월 중국과 러시아의 군용기들이 6·25전쟁 이후 처음으로 동해와 동중국해 공해상에서 연합 비행훈련을 했다. 한국방공식별구역(KADIZ)에 무단 진입하고 독도 영공까지 침범하는 만행이었다. 동북아 안보를 책임져 온 한·미·일 3각 안보 협력 체제가 한·미 연합훈련 축소·폐지, 한·일 관계 악화로 난기류에 빠진 사이에 중국과 러시아가 그 사이를 파고들고 있는 것이다.

중국과 러시아는 조 바이든 미 대통령이 2022년 5월 한국을 방묻힌 직후, 다시 같은 방식으로 동해의 동중국해 공해상에서 연합 비행훈련을 했다.

美, 일본과 협력해 대중 미사일망 구축

바이든 행정부는 인도·태평양 지역에서 중국, 러시아에 대한 억지력을 강화하기 위해 적극 나서고 있다. 특히 대중(對中) 미사일망 구축에 적극적이다. 미국은 2022년부터 6년간 중국에 대한 미사일망 구축을 위해 273억 달러(약 30조원)의 예산을 투입한다는 입장이다. 미국은 인도·태평양 사령부를 중심으로 일단 오키나와에서 필리핀을 잇는 제1열도선을 따라 대중(對中) 미사일망을 구축한다는 계획이다. 이 신문에 따르면 인도·태평양 사령부는 관련 예산안에 "중국 억제를 향한 중요한 군사 능력에 (재정) 자원을 집중시킨다"며 "(중국의) 선제공격은 너무도 타격이 커서 실패한다고 생각하게 만드는 것이 목적"이라고 밝혔다.

'제1열도선에 대한 정밀 공격 네트워크의 구축'을 명기해 유사시 지상배치형 미사일을 활용해 중국을 타격할 수 있음을 분명히 했다. 미군은 핵탄두의 탑재를 부정하고 있어 재래식 무기에 의한 대 중국 포위망이 구축될 것으로 알려졌다.

이에 앞서 미국은 러시아와 맺은 중거리 핵전력(INF) 조약이 폐기됨에 따라 중거리 미사일을 일본에 배치하는 방안을 거론해왔다. 2020년 8월 도널드 트럼프 당시 미 대통령의 군축담당 특사인 마셜 빌링슬리는 중국을 '긴박한 위협'이라고 언급하면서 일본에 중거리 미사일을 배치하겠다는 입장을 시사한 바 있다. 상원 외교위원회 공화당 간사인 짐 리시 의원은 "인도·태평양 지역의 중거리미사일 배치 여부에 대해 미일 간 논의 필요성이 커지고 있다"고 언급했다.

일본은 미국에 의한 대중 미사일망 구축은 일본의 안보에 이익이 된다며 반대하지 않고 있다. 미일 안전 보장 조약에 근거, 일본에는 주일미군이 주둔하고 있으나 중국을 사정권에 두는 미사일 무기는 보유하고 있지 않다. 일본 방위성은 유사시 중국에 대항하기 위해 난세이(南西) 제도의 미사일 부대와 장사정 미사일을 증강해왔다. 이런 상태에서 미국의 대중 미사일망 구축은 중국에 대한 억지력을 강화할 수 있다고 보고 있다.

일본 잠수함, 미국과 합동훈련하며 남중국해 진출

일본의 잠수함이 중국이 영해화하려고 하는 남중국해에 진입해 활동하기 시작했다. 2018년 9월 일본 해상 자위대의 잠수함 '쿠로시오'는 처음으로 이 지역에 들어가 '대(對) 잠수함전'을 상정한 비밀 훈련을 했다.

'쿠로시오'가 히로시마(廣島)현의 구레 기지에서 출항, 남중국해로 향할 때 배수량 1만 9,950t 규모의 '가가'를 비롯한 호위함 3척도 나가사키(長崎)현의 사세보 기지를 떠났다. 일 해상 자위대 호위함은 필리핀 주변 해역에서 미 해군의 원자력 항공모함 로널드 레이건호와 필리핀 해군과 공동 훈련을 하면서 남중국해로 향했다.

일본 잠수함과 호위함은 중국이 남중국해에서 자국 권리가 미치는 경계라고 주장하는 '9단선(段線)' 해역에 집결, 훈련을 실시했다. 일본 잠수함은 적국에 발각되지 않으면서 움직이는 훈련을 하고, 호위함은 탑재 헬리콥터 등을 이용해 상대국의 잠수함을 발견하는 연습을 했다. 중국은 남사군도의 인공섬에 활주로를 건설하고, 서사군도에는 지대공 미사일을 배치, 이 지역을 자국의 군사거점화하려 하고 있다. 일본 정부 관계자는 "공해상 훈련은 국제법상 '항행의 자유'에 따른 것으로 정당한 활동"이라는 입장이다.

일본 잠수함은 훈련을 마치고 베트남 중남부에 위치한 남중국해 방위의 주요 거점인 깜란에 해상자위대 잠수함으로는 처음으로 입항했다.

박영준 국방대 교수는 "일본은 미·일 동맹을 바탕으로 군사 훈련의 파트너를 영국·프랑스·인도·호주 등으로 넓히고 있다"며 "아베 정권은 동북아를 넘어서 '글로벌 플레이어'가 되는 데 미·일 동맹을 활용하고 있다"고 말했다.

美, 하와이서 자위대와 이례적 미사일 훈련

문재인 정부 당시 미국은 북한과의 대화를 이유로 한미(韓美) 연합훈련을 중단했지만, 일본과의 훈련은 더욱 강화했다. 2019년 일본 육상 자위대의 지대함(地對艦) 미사일부대는 하와이로 불러서 실탄 사격을 포함한 미·일(美日)연합 훈련을 실시했다. 미국이 하와이 일대에서 주도한 '환태평양군사훈련(림팩·RIMPAC)'에서 일 자위대가 개발한 지대함 미사일 '12식(式) 지대함유도탄' 실제 사격 훈련이 거행됐다. 미국의 무인 무인정찰기 '그레이 이글'과 일본 해상자위대의 P3C 초계기가 수집한 정보를 미·일 공동지휘소에서 공유한 후, 일본 육상 자위대가 지대함 미사일 4발을 발사해 90km 떨어진 목표물에 명중시켰다.

미·일 양국이 하와이에서 지대함 미사일 훈련을 함께한 것은 2019년이 처음이다. 미 인도·태평양 사령부의 로버트 브라운 육군 사령관도 참관했다. 한국을 포함, 20여 개국의 해군이 참여한 림팩 훈련에서 일본 육상 자위대가 미국과 함께 실탄 사격 훈련을 한 것은 이례적이다.

미·일의 '지대함 전투 훈련'은 주로 중국을 견제하고, 미·일 군사 동맹 체제를 강화하는 차원에서 기획됐다. 일 정부는 육상 자위대의 미사일 부대를 중국 대륙을 마주 보는 가고시마(鹿兒島)현 아마미오시마(奄美大島)와 오키나와(沖繩) 인근의 미야코(宮古) 해협에 배치할 예정이다.

미국은 태평양 사령부의 명칭을 인도·태평양 사령부로 바꾸고, 시진핑 주석 체제 이후 강화하는 중국의 '해양굴기(海洋崛起)' 정책에 적극적으로 맞대응하고 있다. 미국과 일본 육상 자위대와의 이번 공동훈련은 트럼프 행정부가 한·미 연합훈련 중단으로 생기는 전력 공백을 미·일 군사 동맹을 더 격상시켜 보완하겠다는 구상을 보여준 것이었다.

중국은 이번 림팩 훈련을 분석하기 위해 감시선 1척을 하와이 인근 해역에 파견했다. 미 인도·태평양 사령부 대변인은 "중국 감시선 한 척이 지난 11일부터 하와이 인근 미국의 배타적경제수역(EEZ) 200해리 내에 있다. 이 감시선이 미 영해에 들어오지 않으며 림팩 훈련을 방해하지 않기를 바란다"고 경고했다.

미 공군의 B−52 전략폭격기가 참가한 가운데 미·일 공군의 합동 훈련이 2018년 7월 실시된 후, 이 사실이 일본 자위대를 통해 처음으로 발표되기도 했다. 일 항공사위내는 "핵투기 딥새 가능한 미 공군 B-52 전략폭격기 2대와 항공자위대 F-15 전투기 6기가 동원돼 합동 훈련을 했다"고 밝혔다. 일 항공 자위대가 B-52기가 참가한 가운데 공동훈련을 했지만, 이를 공개적으로 밝힌 것은 처음이다. 특히 핵무기를 탑재해 공격 가능한 B-52 전폭 훈련기가 공동 훈련에 참가했음을 숨기지 않음으로써 경계 태세가 계속 유지되고 있음을 주변국가에 알리는 의도도 있는 것으로 풀이된다.

MD 체계 일본에 전진 배치 구상

미국은 북한 러시아 중국의 대륙간탄도미사일(ICBM) 공격에 대한 요격 태세를 강화하기 위해 일본에 최신 레이더 배치를 추진하고 있다. 2019년 1월 요미우리 신문은 복수의 미·일 관계 소식통을 인용, 미국이 '미 본토 방위 레이더(HDR)'로 불리는 신형 레이더를 일본에 배치하기 위해 조만간 아베 정부와 공식 협의를 시작하고 싶어한다고 보도했다.

이 신문이 보도한 미국의 새로운 구상은 최근 더 강해지고 있는 미·일 동맹을 바탕으로 한 미사일 방어(MD)체계의 전진배치로 해석된다는 점에서 주목된다. 또 트럼프 미 대통령과 김정은 북 국무위원장 간의 2차 정상회담을 앞두고 나왔다는 점에서 미·북 대화와의 연계성도 관심을 끌었다.

미국은 현재 자국을 방어하는 지상배치형 미사일 요격시스템(GMD)를 보유하고 있다. 미사일 본체는 알래스카주와 캘리포니아주에 배치돼 있으며 주로 미국에 있는 레이더로 추적한다. 하지만, 최근에는 중국이 차량으로 운반 가능한 ICBM을 개발한 것을 비롯, 갈수록 발사 징후를 파악하기 어려워지고 있다. 요미우리 신문은 미국은 ICBM발사 후 짧은 시간 내에 여러 정보를 확보해 미사일을 효과적으로 추적할 수 있도록 일본에서 대비 태세를 갖추기로 한 것으로 보인다고 분석했다.

트럼프 미 대통령은 2019년 초 발표한 미사일방어계획(MDR)에서 북한 중국 러시아의 ICBM 위협을 지적하며 MD 강화 방침을 밝힌 바 있다. 미국이 일본에 배치를 검토 중인 HDR은 미 본토와 하와이, 미국령 괌으로 향하는 ICBM을 발사 지점 근처에서 추적하는 것이 특징이다. HDR이 입수한 ICBM 정보는 일본 자위대와 공유하게 된다. 미군은 우선 2023년 하와이에서 HDR 운용을 시작한다. 일본에는 2025년까지 HDR을 배치, 하와이의 HDR과 연결해 운용하는 것을 목표로 삼고 있다. 주일 미군은 ICBM보다 사거리가 짧은 탄도미사일을 추적하기 위해 이동식 레이더인 X밴드 레이더를 아오모리(靑森)현과 교토(京都)부에 전개하고 있다.

문재인 정부에서 한·미 동맹은 방위비 분담금 문제로 '주한미군 감축설'이 나올 정도로 위태롭지만, 미·일 동맹은 MD 신형 레이더의 일본 배치가 검토될 정도로 굳건해졌음을 보여줬다.

미국 지원 받아 '大洋해군' 재건 추진

일본 자위대는 미국을 등에 업고 군사 활동 영역을 동북아에서 세계로 확대하고 있다. 해상자위대는 2019년 처음으로 인도양에서의 군사훈련을 실시했다. 미국·호주·프랑스의 해군과의 공동 훈련이었다. 미국의 미사일 구축함 10적, 프랑스의 핵 추신 항공노함 사를 드 골, 호주의 잠수함이 참여한 대규모 훈련이었다.

일본은 이 훈련에 전장 300m의 항공모함으로 개조 예정인 호위함 이즈모를 보냈다. 4개국은 수마트라 열도 서쪽 공해에서 대(對)잠수함 및 탑재 헬기의 공동 운용 훈련을 했는데, 이 훈련엔 일본판 해병대인 육상자위대의 수륙기동단 대원들도 참가했다.

이에 앞서 일 해상자위대는 1주일간 미국·인도·필리핀 해군과 함께 중국이 영해화하려는 남중국해에서 합동 항행(航行)훈련을 했다. 당시엔 일본의 이즈모함에 참가국의 전함 사령관들이 옮겨 타는 훈련도 진행됐다. 일본은 아베 신조의 8년간 총리 재임 중 제안하고, 도널드 트럼프 전 미 대통령이 주도한 인도·태평양 전략하에 제국시대의 '대양해군'을 다시 구현하려 시도 중이다. 일본의 잠수함이 중국이 안방처럼 여기는 남중국해에서 떠오르고, 항공모함으로 개조 예정인 대형 호위함이 인도양을 누비는 것은 이제 낯선 일이 아니다.

일본은 이미 해양에서는 군사 대국으로 평가받고 있다. 태평양전쟁 당시 항공모함을 보유했던 탓에 전통적으로 해군력이 강하다. 일본은 장기적으로는 헬기 탑재 호위함 4척을 모두 경항모로 개조한다는 계획이다. 일본의 구축함 약 40척과 최신형 이지스 구축함은 인도·태평양 전략의 든든한 자산이다.

2019년 7월엔 1조 6,500억원의 건조비가 들어간 최신형 이지스함 마야함을 진수했다. 미국의 최신예 스텔스함 줌월트급을 제외하면 전 세계 신형 구축함 중 가장 강력한 전투력을 갖췄다고 한다. 최신형 이지스 전투 체계(베이스라인 9)와 탄도미사일 방어 시스템 BMD 5.1, 최신형 다용도 미사일 SM−6와 강력한 요격미사일 SM−3 블록

ⅡA를 장착한다. SM-3 블록ⅡA의 최대 사거리는 2,500㎞, 요격 고도는 1,500㎞에 달한다. 일본은 마야급 2척을 포함, 총 8척의 이지스함을 보유하게 된다. 일본이 보유한 19척의 신형 잠수함들은 이미 남중국해와 인도양에서도 활동 중이다.

방위비 GDP 2%로 증액하며 미국의 최신 무기 구입

미일동맹의 강화에 맞춰 일본의 군사비도 해마다 증강하고 있다. 아베 총리 체제 출범 이듬해인 2013년의 방위비는 4조 7,538억 엔이었다. 2019년에는 방위비가 5조 3,000억 엔으로 6년 만에 5,000억 엔 이상 늘었다. 2019년부터 5년간 소요될 방위비 총액이 28조 엔에 육박할 것이라는 관측도 제기됐다.

자민당 정권은 2022년 5월 조 바이든 미 대통령의 일본 방문을 계기로 그동안 국내총생산(GDP) 대비 1% 수준을 유지해왔던 방위비를 앞으로 GDP 대비 2%로 증액하는 방안을 적극 추진하기로 했다.

이렇게 늘어난 일본 방위비의 상당 부분은 미국으로부터 최신 무기를 구입하는 데 들어가고 있다. 일본이 2023년까지 적용하는 5년 단위의 '중기 방위력 정비 계획'에서 신규 무기 및 장비 획득에 17조 엔을 배정한 것은 눈여겨봐야 할 부분이다. 일본은 이 계획에서 기존의 전통적인 전쟁 외에도 사이버·우주·전자파 3개의 새로운 전장(戰場)에 대한 대응 능력도 지속적으로 구축해나가겠다고 했다. 이는 미·일 동맹의 지원이 없으면 불가능한 것이다. 일본은 우주·사이버 공간에서의 협력을 합의했으며 우주 관련 군사 업무를 담당하는 우주부대 창설 계획도 수립했다. 일본은 F-35 스텔스 전투기를 대폭 늘리고, 최첨단 무인정찰기 글로벌 호크노 들여올 예정이다.

방위비 증강과 미국 무기 구매 확대에 대해 일본 내부에서 비판적인 여론도 있다. 하지만 일본은 이에 아랑곳하지 않고, 미·일 동맹 강화를 바탕으로 일본을 '글로벌 플레이어'로 만들겠다는 생각이 확고하다. 이는 과거 일본의 군국화를 연상시켜 주변국의 우려가 본격적으로 대두될 가능성도 커지고 있다.

탐지거리 1,000km 이지스 어쇼어 논란

일본은 장기적으로 신(新)미사일 방어(MD) 시스템에 탐지거리 1,000㎞ 이상의 최신 레이더를 설치, 한반도 전역에 대한 감시를 강화하기로 했다. 일본 방위성은 육상 MD체계인 이지스 어쇼어(Ageis Ashore)에 미 방산업체 록히드마틴의 최신 레이더 LMSSR을 탑재하기로 했다.

LMSSR은 미국이 알래스카주에 건설중인 탄도미사일 요격 레이더와 똑같은 기술을 사용하며 탐지거리가 1,000㎞를 상회한다. 현재 일본 해상자위대 이지스함에 탑재된 레이더 'SPY1'보다 2배 이상의 거리를 탐지할 수 있는 것이 특징으로 경북 성주에 배치된 사드 레이더(유효 탐지거리 600㎞)보다 성능이 더 뛰어나다.

이지스 어쇼어는 해상 이지스함의 미사일 요격 체계를 지상에 적용한 것으로 현재 미군이 유럽에 실전배치해 운용중이다. 일본 정부는 2017년 북한이 핵실험과 ICBM급 미사일 발사로 긴장을 고조시키자 이지스 어쇼어 도입을 추진해왔다. 배치 후보지는 한국과 가까운 야마구치(山口)현과 아키타(秋田)현으로 2023년 운용 개시가 목표다. 새 MD시스템은 한반도 전역은 물론 북·중 및 북·러 접경 지대도 탐지할 수 있게 된다.

요미우리 신문은 4·27 남북정상회담, 6·12 미북 정상회담에서 북한이 비핵화에 합의했지만, 북한 탄도미사일을 둘러싼 협상이 불투명하고, 중국의 미사일 위협이 계속 증대한다는 이유로 일본 정부의 이지스 어쇼어의 배치계획이 계속될 것이라고 보도한 바 있다. 한국 정부가 북한의 구체적인 비핵화 조치가 나오기도 전에 한미연합훈련을 중단하고 휴전선 인근의 군부대 신설 신축공사를 잠정 보류한 것과는 대비되는 움직임이다.

하지만 이지스어쇼어는 2020년 6월 고노 다로 방위상의 결정으로 중단됐다. 고노 방위상은 약 5,000억 엔(약 5조 6,550억 원)이 들 것으로 예상되는 이지스 어쇼어 배치 중단 계획을 갑자기 발표했다. 요격미사일 발사 시 분리되는 부스터를 안전한 장소에 확실히 낙하시키지 못하는 기술상의 문제와 고액의 비용 때문에 합리적이지 않다는 이유였다.

이로 인한 파문은 컸다. 자민당 내에서조차 "일본 방위가 후퇴하고 있다"는 지적이 나왔다. 2017년 12월 이지스 어쇼어 배치를 결정할 당시 방위상이었던 오노데라 이쓰노리 자민당 안보 조사회장은 "북한의 위협은 변하지 않았는데, 일본의 방위는 후퇴하고 있다"고 직설적으로 비판했다. 아베 내각은 그동안 이지스 어쇼어를 8척의 이지스함과 함께 일본 미사일 방어 체계의 요체가 될 것이라고 강조해 왔는데 이런 계획 자체가 흔들린다는 것이다. 이번 결정이 미·일 동맹에 악영향을 끼칠 것이라는 우려도 나왔다. 미국이 이번 사업 중단에 따른 위약금을 요구하거나 주일 미군 분담금 협상에서 일본에 거액의 부담금을 요구할 수 있다는 가능성도 제기되고 있다.

미국 묵인하에 日北 접촉

일본 외무성에 '북한과' 신설

일본은 미국과의 동맹 관계를 증진시키는 한편, 북한을 둘러싼 정세 변화에 대비했다. 2018년 남북정상회담, 미북정상회담이 잇달아 개최되는 상황에서 일본 외무성은 북한전담 조직을 처음으로 신설했다. 7월에 한반도 상황변화와 북한과의 협상에 대비하기 위해 아시아대양주국의 북동아시아과를 한국을 담당하는 북동아1과, 북한 문제를 맡는 북동아2과로 나누어 운영하기 시작했다.

그동안 한반도를 담당해 온 일본 외무성 북동아시아과에는 약 50명의 외교관이 근무해왔다. 이 중에서 약 3분의 1가량이 북동아2과에 배속됐다. 이전에 외무성 본부와 주한일본대사관에서 근무하며 북한 문제를 담당했던 외교관들도 일부 추가 배치됐다.

일 외무성에 신설되는 '북한과(課)'는 북한 비핵화 과정에서 일본이 적극 참여하는 방안을 강구하는 한편, 납치자 문제 해결을 통한 북일 협상 로드맵을 만드는 작업에 주력하고 있다.

일본 정부는 북한 비핵화 과정에 일본의 핵 시설 해체 전문가들을 참여시키는 방안도 만들었다. 2011년 3·11 대지진 당시 후쿠시마(福島) 원전 폐로 경험을 살려서 북 비핵화에 참여하는 방안이 논의되고 있다. 고노 다로 외무상은 오스트리아 빈에 위치한 국제원자력기구(IAEA)를 직접 방문, 북 비핵화 과정에 전문가를 참여시키겠다는 입장을 밝히기도 했다. 일본 정부는 당시 아마노 유키야 IAEA 사무총장이 일본 출신이라는 점을 적극 활용해, 북 비핵화 과정에서 '재팬 패싱'을 막겠다는 입장이었다.

기타무라-김성혜, 베트남 몽골서 비밀 회동

일본은 미국의 묵인하에 북한과의 고위급 접촉을 재개했다. 아베의 신임을 받고 있었던 기타무라 시게루 내각 정보관이 대북 창구 역할을 맡았다. 기타무라는 2018년 7월 북한 조국평화통일위원회의 김성혜 통일전선전략실장을 베트남 호치민시에서 만났다. 도쿄(東京) 신문은 기타무라 정보관과 김성혜 실장이 7월 15일부터 이틀간 베트남의 호치민시에서 극비 접촉을 가졌다고 전했다. 북측에서는 당시 김 실장외에도 북일관계를 담당한 경험이 있는 과장급 2,3명이 동행했다고 한다. 스가 요시히데 당시 관방장관은 기자회견에서 이 보도를 부인하지 않고 "납치, 핵, 미사일 문제 등에 대한 포괄적 해결을 향해서 전력을 다해서 임하고 있다"고 말했다.

나중에 국가안전보장국장으로 승진하는 기타무라 정보관은 국정원장 격인 내각조사실장을 겸하며 아베 총리의 신임을 받고 있었다. 김성혜 실장은 4월 판문점 남북 정상회담, 6월 싱가포르 미북 정상회담 당시 김정은 국무위원장을 수행한 인물로 북한에서도 비중이 적지 않은 인물이다(2019년 하노이 미북 정상회담 실패 이후 한때 사망설이 나오기도 했다). 이번 고위급 비밀 접촉에서 북한의 일본인 납치 문제 해결을 전제로 한 관계 개선이 주로 논의됐을 것으로 관측됐다.

비슷한 시기에 북한이 중국 여행사를 통해서 입북, 남포를 관광 중이던 일본인 스기모토 도모유키를 간첩혐의로 억류했다가 한 달도 안 돼 추방한 것도 비밀 협의의 결과가 아니냐는 관측이 나왔다. 북은 스기모도씨를 풀어주며 조신중잉통신을 통해 "신도주의 원칙에 따라 관대히 용서한다"고 밝혔다.

기타무라와 김성혜는 같은 해 11월 몽골에서도 다시 회동한 사실이 알려졌다. 일본 후지뉴스네트워크(FNN)는 당시 "기타무라 정보관이 몽골 수도 울란바토르에서 북한 고위 관리와 극비리에 회담했다"며 "일본은 납치문제 해결과 관련한 약속을 받은 뒤 정상회담하는 것을 목표로 하고 있다"고 보도했다. FNN은 기타무라 정보관이 미국 워싱턴 DC를 방문, 트럼프 행정부 관계자와 만나 이번 협상 내용에 관해 논의한다고도 전했다. 일본과 북한의 고위 관계자가 2018년에만 최소한 세 차례 만난 것으로 파악돼 납치 문제 등에서 진전이 있는 것이 아니냐는 관측도 나왔다.

아베 밀명받은 '스파이 대장' 기타무라

베트남, 몽골에서 북한과 비밀접촉을 가질 때 내각 정보관이었던 기타무라 시게루는 아베 총리의 신임을 받으며 '일본의 CIA'로 불리는 내각조사실을 약 7년간 이끈 후 국가안전보장국장으로 승진했다. 400여 명의 정예요원이 국내외의 민감한 정보를 수집, 분석하는 내각조사실은 아베의 장기집권에 중요한 역할을 한 것으로 알려졌다. 일본 국내외 모든 정보를 장악하고 있는 기타무라는 매주 금요일 오전 정례보고 외에도 수시로 아베를 만나 주요 현안관련 보고를 해 주목받았다.

도쿄대 법학부 출신의 기타무라는 일본인 납치 문제로 아베 총리와 인연을 맺었다. 2004년부터 북·일 간 납치 실무 협의에 참가하면서 아베 총리를 알게 됐다고 한다. 아베는 2006년 총리가 되자 기타무라를 자신의 비서관으로 발탁했다. 2012년 12월 두 번째로 총리관저(官邸)에 입성한 그는 민주당 정권에서 내각정보관이 된 기타무라를 유임시켰다.

아베 내각에서 기타무라 정보관의 역할은 절대적이었다. 아사히신문은 2017년 아베 총리가 중의원을 해산한 후, 실시한 선거에서 대승을 거둔 배경에는 내각조사실이 전국 289개 소선거구의 동향을 면밀히 분석했기 때문이라고 분석했다.

하노이 미북정상회담 실패 예상한 일본

2019년 2월 하노이에서 열린 트럼프 미 대통령과 김정은 북 국무위원장의 정상회담이 결렬됐다. 이후 김 위원장이 일본을 이용해 돌파구를 찾을 가능성이 대두했었다. 문재인 정부의 '중재 외교'에 더 이상 기대할 수 없게 된 북한이 새로운 창구로 일본을 개척할 가능성이 거론된 것이다.

2002년 1월 조지 W 부시 당시 미 대통령은 북한을 이란, 이라크와 함께 '악의 축(Axis of evil)'의 하나로 지목, 북한이 고립될 상황에 부닥쳤다. 그러자 김정일 당시 북한 국방 위원장이 같은 해 9월 고이즈미 일 총리를 평양으로 전격 초청했다. 김 위원장은 13명의 일본인 납치 사실을 시인하고, 이 중 5명을 돌려보내며 대화 분위기를 만들었다. 이 같은 흐름 속에서 2003년 8월 북핵 문제 해결을 위해 미국, 한국, 북한, 중국, 일본, 러시아가 참여하는 6자회담이 처음으로 시작됐었다. 당시 일본 정치권의 유력인사는 "하노이 미북 정상회남 실패는 역실적으로 일본과 북한이 접촉할 가능성을 크게 민든 측면이 있다"고 했었다.

아베 총리는 2019년 3월 납북자 가족들을 총리 관저에서 만난 자리에서 "모든 기회를 놓치지 않는다는 방침에 따라 문제를 풀고 싶다"며 "다음은 나 자신이 김 위원장과 마주 봐야 한다"고 했다. 미북 관계 정체 상황에서 적극적으로 나서겠다는 의지를 표명한 것이다. 이 같은 입장은 스가 요시히데 전 내각, 기시다 후미오 현 내각에 이르기까지 계속 견지되고 있으며 북일 양측간 물밑접촉이 진행되고 있다는 보도가 계속 나오고 있다.

확대일로의 일본 집단적 자위권

커져가는 日 '적 기지 공격 능력' 논란

일본 정부는 2020년 12월 적국의 미사일 공격을 저지하기 위해 선제적으로 공격 가능한 장사정(長射程) 순항 미사일을 개발하기로 결정했다. 스가 요시히데 내각은 지대함 유도탄을 개량, 5년 내에 적 미사일 공격에 활용하는 것을 가능하게 하는 방안을 채택하기로 했다.

일 방위성은 사거리 100㎞가량인 지대함 유도탄의 사거리를 수백㎞로 늘리고 여기에 레이더망을 피할 수 있는 스텔스 성능도 부여할 계획이다. 요미우리신문은 이렇게 개량된 장사정 미사일이 육상에서는 물론 함정과 항공기에서도 발사될 수 있으며 지상 목표도 공격할 수 있게 된다고 보도했다. 적의 미사일 사거리 사정권 밖에서 공격도 가능하다. 스가 내각은 '적 기지 공격' 능력을 갖게 되는 순항 미사일 개발을 위해 335억 엔을 투입하기로 했다.

이와 함께 방위성은 북한, 중국 등의 미사일 공격 능력 향상에 대응하기 위해 F-15 전투기에 탑재할 공대지 미사일 재즘(JASSM)을 미국으로부터 도입하는 방안도 추진한다. '죽음의 백조'로 불리는 B-1B 전략 폭격기에 처음으로 장착된 재즘은 최고 사거리 900㎞로 원거리에서 정확한 폭격이 가능하다.

일본이 북한·중국·러시아 등의 미사일로부터 공격받기 전에 선제적으로 타격해야 한다는 주장은 최근에 나온 개념은 아니다. 1956년 당시 하토야마 이치로 내각은 "적국이 공격하는 데 가만히 앉아서 자멸하는 것은 헌법 취지가 아니다"라고 발표한 바 있다. 하지민 구제직으로 공적 무기를 보유하자는 움직임으로 연결되지는 않았다. 적 기지 공격 능력 필요성을 적극 강조하며 정책화한 이가 2012년 2차 집권에 성공한 아베 신조 전 총리다. 그는 8년간의 재임 기간 중 꾸준히 이 같은 정책의 필요성을 주장해왔다.

특히 고노 다로 당시 방위상이 기술 결함을 이유로 탄도미사일 요격 체계인 이지스 어쇼어 도입 중단을 발표한 후 적 기지 공격 능력 문제를 정계의 화두(話頭)가 되게 했다. 아베는 2020년 9월 총리 퇴임 직전에 이를 포함한 새로운 방위 체제에 대한 논의를 연말까지 해 달라고 스가 정권에 당부하기도 했다.

하지만 이 같은 움직임은 당장 일본 내부에서 전수방위(專守防衛) 원칙에 어긋난다는 비판을 부르고 있다. 일본 헌법 9조는 분쟁 해결 수단으로 전쟁을 포기하고 전력을 보유하지 않는다고 규정, 공격받을 때에만 방위력 행사가 가능하다는 전수 방위 원칙이 자리 잡아왔다. 장사정 순항 미사일 개발 등 일본의 최근 움직임은 이 같은 전수방위 정책을 사실상 폐기하고 유사시 선제 공격하는 것을 의미한다는 지적이다. 북 핵·미사일 등의 위기를 구실로 삼아 선제 공격이 가능하도록 안보정책을 바꾸려 한다는 것이다.

자민당 정권은 물론 이를 부인한다. 아베 전 총리는 국회에 제출한 답변서에서 장거리 순항미사일에 대해 "전수방위하에서 국민의 생명 및 재산과 영토·영해·영공을 지켜내기 위해 추진하는 것"이라고 반박했다. 그러나 일본의 진보지인 도쿄신문은 "다른 나라의 영역을 표적으로 하는 적 기지 공격 능력의 보유는 일본 안보정책의 대전환과 직결된다"고 비판했다. 일본의 적 기지 공격 능력 보유 정책이 사실상 일본의 재무장을 촉진하는 개념으로 쓰인다는 비판도 나오고 있다. 이런 움직임이 쌓이면 먼 미래에 결국은 다시 전쟁도 불사하는 분위기를 만들 가능성이 있다는 것이다. 당장 중국이 강하게 반발하고 있다. 중국은 "일본이 역사의 교훈을 받들어 전수방위 약속을 성실히 이행하고 행동으로 평화 발전의 길을 걷도록 촉구한다"며 경계감을 표명하고 있다.

자민당 정권은 '적기지 공격 능력'이 정당방위 개념인데 오해를 부르고 여론의 지지를 받지 못한다고 판단, 2022년부터 이를 '반격 능력'으로 수정해서 부르고 있다. 기시다 후미오 내각은 2022년 7월 실시되는 참의원 선거 공약에 반격 능력 보유를 공약으로 내걸기로 했다.

2017년 북 도발 당시 집단 자위권 발동 검토

일본은 아베 총리 시절 미일 동맹을 기반으로 하는 집단적 자위권 행사를 위해 안보법제 정비에 착수했다. 그 결과 2016년 3월부터 11개의 신(新) 안보법제가 시행됐다.

이는 새로 제정된 국제평화지원법과 자위대법, 국가안보회의 설치법 등 개정된 10개 안보법으로 구성돼 있는데 집단적 자위권을 비롯한 안보 관련 사안을 11개의 법으로 재정비한 것을 의미한다.

이에 따라 일본의 자위대는 집단적 자위권의 범위 내에서 유사시 미국 지원을 목적으로 군사력을 행사할 수 있게 됐다. 미일동맹을 명분삼아 중국, 러시아, 북한의 위협에 대해 적극적으로 대응할 수 있게 된 것이다.

일본은 구체적으로 집단적 자위권이 행사할 수 있는 상황을 8가지로 상정하고 있나.

① 일본 상공을 통과해 미국으로 향하는 탄도미사일 요격
② 일본 주변 수역에서 경계 작전 중인 미군함 방어
③ 미국 본토가 공격받는 경우 미군함 방어
④ 국제적인 기뢰 제거 활동 참가
⑤ 민간 선박에 대한 국제적 공동보호 활동 참가
⑥ 일본 국민 수송하는 미군함 방어
⑦ 일본 부근 공해상에서 작전 중인 미군함 방어
⑧ 유사시 탄약, 무기 등을 운반하는 것으로 의심되는 선박에 대한 수색

이는 양날의 칼과 같은 것이다. 미국 주도의 동북아 안보체제가 더욱 강화돼 중국, 러시아, 북한에 대한 억지력이 강화되는 것을 의미하는 한편, 일본이 군사력을 사용할 수 있는 '보통국가'화의 길을 연 것이다. 특히 국제평화지원법, 국제평화 협력법에 근거해 무기 사용 범위를 확대하고, 미군 등에 대한 후방지원 범위를 넓혔다는 점에서 우려도 나왔다.

이후 일본은 2017년 북한의 핵 실험과·미사일 발사로 한반도에 긴장상태가 조성됐을 때, 일본 자위대가 집단적 자위권에 근거해 대응을 검토했던 사실이 알려져 논란이 일었다. 가와노 가쓰토시 전 일본 통합막료장(한국의 합참의장격)은 2019년 6월 자신의 재임기간 중 가장 긴박했던 시기로 2017년을 꼽으며 "2016년부터 (일본에서) 시행된 안보법제하에서 자위대가 어떻게 움직일지에 대해 내 책임으로

통합막료감부에서 '두뇌 체조'를 했다"고 증언했다. 당시는 북한이 6차 핵실험을 한 후, "ICBM(대륙간탄도미사일) 장착용 수소탄 실험에 성공했다"고 밝혀 전례없는 긴장이 조성됐었다.

가와노 전 통합막료장은 전쟁이 거론되던 상황과 관련, "(차원이) 다른 단계가 오고 있다고 생각했다"고 회고했다. "전화로 조지프 던퍼드 미국 합참의장과 2~3일에 한 번, 해리 해리스 당시 미 태평양 사령부 사령관(현 주한 미국대사)과도 준비 태세 관련 정보를 교환했다." 그는 미군이 군사행동에 나서 한반도가 '유사시(有事時)'가 될 가능성을 고려해 일본이 새로운 안보법제하에서 어떻게 움직일지를 검토했다고 밝혔다.

아사히 신문은 가와노 전 통합막료장의 발언에 대해 "새 안보법제에 근거해 일본의 평화, 안전에 중요한 영향을 주는 상황에서, 자위대가 미군을 후방지원하는 '중요영향사태'나 미군에 대한 공격에 자위대가 반격하는 '존립위기사태'를 상정했다"고 해석했다. 가와노 전 통합막료장은 한반도 관련 두뇌체조를 하면서 한반도에 자위대를 진주시킬지 여부를 검토했는지는 밝히지 않았다.

가와노 전 통합막료장은 "다행히 미군으로부터 군사행동을 한다는 연락은 없었다"며 "아베 총리에게는 수시로 미군의 태세를 보고했다"고 밝혔다. 2014년 10월 취임해 4년 넘게 일하다가 퇴임한 가와노 전 통합막료장은 헌법에 자위대를 명기하려는 아베 총리의 개헌안에 대해 "감사하다"는 입장을 밝힌 바 있다.

日, 영국 프랑스 인도와 준(準) 동맹 구축

미일동맹 바탕으로 외교 다변화

'동맹 불황(同盟不況)' 회피

트럼프 정부에서 바이든 정부로 전환하는 시기의 일본의 외교에서 미일동맹의 도약 외에도 주목해야 할 점은 다변화 외교다. 미·일 동맹을 중시하면서도 다른 주요 국가와의 관계에도 부쩍 더 신경을 쓰며 우호적인 네트워크를 만드는 데 주력한 것은 높이 평가받을 만하다.

일본 외교의 다변화는 역설적으로 중일관계 개선처럼 어디로 튈지 모르는 트럼프 미 대통령으로 인한 위험 분산 차원에서 나온 측면이 있다. 2017년부터 4년간 대통령으로 재임한 트럼프는 아베 총리에게 "진주만을 기억하고 있다"고 말하는가 하면 방위비 분담 문제를 거칠게 제기했다. 일본 자동차 관세 문제를 자주 언급하는 등 그가 새임시 년세른 비·일 간 무역 바칠이 가시화될 수 있다는 우려가 일본 내에서 나왔다.

트럼프는 아시아와 태평양을 자유무역권으로 연결하는 환태평양 경제동반자협정(TPP)에서도 탈퇴, 일본을 곤혹스럽게 하기도 했다. 이런 상황에서 '트럼프 헤지(hedge·트럼프 대통령의 미국 우선주의가 야기하는 위험 회피)'로 이름 붙일 수 있는 '외교 다변화'가 일본 외교의 큰 흐름 중의 하나였다.

2019년 도쿄의 한 외교 소식통이 "트럼프 대통령은 말로만 미·일 동맹이 중요하다고 할 뿐 실제로는 그렇지 않다는 것이 가스미가세키(霞が關·일본의 관가)에 널리 퍼져 있다"며 "일본 정부로서는 다른 주요 국가와의 관계 강화를 통해 다양한 시나리오에 대비할 필요가 있다"고 말한 것이 기억에 남아 있다.

2018년 8월 일본 지식층 사이의 소셜미디어에서 '동맹 불황(同盟不況)'이라는 단어가 유행했다. 니혼게이자이 신문의 코멘테이터 아키타 히로유키가 '동맹 불황이 찾아왔다'는 글을 쓰면서 본격 회자됐다. 아키타는 "미국 주도의 동맹이 흔들리는 것은 동맹 불황이라고 부를 수 있는 구조 변화의 물결 때문"이라며 "1991년 소련 붕괴 후 아프가니스탄과 중동에서의 오랜 전쟁이 미국을 변화시켰기에 이는 필연적"이라고 했다. 그러면서 "트럼프가 '리더 국가'의 수뇌로서는 있을 수 없는 발언을 하고 있다"고 꼬집었다.

실제로 일본 고위 관료와 기업 임원, 언론사 간부들을 만날 때마다 이들이 트럼프 현상으로 압축되는 미국발(發) 변화에 민감하게 반응함을 자주 느꼈다. 난데없는 보호무역주의로 세계를 들썩거리는 미국에 대한 경계론이 확산되고 있었다.

'묘혈을 판 트럼프' … 美 비판 사설 등장

비슷한 시기에 마이니치 신문에 '묘혈(墓穴)을 판 트럼프'라는 사설(社說)이 등장하기도 했다. 트럼프의 보호무역주의가 보복 관세 역풍을 초래해 오토바이 제조사 '할리 데이비슨'이 오히려 미국 내 공장 일부를 외국으로 옮기기로 한 사태를 다룬 것이다. 같은 날 다른 신문에는 '미국의 요구에 다국적 간 대처를 하자'는 사설이 실렸다.

트럼프 시대에 일본의 대응은 두 가지 키워드, 즉 '이중(二重) 전략'과 '외교 다변화'로 요약됐다. 2018년 일·중(日中) 평화조약 40주년을 내세우며 중국과 급속한 해빙 분위기를 만드는 것은 '이중 전략' 차원이었다. 아프리카·아세안 등에서의 협력 방안을 협의하기 위한 일·중 민관협의체 모임이 열리기도 했다. 아베 총리가 다시 총리가 된 후, 2018년 베이징을 공식 방문한 것은 2012년 센카쿠 열도(중국명 댜오위다이) 문제로 냉각된 관계를 정상 궤도에 올려놓으려는 포석이었다. 여기엔 '미국에 마냥 끌려가지는 않겠다'는 속내도 담겨 있었다.

일본이 2018년 유럽연합(EU)과 경제연대협정(EPA)에 서명한 것은 '외교 다변화'의 수순(手順)이었다. EPA는 90% 이상 관세 철폐를 목표로 하는 자유무역협정(FTA)의 일종이다. 대외 전략을 미국에 맞추면서도 실리를 찾아 EU와의 활로를 모색하려는 몸부림인 셈이다. 보호주의를 가속하는 미국을 견제하는 목적도 담겨 있었다.

'英日동맹' 120년 만에 부활

일본은 이 같은 배경에서 20세기 초 동맹을 맺었던 영국과 밀착하기 시작했다. 1902년 러시아 남하(南下)를 막을 목적으로 동맹국이 됐던 두 나라가 최근엔 중국 견제와 경제적 이유를 매개로 준동맹으로 발전했다. 일본은 대중 견제를 위한 우군(友軍)을 얻고, 영국은 브렉시트(Brexit·영국의 유럽연합 탈퇴) 이후 국제적 영향력을 만회하는 이해관계가 맞아떨어진 것이다.

영국과 일본은 2021년 2월 외무·국방 장관(2+2) 회의에서 영국이 인도·태평양 지역에 퀸 엘리자베스 항모 전단을 파견할 때 자위대와 공동 훈련을 하기로 합의했다. 도미닉 라브 영국 외무장관은 국제법에 토대를 둔 해양 질서 유지와 항행 자유가 중요하다며 중국을 견제했다. 일본 언론은 남중국·동중국해에서 군사력을 증강하는 중국을 견제하기 위해 양국이 협력을 강화하고 있다고 분석했다. 요미우리신문은 "양국은 지금까지 군사 협력을 위한 협정 체결과 공동 훈련을 거듭해가며 '준동맹국'화를 진행해왔다"고 평가했다.

이에 앞서 보리스 존슨 총리는 "영국인들에게 막대한 경제적 이익을 가져다줄 새로운 파트너십을 구축할 것"이라며 포괄적·점진적 환태평양경제동반자협정(CPTPP) 가입을 신청한다고 발표했다. CPTPP는 미국이 탈퇴한 후 일본이 주도하고 있다.

최근 양국 관계 변화는 영국이 먼저 주도했다. 영국의 캐머런 정권은 2015년부터 전후(戰後) 처음으로 일본이 호주, 뉴질랜드처럼 '가치관을 공유하는 나라'라며 손을 내밀었다. 중국 견제를 위해 유럽 국가의 지원이 필요한 일본은 영국의 손을 굳게 잡았다. 같은 해 양국은 2+2 회의를 처음으로 개최, 안보·경제 면에서 협력하기로 했다. 2018년에는 일본 국내에서 처음으로 양국군이 공동 훈련을 실시했다. 영국군이 유엔 제재에 의한 북한 선박에 대한 감시 활동에 동참한 것도 이때부터다. 영국은 유럽연합 탈퇴 결정 후 '아시아 회귀'를 결정하면서 일본과 맺은 관계를 격상하고 있다. 양국은 코로나 사태 속에서도 자유무역협정(EPA)을 체결했다.

양국이 중요한 다자 협력체에 서로를 끌어들이며 지원하는 현상도 눈에 띈다. 일본은 중국에 대항하는 미국·일본·호주·인도 4국의 안보 협력체(쿼드)가 영국을 포함해 퀸텟(quintet)으로 확대하는 것을 지지하고 있다. 영국은 미국, 캐나다, 호주, 뉴질랜드와 함께 기밀 정보를 공유하는 파이브 아이스(Five Eyes)에 소속돼 있는데 일본이 참가해 식스 아이스(Six Eyes)로 개편되기를 바란다.

양국은 이 과정에서 19세기부터 우호 관계를 맺은 역사도 강조하고 있다. 영국은 1868년 들어선 메이지 정부를 세계에서 최초로 승인함으로써 일본이 국제사회에 데뷔하는 데 도움을 줬다. 1902년 맺은 영일 동맹은 1905년 일본의 러일전쟁 승리, 1910년 일본의 한국 식민지화의 토대가 됐다. 일본은 영일 동맹을 맺은 후, '아시아의 영국'이라는 말을 들어가며 발전했다. 자동차 운전석이 오른쪽에 있고, 좌측통행하는 것도 영국 문물을 들여왔기 때문이다. 영일 동맹은 제1차 세계대전 이후 금이 가기 시작해 1923년 파기됐다. 다시 시작된 영국과 일본의 새로운 협력은 동북아 정세에 상당한 영향을 미칠 것이라는 전망이 나온다.

英 항모 퀸 엘리자베스, 부산항 건너 뛰고 요코스카항으로

2021년 9월 일본 요코스카항에 입항한 영국의 항공모함 퀸 엘리자베스는 영국과 일본 간의 동맹에 가까운 관계를 이끄는 상징으로 떠올랐다. 퀸 엘리자베스호는 예고됐던 부산항 입항을 건너뛰고 일본으로 직행했다.

퀸 엘리자베스는 영국이 약 4조원을 들여서 2017년 취역시킨 최신 디젤 항공모함이다. 배수량 6만 5,000t, 길이 280m이며 최대 60대의 함재기를 태울 수 있다.

개빈 윌리엄슨 영국 국방장관은 2019년 연설에서 유럽연합(EU) 으로부터 탈퇴하는 브렉시트(BREXIT) 이후의 영국의 군사 전략을 설명하는 연설에서 "영국과 동맹국들은 우리의 이익을 뒷받침할 수 있는 강력한 힘을 사용할 준비를 해야 한다"며 퀸 엘리자베스의 동아시아 파견 방침을 시사한 바 있다. 윌리엄슨 장관은 호주 신문 인터뷰에서 "중국은 큰 기회의 나라이지만, 중국의 야욕에 눈감아서는 안 된다"며 항공모함 외에도 영국의 다른 함정을 남중국해에 파견하겠다고 밝혔다.

폴 마든 주일 영국 대사는 2021년 2월 일본 언론 기고에서 더 구체적인 입장을 밝혔다. "항공모함 퀸 엘리자베스 호가 올해 하반기 동아시아를 방문한다"며 "이는 영국이 자유롭고 열린 국제 질서를 지원하면서 인도·태평양 지역으로 진출하는 상징이 될 것"이라고 말했다. 영국 정부 고위 관계자가 퀸 엘리자베스의 동아시아 방문 및 시기에 대해 일본 언론에 구체적으로 밝힌 것은 이례적이었다. 영국의 항모 전단은 가을 인도양과 남중국해를 거쳐 동중국해까지 올라와 미군, 일본의 해상자위대와 함께 훈련할 것으로 예상됐다. 이러한 예측대로 중국의 코앞이라고 할 수 있는 일본 열도 남쪽의 난세이(南西) 제도 주변의 바다를 누비고 다녔다.

佛 항모 샤를 드골도 자위대와 공동훈련

프랑스 국방부는 2019년 2월 원자력 항공모함 샤를 드골호와 구축함·잠수함 등으로 구성된 항모 전단을 남태평양 해역에 파견한다고 발표했다. 영국뿐만 아니라 프랑스도 중국이 영향력을 넓히는 남태평양 해역에 항공모함을 진출시키기로 한 것이다.

영국과 프랑스가 남중국해 해역에서 동시에 군사행동을 하는 것은 19세기 중반 영국이 청나라와 맞붙은 아편전쟁에 프랑스가 참전한 이래 처음이다. 또 두 나라가 독자적으로 항공모함 전단을 남중국해까지 파견해 작전을 펼친 것도 처음이다.

프랑스 항모 전단은 약 5개월 동안 태평양과 인도양에서 작전을 전개하면서 일본 자위대와 공동 훈련을 실시했다. 프랑스군이 보유한 유일한 원자력 항공모함인 샤를 드골호는 18개월에 걸쳐서 성능 개선 작업을 한 후, 중국 견제에 나섰다. 샤를 드골호는 중동 지역에서 활동하는 테러 조직 IS(이슬람 국가)가 지배하는 지역에 대한 공습을 지원하기 위해 파견된 바 있지만 남태평양 지역에 파견되는 것은 이례적이었다.

프랑스와 영국이 항모 전단을 잇달아 인도·태평양에 파견하는 것은 중국이 남중국해의 산호초 섬에 활주로, 군항 등 인공 시설을 만들어 영유권을 주장하며 항행의 자유를 무시하는 데 대한 반발 측

먼이 그디. 20세기 중반끼지 아시아에서 식민지 경영을 했던 영국과 프랑스는 중국이 남태평양 해역을 장악하려는 데 강한 거부감을 갖고 있다. 두 나라는 이를 통해 미·북 정상회담 등으로 정세 변화 가능성이 있는 동북아시아에서의 영향력 확대도 기대하는 것으로 보인다. 중국은 강력히 반발하고 있다. 중국은 영국과 프랑스가 '인도·태평양' 전략을 펴는 미국의 대(對)아시아 정책에 적극 호응하며 중국 견제에 나선 것으로 보고 있다. 중국은 영국이 항공모함을 남중국해에 진입시킨다는 계획을 밝힌 후, 양국 간의 고위급 무역 관련 협의를 일방적으로 취소하기도 했다.

인도와 긴밀한 협력

중국에서 귀국 다음날 인도 총리와 정상회담

아베 신조 총리는 2018년 10월 27일 베이징에서 시진핑 주석을 만나고 귀국했다. 그 다음날인 28일 아베 총리는 인도의 나렌드라 모디 총리를 야마나시(山梨)현에 위치한 자신의 별장으로 초대했다. 아베 총리가 개인 별장에 외국 정상을 초청한 것은 처음이다. 아베 총리는 방중 직후에 모디 총리를 초청해 만찬을 함께하며 인도를 중시한다는 메시지를 전했다. 중국과 국경을 접하며 치열하게 경쟁 중인 인도를 배려한 것이다.

아베 총리는 모디 총리와의 정상회담에선 인도에 3,000억 엔의 차관을 제공한다는 방침도 밝혔다. IT 분야에 주력해 새로운 동반자 협정도 체결한다. 사물인터넷(IoT), 인공지능(AI) 분야의 기술 공동 개발에 역점을 두고, 벤처 기업 인재의 상호 교류를 확대할 방침이다. 일·인(日印) 군사 협력도 강화되는 추세다. 일본은 해상 자위대를 인도양에 보내 인도와 합동 군사훈련을 실시했다. 사이버 방위 분야의 협력도 늘려가고 있다.

아베 총리가 모디 총리를 만나기 직전에 일본 해상자위대의 헬기탑재 호위함 가가를 포함한 일본 함대가 인도 해군과 연합훈련을 실시했다. 이번 훈련은 미 해군 제7함대 소속 장교들이 가가에 승선해 훈련 상황을 참관, 눈길을 끌었다.

NHK방송은 중국이 인도양으로의 진출을 강화하는 가운데 일본이 인도양 주변 국가들과 합동 훈련을 통해 연대를 강화하려 한다고 분석했다. 인도와 일본은 국방 상관 회남에서 해상 합동훈련 외에노 육군 공동훈련도 추진키로 합의한 바 있다.

일본, 인도 해군과 연합훈련

일본의 해상 자위대는 미일동맹을 바탕으로 인도와의 협력을 통해 활동반경을 크게 넓히고 있다. 2019년 5월 2일부터 8일까지 일본이 미국·인도·필리핀 해군과 함께 중국이 영유권을 주장하는 남중국해에서 합동 항행 훈련을 실시한 것은 새로운 기록을 만들었다. 이 연합 훈련에 인도 전함이 참여한 건 처음 있는 일이다.

트럼프 미 행정부 출범 이후 중국의 팽창을 억제하기 위한 목적으로 마련한 인도·태평양전략의 구체적이고 실질적인 행동이 시작된 것이다.

이번 훈련은 특히 미국이 2,000억 달러 규모의 중국산 제품에 대해 관세를 25%로 크게 올리기로 한 뒤 진행돼 주목받았다. 이번 합동 훈련은 무역 부문뿐만 아니라 남중국해 군사 문제에서도 중국을 강하게 압박하겠다는 뜻으로 풀이되는데 일본은 이 훈련이 성사되는 과정에서 인도를 설득하는 역할을 맡은 것으로 알려졌다.

미 제7함대 사령부에 따르면, 일주일간의 이번 합동 훈련에는 미 해군 구축함 윌리엄 P. 로런스가 주도했다. 일본은 헬기 탑재 경항공모함급 함정인 이즈모와 구축함 무라사메 등 6척을 보냈다. 또 인도의 구축함 콜카타와 유조선 샤크티, 필리핀의 호위함 안드레스 보니파시오가 함께 참여했다. 이번 훈련에서 4개국 함정들은 유사시에 대비한 전술기동훈련, 통신훈련 등을 실시했다. 일본의 이즈모함에 각국의 전함 사령관들이 옮겨 타는 훈련도 이뤄졌다.

윌리엄 P. 로런스호의 앤드루 클룩 함장은 "전문적인 훈련을 통해 서로에게서 배울 뿐만 아니라 역대 가장 강한 관계를 만들 기회였다"고 말했다. 일본의 함장 히로시 에가와는 "4개국의 해군이 아무런 문제없이 다양한 훈련을 할 수 있는 능력을 보여줬다"며 "상호 이해와 신뢰를 쌓는 것 외에도 인도·태평양 지역의 평화와 안정을 증진하는 데도 도움이 됐다"고 평가했다.

글로벌 플레이어로 나선 일본

미국과 이란 충돌에 중재자로 등장

2019년 전쟁설이 나돌 정도로 위험지수가 급상승 중인 이란 문제에 대해 일본이 중재자로 나서서 주목받았다. 아베 신조 총리는 2019년 5월 도쿄를 방문한 트럼프 미 대통령에게 이란 문제에서 중재 역할을 하고 싶다는 입장을 밝혔다. 이에 대해 트럼프 미 대통령은 기자회견에서 "아베 총리가 이란과 좋은 관계를 구축하고 있다는 것을 알고 있는 만큼 어떻게 될지 보고 싶다"며 이를 지지한다는 입장을 밝혔다.

그는 아베 총리의 역할을 기대한다는 듯, "누구도 심각한 일이 일어나는 것을 보고 싶지 않고, 특별히 나는 그것을 바라고 있지 않다"고도 했다. 아베 총리는 같은 회견에서 이란 문제에 대해 "일본은, 일본으로서의 책임을 완수하고 싶다"며 강한 의지를 밝혔다. 이어서 그는 일본 총리로서는 41년 만에 처음으로 이란을 공식 방문했다.

당시 이란 관련 정세는 악화 일로였다. 트럼프 대통령이 오바마 전 대통령이 주도한 이란 핵 합의를 일방적으로 깨트린 후, 이란이 거세게 반발하고 있었다. 미국은 핵 항모를 중동 지역에 보낸 데 이어 미군 1,500명 증파를 결정했다.

이런 상황에서 일본이 미국과 이란 사이를 중재하겠다고 나선 것이다. 아베 총리의 이란 방문은 일본이 미·일 동맹을 활용해서 '글로벌 플레이어'로 부상하고 있음을 보여주는 대표적인 사례다. 아베 총리는 2013년 지구 전체를 내려다보며 정책을 편다는 의미로 '지구의 부감(地球儀 俯瞰)' 외교를 선언한 바 있다. 좋든 싫든 일본의 외교력이 동북아를 넘어 세계 곳곳으로 확장하고 있음을 보여준 것이다.

일본은 미국과 이란 사이의 중재 외교 성공을 위해 전력을 기울였다. 고노 외상은 당시 모하마드 자바드 자리프 이란 외무장관을 긴급히 도쿄로 초청하기도 했다. 고노 외상은 "일본도 중동 상황에 심각한 우려를 하고 있는 중"이라며 "긴장 완화를 위한 노력을 아끼지 않겠다"고 했다. 그 다음 날에는 아베 총리가 자리프 외무장관을 직접 만났다.

日 총리로는 41년 만의 이란 방문

아베 총리가 2박 3일간의 일정으로 이란을 방문해 행한 '중재외교'에 일본 외무성은 큰 의미를 부여했다. 미국과 이란 간 군사적 긴장이 고조된 가운데 아베 총리는 테헤란에서 하산 로하니 대통령과 회담한 뒤 만찬을 함께했다. 이란의 최고 지도자인 아야톨라 세예드 알리 하메네이도 만났다. 현직 일본 총리의 이란 방문은 1978년 후쿠다 다케오 총리 이후 41년 만이었다. 1979년 이란혁명 후에는 아베 총리가 처음이다.

아베 총리는 이란으로 떠나기에 앞서 "중동 지역에서 긴장 고조가 우려되고 있다"며 "국제사회가 주목하는 가운데 이 지역에서 평화와 안정을 위해 가능한 역할을 다하고 싶다"고 했다.

이란 핵 문제는 2015년 오바마 당시 미 대통령의 주도하에 미국·영국·프랑스·독일·중국·러시아·이란 등 관련 7개국 서명으로 봉합된 바 있다. 이란이 점진적으로 핵개발 프로그램을 포기하는 대가로 미국·EU가 이란에 대한 경제 제재를 해제한다는 내용이있다. 하지만 트럼프 대통령이 이를 '불충분한 합의'라고 비판하며 파기하자 이란은 호르무즈해협 봉쇄까지 거론하며 반발하고 있을 때였다.

아베 총리는 트럼프 미 대통령으로부터 이란 중재 외교에 대한 '승인'을 받았다. 이란 핵 문제는 아베 총리의 방문만으로 풀릴 가능성은 크지 않았다. 또 그가 이란 방문 당시 일본 선박이 공격을 받아 크게 평가받지 못했으나 의미가 없는 것은 아니었다.

아베 총리는 임기 중 '전후(戰後) 외교 총결산'을 언급하며 외교 면에서 큰 과제에 도전한다고 밝힌 바 있다. 일본과 이란과의 우호적 관계, 트럼프 대통령과의 '브로맨스'를 바탕으로 중재 외교에 성공해 세계 무대에서 일본의 외교력을 넓히는 것이 그의 꿈이었다.

모리슨 호주 총리 "스가, 나를 스코모로 불러줘"

일본과 호주의 관계도 인도태평양 지역의 상황 변화와 함께 준 동맹 단계로 발전하고 있다. 2020년 11월 스가 요시히데 일본 총리는 스콧 모리슨 호주 총리를 도쿄로 초청해 정상회담을 가졌다. 같은 해 9월 취임한 스가가 관저로 외국 지도자를 초청해 정상회담을 한 것은 처음이다.

스가가 모리슨에게 영어로 "웰컴 투 재팬"이라고 말하자, 모리슨은 "앞으로 총리를 '요시'라고 부를 테니 나를 '스코모(스콧 모리슨의 줄임말)'로 불러달라"고 친근감을 표현했다.

일본과 호주의 밀착은 최근 중국의 노골적인 해양 패권(霸權) 추구에 대응하는 측면이 크다. 두 나라는 아베 신조 전 정권 때부터 관계가 발전하기 시작했다.

　일본 정부는 수년 전부터 방위백서의 '안전보장 협력' 분야에서 미국을 제외하고 호주를 가장 먼저 언급하고 있다. 특히 최근 미국 주도로 중국의 해양 진출에 대응하는 미국·일본·인도·호주의 4국 동맹체 '쿼드'가 본격적으로 활동하면서 두 나라의 교류가 더 빈번해지고 있다.

　호주와 중국의 관계 악화는 일본과 호주의 관계를 더욱 긴밀하게 만들고 있다. 호주와 중국 관계는 미중 갈등 상황에서 호주가 중국 기업의 호주 5G(5세대 통신) 사업 참여를 금지시키면서 악화됐다. 2020년 호주가 코로나 기원에 관한 조사를 요구하자 중국은 호주산 쇠고기와 보리 수입에 제한을 가했다. 호주산 석탄 수입을 금지하고, 호주산 와인에 대해서는 약 200%의 관세를 부과하며 호주 정부의 굴복을 요구했다.

　하지만 이에 대해 호주는 미국은 물론 일본과의 관계를 강화하는 방법으로 중국에 맞서고 있다. 모리슨 총리는 방일 당시 중국의 해양 진출을 염두에 두고 '자유롭고 열린 인도·태평양'을 실현하기 위한 양국 간 협력 강화에 동의했다. 중국이 영향력을 확대하는 동중국해의 현상 변경에 반대한다는 입장도 다시 확인했다.

　2022년 2월 러시아의 우크라이나 침공 이전에는 일본과 러시아의 관계도 새로운 궤도에 오르고 있었다. 일본은 러시아와 영토 분쟁 중인 북방 4개 섬 인근에서 양국이 경제 협력을 강화하는 방안을 구체화했다. 일 외무성의 모리 다케오(森健良) 외무심의관은 31일 모스크바에서 모르굴로프 러시아 외무차관을 만나 홋카이도(北海道)와 사할린섬 사이의 공간에서 협력하는 논의에 본격 착수했다.

양국은 영토 분쟁이 있너라노 이 시역의 **풍부한** 자원을 공통으로 개발하는 사업을 진행하기로 원칙적 합의를 한 바 있다. 양식, 온실 재배, 관광, 풍력발전, 쓰레기 삭감의 5개 분야에서 협력하기로 했는데, 최근 부쩍 속도를 내고 있었다. 아베 총리는 블라디미르 푸틴 러시아 대통령을 수차례 만나 '북방 경제 협력'을 재확인했다. 일본은 러시아와 공동으로 경제활동을 하면서 신뢰 관계를 구축한 후, 영토 문제를 논의하는 단계로 나아가기를 바라고 있었지만 2022년 2월 러시아가 우크라이나를 침공하자 사실상 이 같은 협력을 무효화시켰다.

아프리카 賢人회의 발족

일본은 2018년 9월 아프리카 현인회의를 발족시켰다. 도쿄에서 열린 아프리카 현인회의는 아프리카 국가의 전직 수뇌(首腦)들이 참석, 모리 요시로(森喜朗) 전 총리와 모잠비크의 시사노 전 대통령이 공동의장을 맡았다. 현인회의에는 모잠비크 전 대통령 외에도 남아프리카, 나이지리아, 탄자니아, 베냔의 전(前) 대통령이 참석했다.

일본은 2019년 8월엔 아프리카 국가의 정상들이 모두 집결하는 '아프리카 개발회의(TICAD)'를 요코하마에서 개최했다. 아프리카 약 50개 국가의 정상들을 모두 일본으로 불러 아프리카와의 과계를 제고시키는 초대형 행사였다.

일본은 1993년 아프리카에 대한 영향력 확대를 위해 TICAD를 신설 후, 꾸준히 규모를 키워왔다. 아베 총리는 2016년 케냐에서 열린 TICAD 회의에 참석, 약 300억 달러의 투자를 약속하기도 했다.

정상궤도 복귀한 중일 관계

미국과 협력하면서도 중국과의 관계 개선

아베, 기업인 500명 이끌고 베이징 방문

2020년 9월 아베 신조가 총리가 물러나기 전에 미일 관계가 강화됐을 뿐만 아니라 센카쿠 열도(중국명 댜오위다오)로 얼어붙었던 중일관계도 '정상화'됐다. 중국과 일본이 인도태평양 지역의 미래, 동북아 정세에 대한 입장 차이는 변함없지만, 양국의 총리를 비롯한 고위급 인사들이 교류하며 공조할 수 있는 분야는 협력하는 방향으로 움직이기 시작한 것이다. 자민당 정권은 2021년 바이든 미 행정부 출범 후, 더욱 강경해진 미국의 대중(對中)정책에 보조를 맞추면서도 나름의 원칙과 자율성을 갖고 움직이고 있다.

2018년 5월 리커창 중 총리가 방일 후, 2018년 10월 아베 총리가 방중하면서 화해 분위기가 형성됐다. 이어서 2019년 6월에는 시진핑 주석이 G20회의를 계기로 오사카를 방문하고, 아베 총리가 12월 베이징을 다시 찾으면서 관심사안을 협의하는 관계가 됐다. 미일동맹의 도약기에 중일관계의 정상화가 병행된 것도 주목해서 봐야 할 변화였다.

2019년 12월 한·중·일 3국 정상회의를 계기로 중국을 방문한 아베 총리는 시진핑 중국 주석과의 회담에서 '일본산 쇠고기 수입 재개' 선물을 받았다. 중국은 2001년 일본에서 발생한 광우병을 이유로 18년간 일본산 쇠고기 수입을 금지해왔었다. 이 회담에선 "중국과 일본이 양국관계 발전의 중요한 기회를 맞았다"(시진핑 주석), "일중관계 발전 추세는 매우 양호하다"(아베 총리)는 덕담이 오고 갔다.

리커창 중국 총리는 아베 총리를 세계 문화유산으로 지정된 쓰촨성의 수리 관개 시설 '두장옌(都江堰)'으로 안내했다. 2018년 5월 아베 총리가 홋카이도의 도요타 자동차 공장 시찰에 동행한 데 대한 보답이었다. 두 총리는 이날 2020년 도쿄 하계 올림픽과 2022년 베이징 겨울 올림픽 때 문화, 스포츠 교류를 대폭 확대한다는 데 합의했다. 아베 총리는 일본의 유명 아이돌 그룹 '아라시'를 '일중 관계 친선 대사'로 임명해 활동시키겠다는 입장도 밝혔다.

2012년 일본의 센카쿠열도(댜오위다오) 국유화를 계기로 단교(斷交) 직전까지 갔던 중국과 일본은 아베가 적극 나서면서 관계를 개선했다. 그가 2018년 10월 중·일 평화우호조약 40주년을 계기로 베이징을 방문하면서부터 관계 개선의 문이 열리기 시작한 것이다.

아베는 10월 25일 기업인 500여 명을 이끌고 중국 베이징에 도착했다. 그는 중·일(中日) 평화우호조약 체결 40주년 기념식에서 "한 나라가 혼자서 문제를 풀 수 없으며 일본과 중국이 세계 평화와 번영에 기여하는 시간이 오고 있다"며 "양국 관계를 새 차원으로 끌어올리고 싶다"고 말했다. 리커창 중국 총리는 "중국은 일본이 일대일로(一帶一路·육해상 실크로드)에 참여하길 바란다. 청소년, 문화, 교육, 지방 등의 분야에서 교류를 강화하자"고 제안했다.

일본 총리로서는 7년 만의 공식 방문에서 주목받은 것은 중·일양국이 제3국에서 경쟁보다 협력하는 방향으로 정책 전환을 한 것이다. 아베 총리는 26일 1,400명의 양국 기업인이 참석하는 '일·중 제3국 시장 협력 포럼'에서의 연설을 통해 아세안, 아프리카 등에서의 협력을 강조했으며 제3국 사회간접자본 개발 사업과 관련한 양해각서만 50건 체결했다.

대표적인 것은 일본 요코하마시 관련 기업연합체인 YUSA와 중국의 건설회사인 JSCC가 태국 촌부리주(州) 도시 개발과 관련한 각서를 체결한 것이다. 일본 YUSA는 신도시 조성 및 환경 분야에서 높은 기술을 갖고 있다. 중국 JSCC는 저비용 건설이 장점이다. 이전에는 일본과 중국이 서로 공사를 따내려고 무리한 경쟁을 벌였는데, 이젠 서로 장점을 인정하며 협력해 '원-원(win-win)'하기로 한 것이다. 양국은 경제가 급성장 중인 아세안에서 '스마트 시티' 건설이 잇따를 것으로 보고 협력하기로 했다.

제3국에서의 금융기관 협력도 강화했다. 일본 보험회사인 미쓰이스미토모(三井住友) 해상화재보험은 중국 태평양보험과 다른 나라에서의 영업 협력에 관한 제휴했다. 일본 미즈호 파이낸셜 그룹과 중국 시틱그룹, 중국수출신용보험공사도 손을 잡았다. 에너지 회사인 JXTG에너지와 중국석유화학공이 수소연료 관련 사업을 제3국에서 함께 하는 내용의 양해각서도 체결했다. 그동안 제3국 시장을 놓고 으르렁거리던 두 나라가 이젠 싱호 협력을 통해 시징을 나눠 갖기로 방향 전환을 한 것이다.

시진핑·아베 "양국 간 이견을 건설적으로 처리하자"

시진핑 중국 주석은 취임 후 2018년 10월 베이징을 처음으로 공식 방문한 아베 신조 일본 총리와의 회담에서 양국 관계의 정상화를 선언했다. 시 주석은 "아베 총리가 근년 수차례에 걸쳐 중·일 관계 개선과 발전에 대한 적극적인 희망을 표명한 것을 높이 평가한다"며 "양측의 공동 노력에 따라 현재 중·일 관계는 정상 궤도로 돌아와 다시 긍정적인 상황이 나타나고 있다"고 말했다. 이에 대해 아베 총리는 "일본은 중국과 함께 국제사회 및 지역 평화, 자유무역에 대해 공헌하기를 바란다"며 "일·중 양국이 공동으로 제3국 시장을 개척하는 것을 포함해 광범위한 협력을 강화하자"고 말했다.

시 주석은 무역 문제와 관련, "다자주의를 수호하고 자유무역을 견지하자"며 트럼프 행정부의 일방주의 및 미국 우선주의를 겨냥했다. 또 양국 간 영토 분쟁 중인 댜오위다오(일본명 센카쿠 열도) 문제에 대해 "양국 간 이견을 건설적으로 처리해 중·일 관계 건강한 발전의 정치적 기초를 지켜나가자"고 했다. 아베 총리도 "양국 간 이견을 적절하게 처리하자"고 화답했다.

아베 총리는 리커창 총리를 만났을 때 중국이 의욕적으로 추진 중인 일대일로(一帶一路·육해상 실크로드) 참여 의사를 밝히며 "경쟁에서 협조로, 일·중 관계를 새로운 시대로 끌어올리고 싶다"고 말했다.

양국은 이번 정상회담을 계기로 태국을 비롯한 제3국의 사회간

접자본(SOC) 개발에 공동으로 참여하기로 했다. 해난 사고가 발생할 경우 서로 돕는 협정을 체결했으며 통화 스와프 협정을 2013년 종료 시에 비해 10배 확대한 300억 달러로 늘려 부활시켰다.

리 총리는 공동 기자회견에서 "180억 달러 규모의 500개 경제 협정이 중국과 일본 기업들 사이에 체결됐다"며 "이는 중·일 양국 간 협력의 밝은 미래를 보여주는 것"이라고 말했다. 북한 비핵화에 대해서는 "중·일 양국은 한반도 문제와 관련해 소통하고 협력하기로 했다"고 밝혔다.

시 주석은 아베 총리 부부를 만찬에 초대했다. 리 총리는 아베 총리와 다시 오찬을 함께 하며 우의를 다졌다. 아베 총리는 당 서열 3위인 리잔수(栗戰書) 전국인민대표회의 상무위원장도 만났다. 중국을 공식 방문한 외국의 지도자가 중국 지도부 서열 1~3위를 하루에 모두 만난 것은 이례적이다.

2017년 문재인 대통령 방중당시 시진핑 주석이 한 차례 만찬만 베풀고 일곱 끼를 '혼밥'하게 한 것과는 확연히 대비되는 장면이었다. 이번 정상회담을 계기로 2012년 9월 일본의 센카쿠 열도 국유화 조치로 급랭했던 양국 관계가 정상화된 것은 물론 한 단계 격상했다는 평가가 나온다.

10배 더 커진 중일 통화 스와프

일·중 통화 스와프 협정이 2013년 종료 시에 비해 10배 이상 커진 300억 달러 선으로 부활한 것은 중일 정상 회담의 하이라이트 라고 할 수 있다. 중국과 일본은 상대국이 어려움에 처할 때 도와줄 수 있는 규보를 10배 확대함으로써 트럼프 네 행정부에 전제 메시지를 보냈다고 할 수 있다.

민간 분야의 협력도 확대됐다. 도요타자동차는 중국 베이징자동차그룹에 연료전지차(FCV)용 부품을 공급하기로 했다. 인공지능(AI)을 활용한 경제협력, 제3국에서의 인프라 공동 지원도 논의 대상이다. 도요타, 닛산 자동차는 중국에서의 생산량을 더 늘리기로 했다.

정치, 경제 전방위에서 새로운 시대가 열림에 따라 일본을 찾는 중국인 관광객은 2020년 코로나 바이러스 사태가 발생하기 전까지는 계속 늘어났다. 2019년 9월 스가 요시히데 관방장관이 한일관계 악화에 따른 한국인 관광객 감소와 관련된 질문에 "중국은 전년 동기 대비 16% 늘어났다"고 받아친 것은 중일관계에 대한 자신감에 바탕한 것이었다.

양국은 이번 회담에서 센카쿠를 포함한 껄끄러운 문제는 일·중 수교 당시 기본 전제였던 '구동존이(求同存異·서로 다른 점은 인정하고 공통의 이익을 추구한다)' 원칙을 적용, 건드리지 않기로 했다. 아베 총리의 방중을 계기로 일본 자위대의 가와노 가쓰토시 통합막료장(합참의장 격)의 중국 방문도 가시권에 들어왔다는 분석이 나왔다. 일본의 통합막료장은 지난 10년간 중국을 방문하지 않았다. 중·일 양국은 해·공군이 무력 충돌을 피하기 위해 연결하기로 한 '핫라인'도 운용되기 시작했다.

당시 일본 내에 중일관계 개선에 대해 찬성 의견만 있는 것이 아니다. 자민당의 일부 보수층에서는 홍콩 문제와 신장 위구르의 인권 문제로 시 주석의 내년 국빈 방문에 반대하는 기류도 있었다. 시진핑 주석 취임 후 '중화민족주의'를 강조하며 전체주의적인 모습을 보이는 시 주석을 국빈으로 초대하는 것이 타당하냐는 것이다. 중국에 다가가기보다는 중국을 더 봉쇄하는 전략으로 맞서야 한다는 주장도 없지는 않았다.

그러나 아베 총리의 입장은 확고했다. 중국과의 관계 개선을 통해 동북아시아의 안보 지형을 개선하고 경제적 협력관계를 더욱 심화시켜야 한다는 것이다. 이 때문에 1972년 수교, 1978년 평화조약 체결을 포함 4차례의 중요한 합의문을 만들었던 중·일은 시 주석의 국빈 방일을 계기로 '제5의 합의문'을 발표하기 위한 기초작업을 진행하기도 했다. 중일관계는 코로나 사태, 아베 총리 사임을 겪으면서 정체돼 있지만, 언제든 미중갈등의 완화를 포함한 주변 정세 변화에 맞춰 한 단계 더 도약할 토대를 마련했다고 할 수 있다.

아베 "벚꽃 필 때 시 주석 모시고 싶다"

시진핑 주석이 2013년 취임 후 처음으로 일본을 방문한 것은 2019년 6월이었다. 오사카 주요 20개국(G20) 정상회의 참석 차 방일한 것이다. 아베 총리는 8개월 만에 다시 만난 시주석에게 "양국 관계는 정상 궤도에 올랐다. 일본의 레이와(令和·새 연호) 시대와 중국의 건국 70주년을 맞은 올해 새로운 중·일 관계를 열자"고 말했다.

시 주석도 "새로운 시대에 맞는 양국 관계를 구축하고 싶다"고 했다. 또 아베 총리가 "내년 봄 벚꽃이 필 때쯤 시 주석을 국빈으로 모시고 싶다"고 하자 시 주석은 "아주 좋은 아이디어다. 구체적인 시기를 협의하자"고 화답했다. 시 주석은 이날 미국을 겨냥해 아베 총리에게 "이번 G20 회의에서 자유무역과 다국주의를 지키자는 확실

안 메시지를 함께 내사"고 밀하기도 했다.

두 정상이 약 2시간에 걸쳐 회담 및 만찬 모임을 가지면서 공유한 키워드는 '영원한 이웃 나라'다. 1972년 중·일 국교정상화 후 이례적으로 강조된 '영원한 이웃 나라'는 '지리적으로 떨어질 수 없는 이웃 국가끼리 관계를 악화시키지 말고 협력을 심화하자는 뜻을 담고 있다'고 아사히신문이 해석했다. '전략적' '동반자' 등의 다른 어떤 수식어보다도 의미 있는 개념이라는 해석이다. 두 정상은 또 '책임 있는 대국(大國)으로서 환경문제, 기후변화 등의 분야에서 협력하기로 한다'는 데도 의견을 같이했다.

아베와 리커창의 특별했던 성탄절

중일 관계의 정상화를 보여주는 상징적인 장면은 2019년 12월 성탄절에 리커창 중국 총리가 아베 총리를 특별대접한 것이다. 이날 아베 총리는 리 총리의 안내로 세계문화유산인 쓰촨(四川)성의 수리 관개시설 두장옌(都江堰)을 둘러봤다. 청두에서 60㎞ 떨어진 두장옌은 기원전 3세기에 만들어져 현재도 사용되는 수리 관개 시설로 유네스코 세계문화유산으로 지정돼 있다.

두 총리는 문화 시찰을 전후로 회담, 오찬을 함께하며 4시간가량 대화를 주고받았다. "두장옌 안내는 나의 오모테나시(진심으로 대접한다는 일본어)"라는 리커창의 말에 아베는 "시찰에 동행하고 점심에도 초대해줘 따뜻함이 느껴진다"고 화답했다. 한·중·일 3국 정상회의 참석 차 아베와 같은 날 방중했던 문재인 대통령은 24일 귀국했지만, 아베는 하루 더 머물며 기억에 남는 성탄 선물을 받은 것이다.

두 총리의 지방 동행은 2018년에 이어 두 번째다. 리커창이 작년 5월 도쿄에서 열린 한·중·일 3국 정상회의를 계기로 방일했을 때는 아베가 안내역을 맡았다. 두 사람은 홋카이도의 도요타 자동차 공장을 함께 둘러보며 관계를 두텁게 했다.

이때 아베 총리는 빨간색, 리 총리는 하늘색 넥타이를 매고 공장을 시찰해 눈길을 끌었다. 리 총리는 자신의 방일에 대해 '중·일 관계의 정상적 궤도 복귀'라는 의미를 부여했었다. 그때도 문 대통령은 회의가 끝나자마자 방일 10시간 만에 돌아가 버린 후였다.

두 총리가 2년 연속 양국의 지방을 함께 다닐 정도로 밀착하는 상황은 동북아 정세에서 크게 주목받았다. 2012년 일본의 센카쿠 열도(중국명 댜오위다오) 국유화로 단교 직전까지 갔던 양국이 '중·일 신(新)시대'를 거론하기도 했다. 광우병 문제로 18년간 유지해온 일본산 쇠고기 수입 금지도 해제했다.

9년 2개월간의 도쿄 근무를 마치고 2019년 5월 이임한 청융화(程永華) 주일 중국대사 송별회도 '중·일 관계의 정상화'를 대내외에 보여줬다고 할 수 있다. 도쿄의 최고급 호텔 뉴오타니에서 열린 송별회에는 아베 신조 총리, 후쿠다 야스오 전 총리를 비롯, 일본 정재계 인사 1,000여 명이 참석했다. 이례적으로 외국 대사 환송 모임에 참석한 아베 총리는 인사말을 통해 "청 대사는 일중 관계가 엄혹한 시기에도 유창한 일본어와 폭넓은 인맥을 활용해 양국의 발전에 크게 공헌했다"며 "일중관계는 정상 궤도로 돌아왔다"고 말했다. 이에 앞서 아베 총리는 지난달 청 대사를 관저로 불러서 별도의 송별 오찬 모임을 가진 바 있다.

청 대사는 연단에 나와 완벽한 일본어로 "지금까지 (일본의) 각

계와 교류해 왔다. 의견이 일치하지 않더라도 대화를 통해서 이해하려고 노력하며 왔다"며 중일관계 사상 '최장수 대사'의 비결을 밝혔다. 그는 "어려웠던 시기를 극복해서 중일 관계를 정상 궤도로 돌려놨다"며 "중일 관계 발전을 유지하는 것이 서로에게 이익이 된다는 점을 충분히 인식하면 좋겠다"는 희망을 피력했다.

지린(吉林)성 창춘(長春) 출생의 청 대사는 1972년 중일 국교 정상화 후 처음으로 일본에 파견한 국비 유학생 중의 한 명이었다. 일본 소카(創価)대에 4년간 유학 후, 외교관이 돼 주일 참사관, 공사 근무 경력을 합해 올해까지 총 25년을 도쿄에서 근무했다. 이 때문에 일본 정·재계 구석구석까지 폭넓은 인맥을 갖고 있다. 참사관·공사·대사로 올해까지 모두 25년을 도쿄에서 근무하며 일본 사회에 폭넓은 친중 네트워크를 만들었다. 아베 총리가 일본어를 구사하는 주요 국가 대사들을 불러 회동하는 모임에서도 핵심 멤버였다.

일본의 '트럼프 헤징'

아베 내각에서의 '중·일 밀착' 배경에는 역설적으로 미국이 자리 잡고 있다. 2017년 취임한 트럼프 대통령은 '세계를 움직이는 G2 (미국과 중국)'라는 말이 나올 정도로 중국의 힘이 커지자 미중 무역전쟁을 일으키며 강력한 견제에 나섰다. 중국산 IT 관련 제품은 위험성이 있다며 미 행정부 차원에서 사용 금지를 결정하고, 중국산 제품에 대해 고율의 관세를 부과했다.

미국은 대미 수출품에 25%의 관세를 잇달아 부과했다. 차세대 정보통신을 좌우하는 '5G' 분야에서 중국기업 화웨이가 미국내에 발붙이지 못하게 하는 조치도 취했다. 중국도 이에 대해 보복관세로 맞서고 있지만, 타격이 적지 않았다.

미국이 중국과 벌이는 무역전쟁은 전 세계에서 활동하는 중국기업을 위축시키는 결과를 낳았다. 시 주석은 오바마 전(前) 미 대통령 시절에 '중국이 미국과 대등한 수준이 됐다'는 의미에서 유행한 'G2' 개념이 더 이상 통용되지 않는 것을 깨닫고 일본에 손을 내밀었다고 할 수 있다. 미국은 외교·안보 면에서도 태평양 사령부를 인도·태평양 사령부로 개칭, 활동범위를 넓히면서 시진핑 주석의 대표정책인 일대일로(一帶一路)에 제동을 걸고 있다.

트럼프가 중국을 겨냥해 경제·국방·외교 측면에서 포위망을 만들자, 이를 약화시키기 위해 중국이 일본을 끌어당긴 것이 중일 관계 정상화의 가장 큰 배경이라고 할 수 있다. 일본의 니혼게이자이신문이 "중·일 화해는 깊어지는 미·중 갈등의 충격을 완화하기 위해서 중국이 일본에 접근하는 것으로밖에 보이지 않는다"고 분석한 것도 이런 이유에서다.

일본으로서도 중국과의 관계 정상화는 13억의 중국인을 대상으로 한 무역 확대 외에도 '트럼프 헤징(트럼프 위험 회피)' 성격을 띠고 있었다.

아베 총리는 2019년 한중일 3국 정상회의 참석에 앞서 트럼프 미 대통령과 1시간 30분간 전화 회담을 할 정도로 친밀한 관계다. 2019년 5월엔 나루히토 일왕 즉위 후 첫 국빈(國賓)으로 도쿄를 방문한 트럼프는 "미일관계는 보물 같은 동맹"이라고 찬사를 늘어놓기도 했다. 그러나 아베 정권 내에는 "언제든 트럼프에 뒤통수를 맞을 수 있다"는 우려가 깔려 있었다. 어디로 튈지 모르는 트럼프에 마냥 끌

러가지 않기 위해서는 중국을 이용해서 헷징힐 밀요기 있디는 핀단이 대중 정책의 밑바닥에 자리 잡고 있었던 것이다.

2018년 일본의 중앙 일간지에는 '묘혈(墓穴)을 판 트럼프', '미국의 요구에 다국적 대처를 하자'는 제목의 사설이 잇달아 등장할 정도로 트럼프에 대한 경계감이 강하다. 트럼프 대통령이 보호무역주의로 동맹을 위협하고 있다는 의미로 '동맹 불황(不況)'이라는 유행어도 나왔다. 일본의 대중 정책에는 트럼프 대통령의 변덕스러운 동맹·무역 정책에 마냥 끌려갈 수만 없다는 뜻이 내포돼 있다.

일본 사회는 1985년 미국이 '플라자 합의'를 통해 일본 엔화의 가치를 급격하게 높이는 바람에 활황이던 자국 경제가 꺾이기 시작했다는 인식을 갖고 있다. 이 때문에 아무리 동맹국이라고 해도 미국을 전적으로 믿을 수 없다는 생각이 강하다. 중국과의 관계 개선과 외교 다변화를 통해서 트럼프가 만들고 있는 동맹 불황 시기에 대비해야 한다고 보고 있다. 중국의 13억 인구를 대상으로 한 무역 확대가 결국 일본 경제의 활로라는 판단도 새로운 대중 정책에 일조하고 있다.

CNN 방송은 "트럼프 대통령의 비정상 외교가 중국과 일본의 밀착을 낳았다"고 전했는데 이는 당시 상황에서 정확한 분석이었다. 결국 중일 양국은 '트럼프 헤징(트럼프 위험 피하기)'을 위해 오월동주(吳越同舟)하고 있다고도 할 수 있다. 2018년 10월 아베 신조 총리의 방중을 계기로 나온 '경쟁에서 협력으로' 구호는 2021년 바이든 행정부 출범 전까지는 일본 내에서 자주 인용됐었다.

"일본 국민, 한국보다 중국을 더 좋아한다"

2019년 12월 마이니치신문은 일본 유권자 2,400명을 대상으로 한국·미국·중국·러시아 4국에 대한 친밀도를 우편 조사한 결과 5점 만점에 한국은 1.9점, 중국은 2.1점으로 나타났다고 30일 보도했다. 한국은 1년 전 같은 조사에 비해 0.2점 하락한 반면 중국은 0.2점 상승했다. 친밀도가 하락한 나라는 한국뿐이었으며, 한국에 대한 친밀도 1.9점은 2014년 이 조사를 실시한 후 최저치였다. 마이니치신문은 유권자들이 '친밀감을 느끼지 않는다'(1점)와 '친밀감을 느낀다'(5점) 사이에서 직접 점수를 매기는 방식으로 조사를 실시했다. 이번 조사에서 일본인의 친밀도가 가장 높은 나라는 미국(3.4점)이었고, 중국이 뒤를 이었다. 한국과 러시아는 모두 1.9점이었다.

일본과 4국의 10년 후 관계에 대해 '나빠질 것'(1점)과 '좋아질 것'(5점) 사이에서 점수를 써 넣도록 한 항목에서도 한국은 꼴찌였다. 미국·중국·러시아는 관계가 좋아질 것이라는 응답이 모두 지난해보다 상승했다. 한국만 작년보다 0.3점 하락한 2.2점을 기록했다. 이 항목에서 미국 3.3점, 중국 2.5점, 러시아는 2.4점이었다.

일본 내각부가 3,000명을 대상으로 실시해 같은 시기에 발표한 여론조사에서도 한국에 대해 친밀감을 느낀다는 응답은 지난해 39.4%에서 올해 26.7%로 급감했다. 친밀감을 느끼지 않는다는 반응은 58%에서 71.5%로 증가했다. '한·일 관계가 좋다고 생각하지 않는다'는 답변도 65.7%에서 87.9%로 올랐다.

문재인의 10시간 對 리커창의 3박 4일

2018년 5월 초 일본 열도에서 주목받은 외국 정치인은 중국 총리 리커창이었다. 리커창은 도쿄에서 열린 한·중·일 3국 정상회의(9일)를 계기로 8일부터 4일간 방일(訪日)했다. 한·일(韓日) 못지않게 중·일(中日) 관계가 긴장된 상태에서 이례적이었다.

5월 10일엔 내년에 퇴위하는 아키히토(明仁) 일왕을 만났다. 리커창의 '중·일 관계의 정상적 궤도 복귀' 발언이 제목으로 뽑혀 나왔다. 11일엔 일 총리 아베와 함께 홋카이도의 삿포로에 갔다. 하늘색(리커창), 빨간색(아베) 넥타이를 맨 양국 총리가 도요타 공장을 나란히 시찰하는 장면은 일본 TV에서 중요하게 다뤄졌다. 리커창이 1985년 공청단 간부로 도쿄에서 홈스테이했던 사진도 33년 만에 일본 신문에 실렸다.

문재인 당시 대통령도 같은 3국 회의에 참석했지만 단 하룻밤도 머물지 않았다. 취임 후 처음, 한국 대통령으로서 6년 반 만의 방일이라는 의미 속에서도 체류 시간은 10시간이 채 안 됐다. 직장인들이 퇴근 후, 저녁 뉴스에서 한·일 정상회담 기사를 접했을 때 문 대통령을 태운 '공군 1호기'는 이미 우리 영공에 진입한 후였다.

똑같은 회의를 계기로 한·중 양국 정상이 도쿄행 비행기에 올랐지만 '10시간 대(對) 3박 4일' 성적표가 나왔다. 시진핑 1인 치하가 되면서 존재감이 없어진 리커창이 해외에서 의욕적으로 움직인 결과일 수 있다. 외교적 중요성 면에서 일본이 중국을 우선시했을 가능성도 존재한다.

그러나 우리가 다른 나라의 사정을 이해해가면서 외교를 할 만큼 한가한 상태가 아니었다. 일본과의 관계 개선 필요성을 따지자면 중국보다는 우리가 훨씬 더 급했다. 무엇보다 방한(訪韓) 일본 관광객이 2012년 350만 명에서 계속 줄어 2017년 230만 명으로 떨어진 상태였다. 최소한 이틀간 일본을 방문하는 방안이 일각에서 제시됐지만 무시당한 것은 '남북 관계만 잘되면 된다'는 청와대 내의 분위기 때문이 아닐까.

일부 단체가 부산의 일본 총영사관 앞에 세우려는 강제 징용 노동자상에 대해서도 문재인 정부는 일부 열성 지지층의 눈치를 보기에 급급했다. 동상 설치를 막았던 정부는 문 대통령의 방일 전날 초저녁에 4개 부서 장관 명의의 담화문을 달랑 한 장 내놓았다. 관련 단체의 '대승적 결단'을 호소했지만, 장관들은 얼굴을 보이지 않았다. 담화문을 낸 사실 자체를 굳이 알리고 싶지 않다는 의미일 것이다.

동북아에서 북한이 비핵화 약속을 지킨다고 해도 일본을 따돌린 채 평화를 만들어내는 것은 불가능하다. 굳이 설명하지 않아도 되는 상식이다. 문 대통령은 일본 매체와의 취임 1주년 인터뷰에서 "한반도의 항구적 평화 정착을 위한 여정에서 일본의 적극적 지지와 협력을 기대한다"고 했다. 이 말을 현실로 만들기 위해선 대선 후보 시절과 취임 직후부터 활용했던 반일(反日) 프레임을 벗어던져야 했지만, 그 반대로만 갔다.

미중 갈등 이후 중국 견제하는 일본

中 해경선 센카쿠 출몰에 日 "상륙하면 사격 가능"

2020년 트럼프 미 대통령의 주(駐) 휴스턴 중국 총영사관 폐쇄로 미·중 간 일촉즉발의 정세가 조성되기 시작했다. 이번 사태를 계기로 그동안 갈등이 쌓여온 미·중이 충돌한다면, 트럼프 행정부가 미·일 방위조약대상으로 재확인한 센카쿠 열도(중국명 댜오위다오)도 위험해질 수 있다는 관측이 나오기 시작했다. 2012년처럼 중국과 일본이 물리적으로 충돌하는 사태도 벌어질 수 있다는 것이다.

중국은 2020년을 즈음해 일본이 영유권을 주장하는 센카쿠 열도의 접속수역에 중국 해경국 선박이 진입하기 시작했다. 중국 공선은 기관포로 보이는 무기를 탑재한 것으로 알려져 논란이 증폭됐다.

그동안 센카쿠 문제는 일본의 우(右)편향 신문만 무게를 둬서 제기해왔다. 그러나 중도 성격의 니혼게이자이 신문도 이를 중요하게 다루기 시작했다. 2020년 7월 초순에는 중국 공선이 30시간 넘게 센카쿠 열도 근처를 항해하며 일본 어선에 접근하기도 했다.

일본의 일부 전문가들은 중국이 미국과 직접 맞부딪치기 부담스러운 상황에서 미국이 '보호국'으로 나선 센카쿠 열도에서 문제를 일으킬 가능성이 크다고 보기 시작했다. "미·중 간 긴장이 고조되는 상황과 중국 공선이 센카쿠 열도에 계속해서 출현하는 것을 분리해서 생각할 수 없다"는 분석이 나왔다.

중국 입장에서 볼 때 센카쿠 열도는 ① 미국의 대응 태세를 시험해보고 ② 일본의 주장을 약화시키며 ③ 중국인들의 불만을 외부로 돌리는 1석 3조의 효과가 있다고 할 수 있다.

일본 정부는 2021년 2월 자민당 국방부회·안전보장조사회와의 합동회의에서 중국 해경국 선박 등의 선원이 센카쿠 열도에 상륙할 경우, '위해(危害) 사격'을 할 수 있다고 밝혔다. 일본 정부 고위 관계자는 이 회의에서 센카쿠 열도에 상륙하려는 일련의 행위는 '흉악죄'에 해당해 선체(船體)에 대한 위해 사격이 가능하다고 설명했다.

일본이 실효적으로 지배하는 센카쿠 열도는 일본과 중국이 영유권 분쟁을 벌이고 있는 지역이다. 이곳을 관할하는 일본 해상보안청의 해상보안관은 경찰관직무집행법에 따라 유사시 무기 사용이 가능하다. 지금까지는 경찰관직무집행법 7조에 따라 정당방위 외에 흉악범죄를 저지른 현행범이 저항할 경우 등에 한해 무기 사용이 가능하다고 해석돼 왔다.

하지만 일본 정부는 이날 회의를 통해 중국의 센카쿠 열도 상륙 행위를 흉악죄로 규정, 무기 사용 조건을 확대해 운용하고 있다는 것을 분명히 한 것이다. 니혼게이자이신문은 중국 해경국 요원의 상륙을 저지하기 위해 일본 정부가 위해 사격을 언급한 것은 매우 이례적이라고 평가했다.

센카쿠 재충돌 가능성 대두

일본 정부의 이런 태도는 센카쿠 열도를 둘러싸고 중국이 2021년 1월부터 유사시 해경의 무기 사용을 인정하는 해경법을 시행한 것과 연관돼 있다. 자민당은 중국의 신(新)해경법이 센카쿠 열도에 대한 일본의 실효 지배를 위협한다며 해상보안관의 무기 사용 조건을 명확히 하라고 요구해왔다.

　최근의 상황은 2012년 중국과 일본이 충돌했던 상황을 상기시키고 있다. 2012년 8월 15일 센카쿠 열도에서 벌어진 일을 찍은 한 장의 사진은 동북아를 긴장시켰다. 일본 해상보안청의 순시선의 중국인을 태운 선박을 양쪽에서 찌그러트리는 듯한 사진이었다. 당시 홍콩 '댜오위다오 보호행동위원회' 활동가들을 태운 치펑(啓豊) 2호는 해상보안청 순시선의 견제를 뚫고 센카쿠 열도에 접근, 활동가 7명이 상륙했다. 일본 당국은 이들을 포함, 14명을 체포하고, 청융화(程永華) 중국 대사를 외무성으로 불러 항의했다. 이에 대해 중국 외교부는 "댜오위다오에 상륙한 중국인의 생명을 위협할 수 있는 행위를 자제하라"고 촉구했다.

　이 사진 한 장의 힘은 컸다. 일본의 센카쿠 국유화와 더불어 이 사건은 중국인을 한순간에 결집시켰다. 이후 중일관계는 2018년 아베 신조 총리가 베이징을 방문할 때까지 긴장된 시간을 보내야 했다.

　2010년에도 유사한 일이 있었다. 센카쿠 열도의 일본 해상보안청 순시선이 중국 국적의 선박을 발견, 철수할 것을 명령했다. 중국 선박이 이를 무시하고 조업을 계속하자 일본측은 고의로 충돌, 파손시켰다. 일본 정부는 중국 선박의 선장을 공무 집행 방해로 체포, 연행했다. 중국의 강한 반발에도 불구, 기소키로 하고 구류연장했다. 중국의 반발이 거세지자 일본 측은 선장을 추방함으로써 일단락됐다.

　중국이 센카쿠 열도 문제에서 어느 정도 성과를 거둔다면, 그다음 목표는 서해가 될 가능성도 나오기 시작했다. 이미 중국은 제주도 남단 마라도로부터 149㎞ 떨어진 곳에 있는 이어도를 관할 해역으로 규정해 정기 순찰 대상에 포함시켜 놓고 있다. 이어도는 국제법의 어떤 규정을 적용해도 우리나라의 관할 수역 안에 존재하지만 중국은 이어도를 쑤옌자오(蘇巖礁)로 부르며 중국의 해구에 속한다는 주장을 해왔다.

한국 정부는 1990년대 김시중 과학기술처 장관의 결정으로 이어도 종합 해양과학기지 건설에 착수, 2003년 완공했다. 중국은 이에 항의하는 차원을 넘어서 정기적인 순찰 대상에 포함시켜서 한국과의 충돌도 불사하고 있다.

中 견제하기 위한 미사일 포위망

미국 바이든 행정부가 중국에 대한 억지력을 강화하기 위해 6년간 273억 달러(약 30조원)를 들여 동아시아에 미사일망을 구축하는 방안을 검토하기 시작했다.

주한미군과 주일미군을 관할하는 인도·태평양 사령부는 2021년 3월 2022 회계연도부터 대중(對中) 미사일망 구축에 273억 달러를 배정해 달라는 요망서를 미 의회에 제출했다. 이에 따르면, 인·태 사령부는 중국이 해양 진출 전략으로 일본의 오키나와에서 필리핀을 이어서 만든 제1도련선(島?線)을 따라 대중 미사일망을 구축한다는 계획을 구상하고 있다.

인·태 사령부는 관련 예산안에 "중국 억제를 향한 중요한 군사 능력에 (재정) 자원을 집중시킨다"며 "(중국의) 선제공격은 너무도 타격이 커서 실패한다고 생각하게 만드는 것이 목적"이라고 밝혔다.

또 '제1도련선에 대한 정밀 공격 네트워크의 구축'을 명기해 유사시 지상 배치형 미사일을 활용해 중국을 타격할 수 있음을 분명히 했다. 미군은 미사일에 핵탄두를 탑재하는 것은 부정하고 있어 재래식 무기에 의한 중국 포위망이 구축될 것으로 알려졌다.

일본은 대중 미사일망 구축에 동의하는 입장이다. 일본에는 주일미군이 주둔하고 있으나 중국을 사정권에 두는 미사일 무기는 보유하고 있지 않다. 이런 상황에서 미국의 대중 미사일망 구축은 중국에 대한 억지력을 강화할 수 있다고 보고 있다.

일본은 중국에 대한 경계 태세를 강화하기 위해 기뢰(機雷) 대응 능력을 갖춘 신형 호위함 도입도 서두르고 있다. 일본 정부는 2030년대까지 22척의 호위함을 도입, 총 54척 체제를 목표로 하는 방안을 2018년 방위계획 대강(大綱)에 명기했다. 이는 동중국해에서 군사활동을 활발히 하는 중국에 대한 경계 감시 능력을 강화하기 위한 것이다. 일본이 도입하기로 한 신형 호위함의 기준배수량은 3천 900t 규모다.

현재 일본 해상자위대가 보유한 호위함에는 기뢰 대처능력이 없지만, 신형 호위함에는 무인으로 해저의 기뢰를 탐지해 처리할 수 있는 장비를 탑재하게 된다. 신형 호위함 건조비로는 약 500억 엔이 소요되는 것으로 알려졌다.

中·日 '침대 2개 크기' 암초 놓고 신경전

센카쿠 열도 영유권 문제로 연일 대립 중인 중국과 일본이 2020년 7월엔 침대 2개 크기만 한 남태평양 암초 문제로 충돌했다. 중국 공선(公船) '대양호'는 남태평양의 오키노토리시마(沖ノ鳥島) 주변에서 수일 동안 계속해서 해양 조사 활동을 실시했다. 일본 해상보안청의

활동 중지 요청에도 불구, 계속해서 조사 활동을 했다.

그러자 이 암초의 영유권을 주장하는 일본 정부는 "과학적 조사를 실시하고 있다면 즉시 중지해야 한다"고 중국에 요구했다. 중국 외교부는 "오키노토리시마는 섬이 아니라 암초이기에 해양 조사 활동에 일본의 허가는 필요 없다"고 반박했다.

도쿄에서 남쪽으로 1740㎞ 떨어진 오키노토리시마는 만조(滿潮)시에는 수면 위 높이 70㎝까지 올라오고, 크기가 가로 2m, 세로 5m 정도 되는 암초였다. 일본은 1980년대부터 침대 크기 2개만한 이곳에 수억 달러를 쏟아부어 콘크리트 인공물과 방파제를 만들었다. 지름 50m, 높이 3m의 콘크리트 인공물을 만든 후에는 '국토 최남단'이라고 부르며 영토라고 주장한다.

하지만 인공적인 시설물은 국제법에 의해 영토로 인정받지 못한다. 일본은 2008년 유엔 대륙붕한계위원회(CLCS)에 청원서를 내 오키노토리시마를 섬으로 인정해 달라고 요청했지만 기각당했다.

일본과 중국은 해저 지형 명명(命名) 경쟁도 벌이고 있다. 해저지형의 공식 명칭을 심사하는 해저지형명칭소위원회(SCUFN)의 2018년 심사결과에 따르면, 일본은 동중국해 오키노도리시마 주변 등에서 신청한 37건 중 35건이 승인을 받았다. 지명 승인율 94%로, 일본 언론은 '완벽에 가까운 성과'를 얻었다고 보도했다.

이로써 일본은 해저 지형 승인 건수에서 500건을 돌파했다. 전 세계적으로 미국과 함께 가장 많은 승인을 받았다. 일본은 해상보안청의 치밀한 해양 조사에 근거, 정확한 해저 지형도를 제시해 SCUFN으로부터 높은 평가를 받는 것으로 알려졌다.

중국은 2011년 SCUFN에 뒤늦게 참가, 해저 지형 분야에서는 후발국이나. 하지만, 그 후 관련 연구인력을 대기 충원히면서 급속히 신청 건수를 늘려왔다. 2018년 신청은 79건으로 참가국 중 최다였다. 특히 일본이 영유권을 갖는 섬이라고 주장하는 오키노도리시마 남쪽 해역 주변에 집중적으로 16건을 신청했다. 중국은 지난해 신청한 79건 중에서 12건만을 인정받아 승인율은 15%에 불과했다. 아직 명명 경험이 적다 보니 남극 주변의 해저 지형을 '공자(孔子)'로 이름 붙이려다가 거부당하기도 했다.

일본은 중국이 오키나와 배타적경제수역(EEZ) 근처와 오키노도리시마 남쪽의 규슈 팔라우해령 남부해역 등에서 명명 활동을 활발히 하고 있다며 경계하고 있다. 지난 2017년 심사에서는 규슈 팔라우해령 남부해역과 관련, 6건에서 중국이 주장하는 이름이 붙었다. 이 지역은 모두 해양전략의 요충지로 중국이 활동을 강화하는 곳이다.

세계의 해저 지형은 각국이 주로 과학과 관련이 있는 저명한 인물이나 동식물, 별자리 등의 이름을 따서 명명신청을 할 수 있다. 일본은 국제법적으로 섬으로 인정받기 위해 심혈을 기울이는 오키노토리시마 인근에 별자리 이름을 따서 '명왕성해팽(冥王星海膨 · 해팽은 대양 바다의 넓은 부분을 의미)' '쌍둥이좌해산군(ふたご座海山群)'으로 이름 지었다. SCUFN의 승인을 받은 해저 지형 명은 해도나 인터넷상의 전자 지도, 논문 등에서 활용된다. 해저 지형 명칭에 대한 국가적인 관심은 새로운 에너지원으로 해저 발굴에 적극적인 것을 의미하기도 한다.

중국 해킹 우려에 데이터 해외보관 금지

일본 정부는 중국의 사이버 공격을 우려해 전력, 금융 등 14개 인프라 사업자의 경우 전자 데이터를 해외 서버에 보관하는 것을 2019년부터 금지시켰다. 해외 서버에 데이터를 보관하면 일본 국내의 서버를 이용하는 것보다 20%가량 비용이 적게 들지만, 이것을 아예 봉쇄하는 것이다. 14개 인프라 관련 산업은 전력, 금융 외에 수도·항공·의료·화학·물류·가스 등 국민 실생활과 밀접하게 관련된 분야다.

일본 정부가 데이터의 국내 서버 보관을 요구하는 배경에는 미국과 중국의 기술 패권 경쟁과 관련이 있다. 일본의 전략 산업 데이터 정보를 해외 서버에 보관하고 있다가 중국의 사이버 공격에 노출돼 중국 측에 넘어갈 경우, 미·중 기술 경쟁에서 중국에 유리하게 작용할 수도 있기 때문이다.

이와 관련, 일본 외무성은 2018년 12월 "민간 기업 등을 대상으로 한 장기간에 걸친 광범위한 사이버 공격을 확인했다"며 처음으로 중국 해커 집단을 비판하는 성명을 냈다. 요미우리신문은 "일본 인프라 분야의 전자 데이터 국내 보관은 이 같은 대중(對中) 포위망의 연장선에 있다"고 분석했다.

중국 정부도 이에 맞대응하기 시작했다. 중국 정부는 일본 등의 자국 IT 배제 움직임에 대응하기 위해 2019년 모든 정부 부처와 공공기관에서 3년 내에 외국산 컴퓨터와 소프트웨어를 제거하고 모두 자국산으로 대체하라는 지시를 내렸다. 미국이 화웨이·ZTE 등 중국 통신장비업체 설비를 정부 조직 내에서 사용하지 못하도록 금지한 것에 대한 보복조치였다.

중국 정부가 교체 대상으로 삼은 외국산 컴퓨터는 적게는 2,000만대, 많게는 3,000만대에 달한다. 파이낸셜 타임스는 중국의 컴퓨터 교체 명령이 공산당 중앙위원회에서 결정된 것이라고 보도했다. 중국 정부의 외국산 컴퓨터·소프트웨어 교체 지시에 따라 PC(개인용 컴퓨터)에서는 델과 HP, 운영체제에서는 마이크로소프트(MS)가 타격을 입을 가능성이 있는 것으로 분석된다.

PART

2

4

흔들리는 한일관계

1965년 체제 위기 맞다

붕괴 위기의 韓日 1965년 체제

도쿄(東京) 일본 외무성 공관에서 열린 '김대중 - 오부치 공동선언 20주년' 기념 리셉션은 성황이었다. 2018년 10월 9일 아베 총리가 참석한 심포지엄에 이어서 열린 이 모임에선 200여 명의 한일 주요 인사들이 환담을 했다. 이에 앞서 주일(駐日) 한국대사관의 3일 개천절 행사엔 1,200여 명이 참석했다. 곳곳에서 음료수 잔을 든 양국 인사들이 삼삼오오 모여 얘기하는 모습이 눈에 띄었다. 양국이 개최한 두 행사가 표면적으로는 화기애애했지만, 내용은 그렇지 못했다. 우리측 참석자들은 최근 한국 정부가 방관하는 반일(反日) 분위기 관련 질문으로 곤혹스러운 입장에 처할 때가 많았다.

두 리셉션에서 가장 크게 화제가 됐던 것은 제주 관함식 관련

일 해상사위대 욱일기(旭日旗) 논생이었나. 일본 측 참식자들은 "김내중 정부 때도 문제 안 삼던 욱일기를 왜 지금 문제삼느냐", "일장기와 욱일기가 무슨 차이가 있느냐"는 얘기를 많이 했다. 일본 제국주의를 비판하는 데 앞장서 온 아사히 신문의 사기(社旗)가 욱일기 문양이라는 것도 자주 거론됐다. 위안부 재단을 해체하기로 한 것에 대한 문제제기도 있었다.

그러나 이보다 더 심각한 얘기는 따로 있었다. 대화를 하다 보면 어느새 한국 대법원의 최종 판결을 앞둔 강제징용 노동자 문제로 넘어갈 때가 많았다. 강제징용 피해자 유족이 신일본제철, 미쓰비시 중공업을 상대로 제기한 소송에서 대법원이 기존 정부의 입장과는 다른 판결을 내려 한일 수교를 계기로 만들어진 1965년 체제가 붕괴할 것이라는 우려가 팽배했다. 이들의 우려대로 한국 대법원은 2018년 10월 30일 국제법보다는 국민여론을 우선시 한 판결을 내려 결국 양국 관계는 급랭했다.

1965년 체제는 한일 관계를 지탱해 온 근간(根幹)이라고 할 수 있다. 개별 청구권은 한일협정으로 소멸됐다는 전제하에 1970년대, 2000년대 두 차례 개별 보상을 했다. 65년 체제에 기반한 한미일 3국 협력은 한국을 세계 10위권의 국가가 되는데 결정적인 역할을 했다. 이 체제가 붕괴하면 국제사회에도 '글로벌 스탠더드를 지키지 않는 나라'라는 이미지가 확산돼 수출로 먹고사는 나라가 타격을 입을 수밖에 없었다. 일본 내엔 "한국을 근대화시키기 위해 좋은 일을 했는데 은혜를 모른다"며 혐한론을 퍼뜨리는 세력이 여전하다. '1965년 체제 흔들기'는 이들의 입지를 강화시키는 명분을 준다는 점에서도 우려하지 않을 수 없는 문제였다.

문재인 대통령은 2018년 9월 뉴욕에서 열린 한일 정상회담에서 아베 신조총리에게 전(前) 정부의 강제징용에 대한 재판 거래 의혹을 마치 사실처럼 언급했다. "지난 정부가 강제징용 관련 재판에 개입을 시도한 정황이 문제가 되고 있다. 이 건은 삼권분립 정신에 비춰 사법부의 판단을 존중하는 것이 중요하다."

하지만, 2005년 문재인 대통령이 당시 청와대 민정수석으로 참여한 강제징용 관련 민관(民官) 합동위원회는 '위안부, 사할린 억류 동포, 원폭 피해자'의 3대 쟁점을 제외하고는 모든 청구권 문제가 해결됐다는 입장을 밝힌 바 있다. 그럼으로써 1965년 체제에 대한 수정을 시도하려는 것 아니냐는 의혹이 제기됐다.

샌프란시스코 조약과 한일 청구권 협정

한일 청구권 협정으로도 불리는 한일 기본합의는 13년 8개월간의 교섭 끝에 조인됐다. 1951년 10월 20일 한일회담 예비회담이 시작돼 1965년 6월 22일 종지부를 찍었다. 이 합의로 일본으로부터 무상 공여 3억 달러, 유상 공여 2억 달러, 민간 상업차관 3억 달러 등 총 8억 달러를 받아냈다(청구권 자금은 통상 무상+유상의 5억 달러를 말한다). 국가가 총괄적으로 청구권을 행사함으로써 개인 청구권은 소멸했다는 입장이 이때 확정됐다.

왜 이런 결과가 나오게 됐는지를 이해하기 위해서는 1951년 체결된 샌프란시스코 강화조약을 이해하는 것이 필수적이다. 식민지배에서 해방된 우리나라와 일본 간의 협상이 '배상 협상'이 되지 못한 채 청구권 협상이 된 것은 우리가 샌프란시스코 강화조약의 당사국이 되지 못한 데 있다.

제2차 세계대전을 법적으로 마무리 짓기 위한 이 회담에는 총 48개국이 연합국 자격으로 참여했다. 인도네시아, 필리핀, 미얀마는 연합국 자격으로 전쟁 배상금을 받았다. 하지만 일본의 식민지배하에 있던 한국은 법적으로 볼 때 전승국이 아니었다. 임시정부의 대일(對日) 선전포고는 인정받지 못했다. 전승국이 아니었던 한국은 배상을 요구할 권리를 부여받지 못한 것이다. 이승만 대통령은 당시 샌프란시스코 강화 회담의 참여국이 되기 위해 백방으로 노력했으나 성사되지 못했다.

샌프란시스코 강화 조약 중 우리에게 중요한 것은 한일관계 정상화를 목표로 양국이 별도로 해결할 것을 권유했다는 것이다. 샌프란시스코 대일강화조약 4조는 일본으로 하여금 1945년 패전으로 인한 미 군정청의 강제 재산처분의 효력을 인정하도록 규정, 대일 청구권 협정의 법적 토대가 마련됐다.

이에 따라 우리 정부는 '1945년 일본 정부가 조선총독부에 지고 있던 채무 변제'를 포함 총 8개 항목의 대일 청구권 기본 자료를 만들어 협상에 임했다. 미 군정청은 1945년 8월 9일을 기점으로 '모든 일본국 및 법인 포함 일본인 재산'을 미 군정청에 귀속시켰다. 이어서 이 재산은 1948년 9월 발효된 한미 재산 및 재정협정에 의해 한국 정부에 이양됐다. 일본이 당시 우리의 청구권에 맞서 '역(逆)청구권'을 행사하는 전략을 구사했지만, 샌프란시스코 협정과 미 군정청의 '미군정령'에 의해 인정받지 못했다.

요약하면, 한국은 샌프란시스코 강화조약에는 참여하지 못했지만 그 조약에 힘입어 청구권을 주장할 수 있는 법적 근거를 갖게 된 것이다. 이런 배경에서 1951년 10월의 한일회담 예비회담은 샌프란시스코 조약의 하부구조로 자리 잡은 채 시작했다고 할 수 있다. 이에 따라 한일회담은 식민지배에 대한 배상을 목표로 한 것이 아니었다.

처음부터 이 협정은 '국제법상 영토의 분리 내지 독립에서 비롯한 재정적, 민사적 채권 채무의 청산 성격'을 띠었다. "식민통치의 압박과 질곡에 대한 정신적 보상이나 일본의 침략 행위에 대한 교전국으로서의 전쟁배상이 아니다"라는 것이다.

그러나 이런 사실은 잘 알려지지 않았다. 어느 나라보다 더 혹독한 식민 지배를 35년간 겪었다고 생각하는 우리 국민에게 이를 납득시키기도 쉽지 않았다. 정부가 그동안 이를 충분히 설명하지 못하고, 부정적인 측면이 부각된 것이 한일관계의 큰 부담으로 작용했다고 할 수 있다.

8·15 광복절, 일본의 두 풍경

2018년 도쿄 부임 후, 처음 맞는 8월 15일 광복절에 야스쿠니(靖國) 신사에는 이른 아침부터 일본인들이 모여들기 시작했다. 35도에 육박하는 더위 속에서 15명씩 줄 맞춰 수십 분을 기다려서 참배했다. 50m가 넘는 긴 행렬은 대부분 노년층이었지만, 전쟁을 경험하지 못한 중년층도 적지 않았다. 일제가 '가미카제(神風)' 작전 때 사용한 전투기, 어뢰가 전시된 유슈칸(遊就館) 앞에도 줄을 서서 들어가는 이들이 보였다. 전국의 일본 경찰은 모두 도쿄에 모였다는 착각이 들 정도로 많은 경찰관이 비상근무 중이었다.

야스쿠니 신사 맞은편의 부도칸(武道館)에신 오진 11시 50분부터 '전국 전몰자 추도식'이 시작됐다. 정확히 12시가 되자 추모 묵념이 1분간 거행됐다. 2019년 퇴임하는 아키히토(明仁)일왕은 헤이세이(平成) 시대의 마지막 추도사를 읽었다. "전후(戰後) 계속되는 평화의 세월을 생각하면서 과거를 돌이켜보고, 깊은 반성과 함께 앞으로 전쟁 참화가 다시 반복되지 않기를 바란다." "전쟁터에서 쓰러진 사람들에 대해 마음으로부터 애도의 뜻을 표하며 세계 평화와 우리나라가 한층 더 발전하길 기원한다"고도 했다. 일본 언론은 아키히토 일왕이 4년 연속 '깊은 반성' 표현을 쓴 데 대해 의미를 부여했다.

아키히토 일왕에 이어 등장한 아베 신조 총리에게선 다른 분위기가 느껴졌다. 아베 총리는 역사 문제에 대해선 "전쟁의 참화를 두 번 다시 반복해서는 안 된다"고만 했다. "지금을 사는 세대, 내일을 사는 세대를 위해 국가의 미래를 열어가겠다"는 결의가 더 크게 들렸다. 아베 총리의 발언보다 더 부각된 것은 시바야마 마사히코 자민당 총재 특보를 통해 야스쿠니 신사에 공물료를 납부한 것이다.

시바야마 특보는 TV 인터뷰에서 "아베 총리께서 '참배하지 못해 죄송하다'며 나에게 꼭 참배하라고 지시하셨다"고 강조했다. 아베 총리는 2012년 12월 취임 후, 6년 연속 제2차 세계대전 패전일에 A급 전범을 합사(合祀)중인 야스쿠니 신사에 공물 대금을 냈다. 아베 총리가 전쟁 피해를 입은 아시아 국가에 대해서는 배려하지 않았다는 지적이 일본 언론으로부터도 나왔다

8·15 광복절에 길 하나를 사이에 둔 야스쿠니 신사와 부도칸에서 벌어진 일은 한일 관계를 분석하고, 미래를 전망하는 데 필요한 참고자료다. 8·15에 그나마 주변국을 배려하고 과거를 반성하는 목소

리를 냈던 아키히토 일왕은 일본에선 정치적으로 '소수파(少數派)'에 속한다. 일본 사회 전체적으로는, 태평양 전쟁이 끝난 지 70년이 넘은 만큼 이젠 책임론에서 벗어나야 한다고 생각하는 이들이 대다수다. 일본의 '공기(空氣)'가 이런 상황에서 한일관계가 급진전하기는 어려웠다. 문재인 대통령에게 반일(反日) 프레임에 기반한 열성 지지층이 있는 것처럼, 아베 총리에게도 '혐한(嫌韓)론'을 퍼뜨리는 극성 지지자들이 존재하고 있었다.

"문재인, 일본에 대해선 백지 상태 ⋯ 분규 막는 안전정치 지켜야"

한국에도 널리 알려진 강상중 도쿄대 명예교수가 2020년 '조선반도와 일본의 미래'에서 문재인 당시 대통령의 대일(對日) 정책에 대해 강하게 비판했다. 강 교수는 재일동포 2세 정치학자로 한국 국적자로는 처음으로 도쿄대 정교수가 된 후, '고민하는 힘', '애국의 작법' '세계화의 원근법' '내셔널리즘' 등을 잇따라 펴내 주목받은 스타 교수다.

그는 와세다대 재학중인 1972년 첫 방한 후 나가노 테츠오라는 일본식 이름을 버리고 본명인 '강상중'을 사용하기 시작했다. 독일 뉘른베르크 대에서 유학하면서 독일식 합리주의에 기반한 학문세계를 구축한 후, '강류(姜流)'로 불리는 자신의 생각을 지식인 사회를 향해 발신해왔다. 김대중 전 대통령 사망 10주년 기념 심포지움에 초청받아 강연할 정도로 한국의 민주당 지지자였다. 2020년 5월 출간된 이 책은 70세가 된 강 교수가 자신의 '승부작'이라고 밝혀 일본 내에서 주목받고 있다. 여론조사에서 '포스트 아베' 1순위로 떠오른 이시바

시세무(石破茂) 전 방위상이 사신의 독서 목록 중의 하나로 꼽아 화제가 됐다.

강 교수는 이 책에서 "문재인 대통령에게 필요한 것은 '지일(知日)'이라고 지적했다. 그는 "문 대통령의 자서전 '운명'을 읽어보면 일본에 특정한 평가를 동반하는 언급은 거의 없다"며 "문 대통령에게 있어서 일본에 관한 평가는 사실상 '백지상태'"라고 지적했다.

강 교수는 2019년 6월 남북한과 미국의 정상이 판문점에 만난 것을 정점으로 현재는 교착상태에 빠졌다고 지적했다. "현재 미북 교섭이 막혀 있고, 북한은 한국과의 교섭에 대해 완고하게 거절하고 있다"며 "일한 갈등이 심각해지는 중에 문 정권의 북한 정책도 막혀 있는 상황이 계속되고 있다"고 했다.

그는 이런 상황에서 "문 대통령과 그 정권에 결여돼 있는 것은 남북접근과 화해 진전을 도모할 때 일한 간의 의사소통을 깊게 하는 것, 양자(남북관계와 한일관계)를 평행하게 진행해 가는 복안(複眼)적인 외교전략"이라고 비판했다. 그는 "(남북관계 개선을 위해서도) 일본과의 신뢰관계를 지금보다 더 두텁게 만들어야 한다"고 제언했다.

강 교수는 현재의 한일관계를 '복합골절' 상황이라고 규정, 문 전 대통령을 김대중 전 대통령과 비교해가며 비판했다. 그는 "돌이켜보면 남북화해를 진전시키기 위해 한국의 모든 과거정권은 특히 일본과의 커뮤니케이션에 다대한 외교적 리소스와 에너지를 할애해왔다"며 "김대중의 햇볕정책은 남북통일의 프로세스가 주변나라, 특히 일본에 바람직한 영향을 주지 않으면 안 된다고 하는 지침을 명확히 했다"고 했다. 그는 "문재인 정권은 김대중 정권에 비해서 일본과 강한 관계 구축의 이니셔티브를 발휘했다고 말하기 어렵다. 결과적으로 일본의 불신감과 경계심을 풀지 못하고 일한 갈등에 정치적 자원을 낭비할 수밖에 없었다"고 비판했다.

강 교수는 '일한기본조약을 지킬 수밖에 없는 이유' 챕터에서는 "이런 저런 타협과 모순을 갖고 있는 조약이지만, 이미 체결돼 반세기 동안 경과된 일한기본조약은 지켜나가지 않으면 안 된다. 적어도 그것은 일한관계가 더 이상 분규(粉糾)하지 않게 하는 안전정치"라고 했다. 이는 문재인 정부가 징용 배상 추진 등으로 1965년에 맺은 한일청구권협정을 무시하는 태도를 보인 것에 대한 비판으로 해석된다. 그는 "만약 어느 쪽이 (기본합의를) 부정하게 되면 그것이야말로 한일관계의 바닥이 뜯겨져 나갈 수밖에 없을 것"이라고 했다.

'혁명 외교'와 '韓國 쓰카레'

일본 국회(참의원) 의원 백진훈은 아버지가 한국인, 어머니가 일본인이다. 그는 자신의 가족사(史)를 바탕으로 관찰한 한·일 간 차이에 대해 이렇게 말한다. "한국인은 하고 싶은 말의 120% 정도를 한다. 일본인은 70% 정도까지만 말하고 만다."

그의 '120 대 70' 이론을 최근 바닥으로 주저앉은 한·일 관계에 적용하면 여론이 악화하는 곳은 한국뿐만 아니다. 한·일 간 주요 사안에 대한 일본인의 혼네(本音·속마음)를 느끼기도 쉽지 않다.

실제 현실은 어떨까. 일본인 지인(知人) A씨는 2018년 한국대법원의 징용 배상 판결 이후 중년의 일본인들 사이에서 오가는 얘기를 들려줬다. "요즘 우리끼리 얘기하다가 한국 문제가 나오면 '이젠 정말 지겹다' '한국은 선진국이 되려면 아직 멀었다' '합의를 해도 또 뒤집을 것 아니냐'는 얘기를 많이 한다"고 했다. 대학생 때부터 한국을 오갈 정도로 친한파(親韓派)였던

B씨는 "다시는 가고 싶지 않다"고 고개를 서었다. 일본의 젊은 세대는 역사 분쟁에 큰 관심이 없지만, 사태가 장기화할 경우 영향권 내에 드는 것은 시간문제일 뿐이라고도 했다.

일본 사회의 이런 여론을 사회현상으로 분석해 말한 이는 일본 외무성 고위 관계자였다. 그는 2019년 8월 한국 특파원들을 만났을 때 '강코쿠 쓰카레(韓國つかれ)'를 언급했다. 문재인 정부 들어서 2015년 위안부 합의가 파기되고, 1965년 청구권 협정도 부정되면서 '코리아 퍼티그(Korea fatigue·한국으로 인한 피로감)'에 해당하는 이 말이 일본에 회자되고 있다는 것이다.

그의 발언은 과장된 것이 아니다. 전 주한 대사 오구라 가즈오(小倉和夫)도 조선일보 인터뷰에서 "최근 한·일 관계의 가장 큰 문제는 일본 사람들의 한국에 대한 감정 악화"라고 했었다. "그 결과 일본의 정책 당국뿐만 아니라 많은 관계자의 행동이 엄격한 제약을 받고 있다"고 지적했다.

'강코쿠 쓰카레는 일본 총리 아베 신조가 2019년 외교 문제로 한국에 대해 경제 제재를 가하는 배경이 됐다. 이는 외교 문제에 경제적으로 보복하는 만행(蠻行)이자 하지하(下之下) 정책이지만, 일본인들은 큰 지지를 보냈다. 그동안 문재인 정권을 이해하려고 노력했던 일본의 진보적 신문들도 논조가 돌아섰다.

일본 내의 여론 악화는 보이지 않는 화살이 돼 재일교포와 주재원, 유학생 등에게로 날아오고 있다. 한국의 취업난 때문에 동해를 건너온 C씨는 일본 회사 최종 면접에서 이런 질문을 받았다. "최근 일·한 관계 악화 이유는 무엇인가." 그는 급소를 찌른 듯한 이 질문에 제대로 대답하지 못해 이 회사 신분증을 목에 걸기 위한 마지막 문턱을 넘지 못했다.

재일 기업인 재일교포 D씨는 신규 사업을 위해 일본 관청에 신청서를 넣었다. 기존 사업 영역을 약간 늘리는 것이기에 별걱정을 하지 않았다. 그러나 몇 달이 지나도록 소식이 없자 포기했다.

필자가 직접 겪은 일도 있다. 일본 공무원·언론인·학자들의 모임에 초대를 받은 직후에 아베 내각이 한국을 수출 심사 우대국(화이트 국가)에서 제외하는 결정을 내렸다. 그 후, 주최측으로부터 초청이 취소됐다는 연락을 받았다. 이 모임을 소개했던 E씨는 "현 상황에서 한국 기자의 참석에 부담을 느낀 것 같다"고 했다.

한일정보보호협정(GSOMIA) 파기 결정마저 내렸던 문재인 정권은 교토대 교수 나카니시 히로시(中西寬)의 지적처럼 '혁명(革命) 외교'를 하는 것처럼 일본에 비쳐졌다. 그 결과 국교 정상화 후 일본에서 50년 넘게 형성된 친한(親韓) 세력은 붕괴되고, 한국에 적대적 여론이 보이지 않게 확산됐다.

문재인-아베 불신 가속화

일본 질책한 문정인 청와대 특보

징용 문제로 한일관계가 경색되면서 양국 간에는 크고 작은 충돌이 끊이지 않았다. 2019년 2월 도쿄 게이오대 현대한국연구센터가 주최한 심포지엄에서 문정인 당시 청와대 통일외교안보특보가 일본을 질책하고, 일본인 학자가 반발하는 일이 벌어졌다. 한국국제교류재단 후원으로 열린 이 회의에서 문 특보는 기조연설에서 "2018년 김정은 위원장의 신년사 이후, 남북 정상이 세 번, 북중 정상이 네 번 만났고 이제 미북 정상이 두 번째로 만나게 됐다"며 "(동북아에서) 정상외교가 일상화됐는데 신뢰가 쌓이는 것이 중요하다"고 말했다.

그러자 기미야 다다시(木宮正史) 도쿄대 교수는 "문 특보가 일본에 대해 아무런 언급이 없는 것에 대해 충격을 받았다. 이것이 현재 한국의 입장을 반영하는 것이 아닌가"라고 비판했다. 기미야 교수는 "한국이 일본을 경시한다고 비판할 생각이 없다. 이제 일본은 한국에 도움이 되지 않는 존재가 됐다"고 말했다. 그는 비핵화를 둘러싼 북한과의 논의를 비판적으로 보는 일본의 분위기도 언급했다.

이에 대해 양기호 성공회대 교수(나중에 고베 총영사)는 "나는 문 특보의 발언에 감동을 받았다. 기미야 교수가 충격을 받았다고 하는데 대해 충격을 받았다"고 맞받아 분위기가 악화됐다. 양 교수는 "(일본이) 현재 상황을 부정적으로 볼 필요는 없다"고 했다. "박근혜 대통령은 아베 총리와 정상회담을 3년 만에 했지만, 문재인 대통령은 아베 총리와 전화통화를 포함해서 모두 16차례 했다"고 말했다. 또,

"피스 메이커(peace maker)로서 문 대통령, 피스 메이커로서 문 교수는 동북아에서의 평화 체제를 어떻게 만들 것인가를 고민하고 있다"고 했다.

문 특보는 기미야 교수의 문제 제기에 대해 "현재 남북한과 미국이 정전협정, 비핵화 논의하는 데 일본의 역할이 없을 수밖에 없다"고 말했다. 그는 "만약 6자회담이 열리는 다자체제라면 일본의 역할이 중요하지만 지금 양자로 분절된 상황에서 한계가 있다"고 했다. 문 특보는 "한국이 재팬 패싱(Japan Passing)하는 게 아니다"라고 말했다. 그는 "문 대통령은 세 차례의 남북 정상회담에서 모두 일본인 납치 문제 해결 필요성 전달했다"며 "(재팬 패싱이라고 보도하는) 일본 언론이 문제가 아닌가. 이해가 안 된다"라고 말했다.

문 특보는 일본에 대해 비판적인 발언을 계속했다. 그는 2018년 10월 문 대통령이 유럽 방문 당시 외국 정상들에게 대북 제재 완화를 요청했다가 거부당한 것과 관련, "일본은 EU에서 북한 문제에 대한 한국 정부의 주장을 로비를 통해 봉쇄했다"고 했다. "일본은 부정적인 외교, 판이 안 되는 방향으로 하지 말아야 한다"고도 했다. 그는 "세상은 변화하는데, 일본은 우주의 중심처럼 변하지 않고, 원하는 것만 요구해서는 안 된다"고 말했다.

그는 "문재인 대통령은 역사문제 관련 문재인 대통령은 내가 어쩔 수 없다는 것으로 시간을 두고 점진적으로 해결하자는 것"이라고 했다. 문재인 정부는 촛불 혁명으로 태어나서 시민사회 움직임에 민감할 수밖에 없다고도 했다. 문 특보의 발언은 문재인 정권의 일본에 대한 입장을 총망라하고, 일본을 질책했다는 점에서 일본 지식인 사회에서 논란이 됐다.

고노 외상, "한국 제안, 지극히 무례" 비판

2019년 7월 19일 오전 10시 10분 일본 외무성 접견실. 일본 외무성이 징용자 배상 판결과 관련 남관표 주일 한국대사를 초치(招致)했으나 고노 다로외무상이 나타나지 않았다. 남 대사는 3분간 서서 기다렸는데도 고노 외무상이 나타나지 않자 의자에 앉은 채 2분을 더 기다렸다. 그제야 나타난 고노 외무상은 자리에 앉자마자 "한국이 국제법 위반 상태를 방치하는 것은 문제"라며 "매우 유감"이라고도 말했다.

그러자 남 대사도 메모를 꺼내 "일본의 일방적인 조치가 한일 관계의 근간을 해치고 있다"고 읽으며 반박했다. 이어 "우리 정부는 이런 노력(징용문제 해결 노력)의 일환으로 우리의 구상을 제시한 바 있다. 이 방안을 토대로 더 나은 해결책 마련을 위해 함께 지혜를 모아가기를 기대한다"고 말했다. 남 대사의 이 말을 통역이 전하며 "우리의 구상을 제시한 바 있다"고 할 때였다. 고노 외무상이 갑자기 "잠깐 기다려 달라"며 소리치듯 말을 끊었다. 그러고는 "한국 측의 제안은 국제법 위반 상태를 시정하는 해결 방법이 될 수 없다고 이전에 전했다. 그것을 모르는 척하면서 (다시) 제안하는 것은 지극히 무례하다"고 말했다.

일본 외무성에서 벌어진 고노 외무상과 남 대사 간의 설전(舌戰)은 한일 관계의 심각성을 보여주는 상징적인 장면이었다. 우호국 간에는 나오기 어려운 장면이 여과 없이 공개되면서 양국 정부 간 거리가 한층 더 벌어졌다. 외무성 안팎에서는 양국이 '정치적 단교(斷交)' 상태에 들어갔음을 보여줬다는 평가가 나왔다.

고노 외무상은 남 대사와의 만남 이후 8개 항으로 된 담화 발표와 기자회견을 통해 한국을 다시 비판했다. 1965년 한일 청구권 협정을 바탕으로 대법원 판결의 문제점을 지적하면서 "일본 정부로서는 한국 측이 야기한 엄격한 한일 관계의 현황에 비춰 한국에 대해 필요한 조치를 강구할 것"이라고 했다. 추가 보복 조치까지 예고한 것이다.

고노의 아버지인 고노 요헤이는 1993년 관방장관 자격으로 위안부 문제에 대한 일본의 관여를 인정하는 담화를 발표한 인물이다. 위안부 문제 '고노 담화' 주인공의 아들이 '강제 징용공 배상' 문제로 야기된 일본 경제 보복의 선봉에 선 모양새다.

아베 내각이 한국, 특히 문재인 정부에 대한 불신감이 매우 강하다는 사실을 보여주는 보도도 나왔다. 아사히신문은 경제산업성 간부가 "(우리의) 수출 관리보다 징용공 문제에 대한 한국의 대응이 수십 배 지독한 행위"라며 "문재인 정권이 계속되는 이상 (규제를) 계속할 수밖에 없다"고 말했다고 전했다.

일본 기업이 전략 물자를 외국에 수출할 때 혜택을 주는 27개 '화이트 국가' 명단에서 한국을 배제하는 절차를 앞당길 것이라는 관측도 이때부터 흘러나왔다.

한일 외교안보 사령탑 정의용·야치 핫라인 먹통

1965년 한·일 국교 정상화 후 2019년 7월 1일 처음으로 일본 정부의 대한(對韓) 경제 제재가 발동됐지만, 청와대는 이 사실을 일본 신문을 보고서야 알았다. 아베 신조 내각은 도널드 트럼프 미 대통령이 6월 30일 판문점에서 김정은 북한 국무위원장과 만나는 세부 내용을 몰라 허둥거렸다.

이런 사태는 한·일 양국이 2018년 10월 대법원의 징용 피해자 배상 판결 이후 갈등이 계속되면서 나온 현상이다. 당시 정의용 청와대 국가안보실장과 야치 쇼타로 일본 국가안전보장국장은 1년 넘게 만나지 않은 것은 물론 통화도 하지 않았다. 직업 외교관 출신인 정 실장과 야치 국장은 2017년 5월 문재인 정부 출범 직후만 해도 핫라인을 유지해왔다. 두 사람은 2018년 4월 미 워싱턴 DC를 동시에 방문했을 때도 존 볼턴 미 국가안보보좌관과 함께 만나 현안을 논의했다.

하지만 '정의용 – 야치' 채널은 2015년 맺은 위안부 합의를 문재인 정부가 사실상 파기하고, 대법원의 배상 판결이 나오면서 폐쇄됐다. 한국 측 소식통은 "아베 내각이 대법원 판결을 무시하고 '국제법 준수'만 외치는 상황에서 정 실장이 굳이 연락할 필요성을 못 느끼는 것 같다"고 했다. 일본 측은 "야치 국장은 일본 내 우익의 비판을 받아가며 위안부 합의를 어렵게 성사시켰는데, 한국에서 협의 내용이 공개되면서 큰 상처를 입었다"고 했다.

기타무라, 정의용 실장에게 "프로 사진가"라고 비아냥

문재인 정부와 아베 내각에서 한일 고위 관계자들의 갈등은 일상화됐다. 정의용 청와대 국가안보실장과 기타무라 시게루 일본 국가안전보장국장은 2020년 1월 8일 미 워싱턴 DC 백악관에서 '한·미·일 3국의 안보 사령탑' 회의가 열렸을 때 뼈 있는 한마디씩을 주고받

앉다.

당시 로버트 오브라이언 미 백악관 국가안보보좌관의 초대로 한·미·일 3국 안보 회의가 개최됐을 때 기타무라 국장이 정 실장을 향해 이런 인사를 했다. "당시 사진은 프로 사진가 수준이었습니다. 구도도 좋았고요." 2019년 11월 태국의 아세안＋3 회의장에서 문재인 대통령이 아베 신조 일본 총리에게 사전 약속 없이 다가가 환담하는 사진을 정 실장이 휴대폰으로 찍은 것을 상기시킨 것이다.

당시 청와대는 한·일 관계를 위해서 노력하고 있다는 것을 보여주기 위해 정 실장이 찍은 사진을 공개했다. 이에 대해 아베 총리의 관저에서는 불쾌감을 표출했다. 일본의 한 신문은 "일본 정부가 용의주도한 한국 측에 기습을 당해 불신이 강해지고 있다"고 보도하기도 했다. 아사히신문은 "아베 총리 측근인 기타무라 국장은 이런 경위를 염두에 두고 정 실장의 사진 솜씨를 칭찬하는 듯하며 비아냥거렸다"고 했다.

기타무라 국장은 아베 총리의 최측근으로 한국 국정원장에 해당하는 내각 정보관에 이어 2019년 9월 국가안전보장국장으로 발탁됐다. '2019년 아베 총리가 가장 많이 만난 인물(최소 163회)'로 꼽힐 정도로 신임을 받고 있어서 그의 발언은 아베 총리의 불쾌감을 표현한 것이 아니냐는 분석도 나온다.

이에 대해 정 실장은 "내가 우연히 그 자리에 있었기 때문에 가능했다. 사진 공개는 한·일 관계에 좋은 일이었다"고 응수했다. 정 실장과 기타무라 국장은 3국 회의를 마친 후, 한·일 양자 회담을 하지 않고 각각 귀국했다.

文 정부 대일정책 표변에도 싸늘한 일본

취임 후 지속적으로 반일(反日) 정책을 취해오던 문 대통령이 방향을 다소 수정한 것은 2021년 1월 기자 회견이다. 당시에도 대일(對日) 강경 발언이 나올 것으로 예상됐으나 의외의 발언이 나왔다. 당시 일본에서는 "문재인 대통령이 신년 기자회견에서 일한 관계에 대해 파격적으로 말한 배경이 궁금하다"며 진의(眞意)를 묻는 이들이 많았다. 문 대통령의 회견 중 일본에서 주목하는 부분은 크게 세 가지였다.

① "2015년도 양국 정부 간 위안부 문제 합의가 공식 합의였다는 점을 인정한다"
② "(법원의 위안부 배상 판결은) 솔직히 좀 곤혹스러운 것이 사실"
③ "강제집행 방식으로 그것(일본 기업 자산)이 현금화된다든지, 판결이 실현되는 방식은 바람직하지 않다."

이런 발언은 2017년 5월 문재인 정부 출범 이후의 행적과 비교해 보면 180도 대전환이라고 할 수 있다. 여당인 더불어민주당 일각에서 2020년 4·15 총선을 '한·일전(戰)'으로 언급하며 반일감정을 선동했던 사실에 비춰 보면 놀라울 정도였다.

문 대통령은 이 회견 전까지 단 한 번도 2015년 합의의 의미를 인정한 사실이 없다. 그는 취임하자마자 위안부 합의에 대한 검토를 지시했다. 이에 따라 만들어진 '한일 위안부 합의 검토 TF'는 전례 없는 권한을 갖고 마치 수사기관처럼 외교 협상의 비밀 서류를 모두 들여다봤다.

TF는 약 6개월간의 활동 후 2017년 12월 발표한 검토 결과 보고서에서 "피해자 중심적 접근이 충분히 반영되지 않았고 일반적인 외교현안처럼 주고받기 협상으로 이뤄졌다"며 합의를 폄하했다. "조약이 아니라 정치적 합의"라고도 했다. TF는 당시 한일 양국이 비공개한 부분도 전격 공개, 논란을 일으켰다.

문 대통령은 이 보고서를 바탕으로 이같이 언급했다. "2015년 한일 양국 정부 간 위안부 협상은 절차적으로나 내용적으로나 중대한 흠결이 있었음이 확인됐다. 이 합의로 위안부 문제가 해결될 수 없다는 점을 다시금 분명히 밝힌다."

그뿐만이 아니었다. 2018년 1월 청와대에서 열린 위안부 피해자들과 간담회에서는 더 강하게 이를 비판했다. "(2015년) 합의는 진실과 정의의 원칙에 어긋날 뿐만 아니라 정부가 할머니들의 의견을 듣지 않고 일방적으로 추진, 내용과 절차 모두 잘못됐다." "할머니들 뜻에 어긋나는 합의를 한 것에 대해 죄송하고 대통령으로서 사과드린다"고도 했다. 이때부터 위안부 합의는 '사실상 파기'된 것으로 간주됐다. 이후 어떤 공무원도 위안부 합의에 대해 의미를 부여할 수 없었다.

일본에서는 문 대통령에 의해 '진실과 정의에 어긋나고 일방적으로 추진돼 중대한 흠결'이 있는 것으로 규정된 합의가 갑자기 평가받는 데 대해 의심의 눈초리를 보냈다. 문 대통령이 유화(宥和)적인 입장을 밝혔지만 일본 정부의 분위기는 싸늘했다. 일 외무성은 문 대통령이 한일 화해를 바라는 바이든 미 행정부 출범에 맞춰 실행력 없는 언급을 했다고 판단했다. 도쿄 올림픽 계기로 남북대화를 재개하기 위해 일본을 이용하려 한다고 의심했다.

문 내통령이 위인부 힙의를 공식힙의라고 뒤늦게 추끼세숨에 따라 이는 일본 정부에 역으로 활용될 가능성이 오히려 커졌다. 일본은 그동안 위안부 합의에 대해 '최종적 불가역적으로 해결됐다'는 입장을 국제사회에 강조해왔다. 스가 내각은 국제사회에서 문 대통령의 이번 발언을 강조해가며 위안부 문제가 종식됐다는 입장을 더 강화할 것으로 전망됐다.

文대통령의 '재판 개입'

문재인 정부와 민주당은 박근혜 전 정권 당시 외교부가 징용 문제에 대한 정부의 입장을 법원에 설명한 것에 대해 '사법 농단'으로 몰아서 처벌을 추진해왔다. 그동안 한국은 삼권분립 국가라며 징용 배상 판결에 대해 "재판부 판결을 존중해야 한다"고 수차례 강조해 왔다.

이런 관점에서 볼 때 문 대통령의 2021년 신년 회견은 '재판 개입'논란을 남겼다. 문 대통령은 위안부 판결에 대해 '곤혹스럽다'고 하고, 억류된 징용 기업 자산 현금화는 '바람직하지 않다'고 했다. 이는 자신의 입장을 전면 수정한 것으로 문 대통령이 재판 개입을 통해 일종의 '가이드 라인'을 제시했다는 비판을 받는다.

당시 김진표 한일의원연맹 회장(더불어민주당 의원)도 "한국 대법원이나 법원행정처도 아마도 한일 관계가 파국으로 가는 것을 원하지 않을 것으로 믿는다"고 해 논란이 일었다.

문 대통령의 입장 수정 이후 위안부 손해배상 사건에 이어서 열릴 예정이던 다른 위안부 소송은 갑자기 연기됐다. 두 사건은 사실상 같은 사건이기에 다시 위안부 승소 판결이 나올 것으로 예상됐으나 재판부가 시간이 더 필요하다며 연기했다. 문 대통령의 '재판 개입' 발언이 나온 상황에서 법원이 어떤 판단을 내릴지 관심을 끌었다.

문 대통령으로부터 신년 회견 이후, 외교부가 위안부 합의 수습책을 구상하면서 일본 정부로부터 받은 10억 엔(약 107억 원) 처리 문제가 다시 부상했다. 도쿄에 부임한 강창일 주일대사는 "일본에서 출연한 기금이 남아 있다. 돈을 합쳐 양국 정부가 진지하게 (새로운) 기금을 만드는 일에 대해 얘기해야 한다"며 이를 공식 제기했다.

일본에서 제공한 10억 엔 중 약 4억 엔은 피해자들이 이미 수령했다. 합의 당시 위안부 피해자는 46명이었는데 1년 내에 31명이 모두 1억 원씩 지급받았다. 사망한 위안부 피해자 199명의 유족 중 일부에게도 2,000만원이 지급됐다. 이렇게 사용하고 약 60억 원이 남아 있는 상태다. 하지만 이 기금 관리와 위안부 피해자 및 유족 지원 사업을 맡았던 화해·치유 재단은 2019년 해산됐다. 문 대통령이 2018년 9월 뉴욕에서 아베 신조 총리와의 정상회담에서 화해치유재단 해산 입장을 통보하기도 했다. 일본 정부는 위안부 합의에 따라 10억 엔을 전달, 모든 책임이 끝났다는 입장이어서 새로운 기금을 만드는 것은 사실상 불가능하다는 관측이 많다.

한일 수교 주역의 후예 기시다 총리와 화해 모색해야

2021년 10월 자민당 총재 선거에서 일본 시민사회를 긴장시킨 인물은 다카이치 사나에 전 총무상이었다. 그녀는 이번 선거에서 자신을 지지한 아베 신조 전 총리보다 더 우측에서 정치 활동을 해왔다. "총리가 돼서도 야스쿠니 신사 참배를 하겠다"고 공약한 그녀에 대한 우려가 동해(東海)를 넘어서 늘려봤다. "다카이치 총리 탄생은 일본의 비극"이라고 말하는 일본 지식인들도 여럿 있었다.

그녀는 '일본 첫 여성 총리'를 내세워 1차 투표에서 자민당 의원 382명 표 중 114표를 얻어 돌풍을 일으켰다. 여론 조사 1위인 고노 다로 행정 개혁상보다 28표나 더 많았다. 일본의 한 소식통은 "만약 1주일만 더 늦게 총재선거를 했다면 다카이치가 당선됐을 가능성도 배제할 수 없다"고 했다.

일본 자민당의 우경화가 심화하는 상황에서 2015년 한일 위안부 합의를 담당했던 기시다 후미오 전 외무상이 당선된 것은 한일관계를 위해선 다행이라고 할 수 있다. '다카이치 쇼크'가 보여주듯이 요즘 자민당은 브레이크 없는 기관차 같다. 우측으로만 폭주하는 자민당 기관차에서 파벌을 이끌며 한일관계를 위해서 고민하는 정치인을 꼽으라면 그는 단연 첫 손가락에 꼽힌다고 할 수 있다.

대한민국에서 정치인 기시다를 가장 잘 알고 자주 만난 이가 윤병세 전 외교부장관이다. 2013년 취임 후 4년 3개월간 기시다 당시 외무상과 호흡을 맞추며 매년 6~7회 이상 만났다. 이병기 대통령 비서실장과 야치 쇼타로 국가안보국장이 선발투수로 나왔던 위안부 문제에서 두 사람의 계투(繼投)로 합의문이 만들어졌다. 윤 전 장관은 "기시다는 일본 정계의 온건·합리적인 인물로 신뢰할 수 있다. 자민당 선거에서 한일관계의 모멘텀이 만들어졌으니 적극적으로 한일 관계 개선에 나서야 한다"고 강조한다.

일본 정치의 파벌은 전통을 중시한다. 그가 이끄는 기시다파(47명)가 한국과의 우호관계를 중시하는 '고치카이(宏池会)'의 맥을 잇고 있다는 점도 주목할 필요가 있다. 고치카이는 한일 수교의 주춧돌을 놓은 이케다 하야토와 오히라 마사요시의 명맥을 잇고 있다. 1992년 일본군 위안부에 대해 처음으로 의회에서 사과한 미야자와 기이치 총리도 고치카이 소속이었다. 오랫동안 한국 의원들과 평화를 논의하며 총리 야망을 키워 온 하야시 요시마사 외무상 역시 여기에 속한다.

2022년 5월 취임한 윤석열 대통령으로서는 한일관계를 개선할 수 있는 최고의 파트너를 만났다고 할 수 있다. 문재인 전 대통령은 2021년 1월 한미일 3국 협력을 중시하는 바이든 미 대통령 취임에 맞춰 "위안부 문제 합의가 공식 합의였다는 점을 인정한다"고 밝혔다. 사죄는 하지 않았지만, 뒤늦게 위안부 합의를 인정하며 자신의 판단에 심각한 문제가 있었음을 고백한 것이다. 반일(反日) 프레임의 중요한 소재로 활용하던 위안부 합의에 대해 문 전 대통령이 재평가한 마당에 윤 대통령이 주저할 이유가 없다. 중국과는 갈수록 멀어지고 북한의 도발이 지능화하는 상황에서 한일 양국이 서로 손을 놓아서는 안 된다는 사실을 그동안 뼈저리게 느끼지 않았나. 기시다 정권도 일본의 반도체 부품 수출규제 만행(蠻行) 철회 준비를 해 가며 미래지향적인 관계를 만드는 데 적극적으로 나와야 한다.

초유의 한일 군사 대치

日 초계기 저공비행에 사격용 레이더 사용 논란

2018년 12월 20일은 한일이 군사적으로 사상 처음으로 대치한 날로 기록됐다. 한국 해군의 3,200t급 구축함인 광개토대왕함이 일본 이시카와(石川)현 노토(能登)반도 인근 해상에서 경계·감시 임무를 수행하던 일본 자위대 초계기를 사격 관제용 레이더로 겨냥했다고 일본 정부가 주장하는 사건이 발생했다.

이와야 다케시 일본 방위상이 12월 21일 기자회견을 열고 "20일 오후 3시쯤 노토반도 인근 해상에서 한국 해군 구축함이 경계·감시 임무를 하던 일본 자위대 P1 초계기를 사격 관제용 레이더로 겨냥했다"고 발표한 것이 문제의 시작이었다. 그는 "이는 화기의 사용에 앞서 실시하는 것으로 당시 예측할 수 없는 사태를 초래할 수 있는 지극히 위험한 행위였다"고 주장했다. "본 사안의 중대성을 감안해 한국 정부에 강하게 항의했으며 재발 방지를 요구했다"고도 했다.

일본 외무성 관료들은 한국 측의 행동이 "있을 수 없는 행동"이라고 비난했다. 일본 NHK 방송에 따르면 복수의 일본 외무성 관리들은 "이번 사태는 우호국 사이에서 있을 수 없는 일"이라며 "그간 한국군과의 사이에서 이런 문제가 일어난 적이 없었던 만큼 한국군의 의도를 조사할 필요가 있다"고 말했다. 산케이신문은 "공격을 전제로 한 행위였다"고 보도했다.

이에 대해 한국 국방부는 "우리 군은 정상적인 작전 활동 중이었으며 작동 활동 간 레이더를 운용했으나 일본 해상초계기를 추적

할 목적으로 운용한 사실은 없다"고 반박했다. 광개토대왕함은 당시 울릉도·독도 인근의 대화퇴 어장에서 조업 중이던 한 선박이 조난당했다는 통신을 받고 구조 활동을 위해 동해상에서 일본 방면으로 갔다. 해군 관계자는 "대화퇴 어장에서 조업을 하던 다른 선박이 '북한 어선으로 추정되는 선박이 조난당한 것 같다'는 신고를 한 것으로 보인다"며 "우리 해군은 이 배를 찾기 위해 사격 관제용 레이더를 작동한 것은 사실이지만, 일본 초계기를 겨냥할 의도는 전혀 없었다"고 했다. 우리 측은 북한 조난 어선을 찾기 위해 일반 레이더보다 더 정밀한 사격 관제용 레이더를 켰고, 일본 초계기가 그 반경에 우연히 들어왔다는 것이다.

일본은 "우리측 배타적경제수역(EEZ) 안에서 일어난 일"이라고 했지만, 한국은 "우리 해군이 평상시 작전하는 곳보다 조난 구호를 위해 더욱 동진(東進)한 것은 맞지만 한·일 EEZ 중간 수역 내에서 생긴 일이었다"고 했다. 한·일 간의 군사적 분쟁은 매우 위험한 일로, 이례적이다. 한·일 양국은 그동안 군사적 충돌을 빚지 않으려고 부단한 노력을 해왔으나 이 같은 노력이 깨졌다는 점에서 좋지 않은 선례를 남겼다.

한국軍 "北선박 찾으려 사격 레이더 작동중 초계기 저공접근"

한일 군사적 논란의 중심이 된 사격통제 레이더는 무기 가동과 관련이 있다. 해군은 보통 항해용 레이더를 켜고 운항한다. 특수한 상황에서만 사격통제 레이더를 사용한다. 일본은 바로 한국 해군이 사격통제 레이더를 가동한 사실을 문제삼았다.

한국군은 12월 20일 오후 1시쯤 북한 선박 조난 사실을 접수했다. 이후 사격통제 레이더를 켰다. 일반 항해용 레이더보다 정밀한 사격통제 레이더로 북한 선박을 찾기 위해서였다. 오후 3시쯤 광개토대왕함이 대화퇴 어장 남방 한·일 중간 수역에서 일본 해상자위대 P-1 초계기를 발견했다. 광개토대왕함은 이미 오후 1시쯤부터 사격통제 레이더를 사용하고 있었다는 입장이다. 일본 초계기의 저공 접근으로 '영상 촬영용 광학 카메라'를 작동했다. 광학 카메라에는 추적 레이더(STIR)가 붙어 있지만, 추적 레이더의 빔을 사용하는 대신 광학 카메라만을 사용해 일본 초계기를 관측했다고 한다.

이에 대해 일본은 "한국의 광개토대왕함이 몇 초가 아니고 분 (分) 단위로 사격통제 레이더를 쏘며 초계기의 위치를 파악했다"고 주장했다. 광개토대왕함을 향해 "도대체 어떤 의도냐"라고 무전을 보냈지만 무시당했다고도 했다. 한국군은 오히려 일본의 주장을 반박하며, 일본 초계기가 이미 광개토대왕함이 수 시간 전부터 사격통제 레이더를 작동 중이라는 사실을 알고도 접근해왔다고 했다.

日 정치권, 한국군 비난

광개토대왕함이 조난한 북한 어선을 돕기 위해 사격 관제용 레이더를 가동하다가 일본 초계기를 겨냥한 것에 대해 일본 정부는 계속 반발했다. 일본 방위성은 12월 22일 보도 자료를 내 "조난 선박을 수색하기 위해서는 수상 수색 레이더를 사용하는 것이 적당하다"고 반박했다. 일 방위성은 "해상자위대의 초계기가 수집한 데이터를 분석한 결과 한국 함정이 (사격용) 화기(火器) 관제 레이더를 조사(照射)

한 것으로 판단했다"고 밝혔다. 방위성은 우리 구축함이 위험한 레이더를 수 초(秒)간이 아니라 몇 분간에 걸쳐서 계속했다고 반발했다.

요미우리 신문은 노토 반도 앞 동해상을 비행하던 해상자위대 P-1 초계기 승조원이 레이더를 쏜 한국 광개토대왕함에 "화기 관제 레이더를 포착했는데, 어떤 의도냐고 무선으로 물었지만, 반응이 없었다"고 보도했다. 일본 초계기는 레이더 경보음이 들려 방향을 돌린 후에도 몇 분간에 걸쳐 다시 레이더 조준이 이뤄졌다고도 했다. 이 신문은 자위대 관계자가 "화기 레이더에서 조준한 것은 무기 사용에 준하는 행위"라며 "유사시 미군이라면 공격했을 것"이라고 한 발언도 소개했다.

우리 군 당국의 해명에도 불구, 일본 방위성이 강하게 반응하는 배경엔 아베 신조 총리의 불만이 있었기 때문이라는 교도 통신의 보도도 나왔다. 참의원을 겸하는 야마다 히로시 방위정무관은 자신의 트위터에 "우리를 위협하고 자위대원의 생명을 위험에 처하게 한 행위로 용서하기 어렵다"며 "내 편으로 생각했더니 뒤에서 총을 쏘는 행위"라고 비난했다.

日 "사격 레이더 맞았다" 영상 전격 공개

일본 방위성은 사건 발생 8일 만인 12월 28일 이 사건을 더욱 확대시켰다. 동해상 한·일 중간 수역에서 광개토대왕함과 일본 해상 자위대 초계기인 P-1 사이의 발생 사건을 찍은 영상을 전격 공개했다. 광개토대왕함이 일본 초계기를 향해 무력 사용을 가정한 사격 통제 레이더를 쐈다는 취지다.

일본 방위성이 공개한 영상은 13분 7초 분량으로 영상에 따르면 일본 초계기에 탑승한 자위대원들은 "FC(Fire Control · 사격 통제) 콘택트" "FC계(系)가 나오고 있다"라고 말했다. 일본 방위성은 여기에 '화기 관제(사격 통제) 레이더 탐지'라는 자막을 붙였다. 또 "정말 대단한 (전파) 소리다" "그 소리를 기억해 놓으라"라는 대화도 있었다. 한 자위대원이 "피하는 것이 좋겠다"고 하자 조종사가 "일단 이격(離隔)하자, 이격"이라고 말하기도 했다.

영상에는 "우리는 일본 해군이다. 우리에게 FC를 쏜 목적을 알려 달라"고 일본 측이 광개토대왕함과 교신을 시도하는 장면도 담겼다. 또 "(한국 구축함의) 포(砲)는 우리를 향하고 있지 않다"는 발언도 들어 있다. 일본 방위성은 "이번에 공개한 동영상은 화기 관제(사격 통제) 레이더로 일정 시간 계속해서 여러 차례에 걸쳐 조사(照射)된 장면, 구축함으로부터 일정 고도와 거리를 두고 비행하는 것, '한국 해군 함정, 함 번호 971'이라고 영어로 3회 호출한 것 등이 기록돼 있다"고 주장했다.

이와 관련, 이와야 다케시 일본 방위상은 "당시 날씨가 좋은 상태여서 어선의 모습도 충분히 볼 수 있었다"며 "(한국 구축함이) 모든 레이더를 전개할 필요는 없었다고 느낀다"고 말했다. 또 "일본의 해상자위대는 국제법에 따라 적절한 행동을 취했다"고 했다.

이에 대해 국방부는 영상이 공개된 직후 오해를 불식시키고 국방 분야 협력 관계 발전을 모색하자는 취지에서 실무 화상 회의를 개최한 지 불과 하루 만에 일본 측이 영상 자료를 공개한 데 대해 깊은 우려를 표명했다. 광개토대왕함은 정상적인 구조 활동 중이었으며 한국군이 일본 초계기에 대해 추적 레이더(STIR)를 운용하지 않았다는 사실은 변함이 없다고 했다. 한국군 관계자는 이와 관련해 "일본은 두 차례 레이더의 전자파를 맞았다고 하는데 정작 핵심 데이터인 레이더 주파수를 공개하지 않았다"고 했다. 우리 군은 당시 사격 통제 레이더의 일종인 MW-08을 대함용으로 켜둔 상태였는데 이 레이더의 주파수는 4~6기가헤르츠(GHz)로 추적 레이더의 주파수 8~12기가헤르츠와는 다르다.

일본 측은 주파수는 공개하지 않았고 "MW-08 레이더는 주파수가 들쭉날쭉하지만, 추적 레이더는 주파수가 지속적이고 강력하다"며 "이번에 초계기가 맞은 레이더 전자파는 지속적이고 강력했다"는 취지의 설명 자료만을 내놨다. 이 관계자는 또 "영상에는 일본 초계기의 무전이 선명하게 들리지만, 우리 측에는 잡음과 부정확한 발음 때문에 무선이 제대로 들리지 않았다"고 했다. 한국군은 오히려 일본 초계기가 광개토대왕함 150m 위를 저공비행하는 '위협 행동'을 했다고 했다. 군 관계자는 "일본 초계기가 해상에서 선회하는 장면과 조종사의 대화 장면은 일반 상식적인 측면에서 객관적 증거로 볼 수 없다"며 "일방적 내용을 담은 영상을 공개해 사실 관계를 호도하고 있다"고 했다.

한국軍도 반박 영상 공개

한국 국방부도 맞대응에 나섰다. 2019년 1월 4일 일본 측의 주장을 강반박하는 동영상을 전격 공개했다. 국방부가 유튜브 계정에 공개한 4분 26초 분량의 동영상은 구축함 광개토대왕함에 일본 초계기가 접근했을 당시 일본이 주장한 추적 레이더(STIR-180)를 조사(照

射)히지 않았다는 내용이 담겼다. 소히려 일본 초게기가 위협 비행을 했다는 주장이 포함됐다.

국방부는 여기서 한국 해경 경비함 삼봉호가 촬영한 일본 P-1 초계기의 저공 접근 장면을 처음 공개했다. 국방부는 일본 초계기가 북한 선박을 구조하는 인도주의적 작전 현장에서 왜 저공 위협 비행을 했느냐고 문제제기했다. 일본 방위성은 국방부 반박 영상에 대한 공식적인 입장을 내놓지 않았다. 일 방위성은 조선일보가 이에 대한 입장을 질의하자 "(한국의 반박 영상에 대해) 어떻게 대응할지, 언제 대응할지 결정된 것이 없다"고 밝혔다.

아베 총리도 미에(三重)현 이세 신궁을 참배한 뒤 현지에서 신년 기자회견을 가졌지만 한·일 관계에 대해서는 한마디도 언급하지 않았다. 한·일 관계에 대한 기자들의 질문도 나오지 않았다. 대신 일본 정부 관계자들은 개별적으로 언론 인터뷰 등을 통해 '일 정부가 사실을 왜곡하고 있다'는 한국 정부의 입장을 비판했다. 사토 마사히사 일본 외무성 부대신(차관)은 우리 국방부가 반박 영상을 공개하기 전 "항공법 등에서 금지하는 패턴은 저공으로 함선 위 통과, 급강하, 큰 소리 내기, 함선과 같은 진로 비행, 근거리 횡단, 모의 공격 비행"이라며 "당시 자위대 초계기는 위협 비행을 한 것이 아니다"라고 했다.

추적 레이더 사용, 위협 비행 여부가 쟁점

한일 양국이 관련 영상을 전격 공개하면서 논란은 크게 두 가지로 집약됐다. 일본은 우리 함정이 위험한 추적 레이더를 조준했다고 주장했다. 하지만 한국군은 탐색용 레이더(MW-08)는 가동했으나,

추적 레이더를 사용하지 않았다는 입장이다. 일본 초계기가 광개토대왕함 150m 위로 '위협 비행'을 했다는 지적이 나왔다. 일본 측은 민항기 관련 규정을 근거로 "150m 위로 비행할 수 있다"고 했지만, 한국 국방부는 "일본 측이 언급한 규정은 군용기에는 해당하지 않는다. 초계기는 근접 위협 비행을 했다"고 반박했다.

일본의 반발은 계속됐다. 2019년 1월21일 일본은 동해상에서의 한일군사적 대치와 관련, 한국이 위험한 화기 관제 레이더를 쓴 결정적인 증거라며 일본 초계기가 수신했다는 전파음을 공개했다. 일본이 공개한 이 전파음은 18초간 계속되는데, 일본은 강한 전파음이 오랫동안 이어지는 것은 화기 관제 레이더를 사용한 결정적인 증거라고 주장했다. 일본이 이와 함께 공개한 수색용 레이더 탐지음은 21초짜리로 중간에 자주 끊어졌으며 강도가 세지 않았다. 일본은 관련 영상을 공개할 때 전파음은 공개하지 않았다.

일본의 해상초계기는 레이더 전자파를 음파로 전환하는 레이더 경보수신기(RWR)를 갖추고 있다. 일측은 이번에 공개한 음성파일이 광개토대왕함이 발사한 레이더를 기록한 것이라고 설명했다. 일본 방위성은 '최종 견해'라며 "한국에 다시 강하게 항의하고, 재발방지책을 요구한다"고 밝혔다. 또, "(한국과의 협의가) 진실 규명으로 이어지지 않을 것으로 생각되기 때문에 한국과의 협의 계속은 곤란하다고 판단한다"고 밝혔다. 이와 함께 "계속해서 일한, 일·미·한 방위협력을 계속하기 위해 진지하게 노력하겠다"고도 했다.

"아베가 초계기 영상 공개 지시"

일본 방위성이 한·일 '레이더 마찰' 관련 일본 초계기 영상을 공개한 것은 아베 총리의 지시였다는 사실이 알려져 논란이 더욱 커졌다. 일본의 주요 언론에 따르면 아베 총리가 2018년 12월 27일 이와야 다케시 방위상을 총리 관저로 비공식 호출한 후, 사건이 발생한 20일 일본 초계기가 공중에서 촬영한 영상을 공개하도록 지시했다. 이와야 방위상은 한국과의 관계 개선을 중시해 난색을 표명했지만 아베 총리가 밀어붙였다고 한다.

도쿄신문은 위안부 재단의 해산과 강제징용 판결 등으로 아베 총리가 화가 많이 났다는 자민당 관계자의 발언을 전하며 이런 상태에서 레이더 문제가 발생하자 아베 총리의 불만이 폭발한 것이라고 했다. 마이니치신문은 아베 내각이 이 영상을 공개하지 않을 경우 국내 여론이 악화될 수 있다는 점도 감안했을 것이라는 분석도 제기했다. 국내 여론 대책의 일환이라는 것이다.

한국군은 일본 측이 이번 사태에 민감하게 나오는 이유가 광개토대왕함이 일본 영해 가까이에서 기동했기 때문으로 보고 있다. 광개토대왕함은 당시 북한 선박 구조를 이유로 독도 남동쪽 대화퇴어장 인근까지 수백㎞를 항해했다. 정부 관계자는 "조난당한 북측 선박이 정확히 어떤 종류인지 어떤 일이 벌어질지 모르는 상황에서 우리 군 함정도 당연히 현장에 갔어야 했다"고 했다. 하지만 한·일이 외교적으로 민감한 시기에 해경함 투입으로 충분한 구난 임무에 해군 주력 함정까지 투입한 건 신중하지 못했다는 지적도 나온다.

2013년 중·일 간 충돌 연상시켜

동해상에서 한·일 간에 벌어진 첫 군사적 대치는 2013년 중·일 양국 간 벌어진 사건과 유사하다는 분석이 제기됐다. 중·일 양국은 일본이 센카쿠(尖閣)열도, 중국이 댜오위다오(釣魚島)로 부르는 동중국해 무인도 영유권을 둘러싸고 2012년부터 충돌을 빚고 있었다. 일본이 센카쿠 열도를 국유화하기로 결정하자 중국은 댜오위다오를 영해 기점으로 삼는다고 발표, 갈등이 시작됐다.

중국 감시선과 항공기가 센카쿠 해역과 공중에 진입하면서 일촉즉발의 상황이 조성됐다. 일본은 2013년 1월 중국 군함이 센카쿠 인근에서 자위대의 헬리콥터에 사격용 레이더를 쐈다고 주장했다. 또, 양측 군함이 3㎞까지 접근한 상황에서 중국 군함이 일본 구축함에 사격용 레이더를 조준했다고 발표했다. 아베 총리는 당시 국회에서 중국이 사격용 레이더를 일본 측에 조준했다며 "예측하지 못한 사태를 일으킬 수 있는 위험스러운 행위"라고 중국을 비판했다. 일본 언론은 이를 대대적으로 보도하며 중국을 비난했다.

이에 대해 중국 국방부는 일본 측의 주장을 전면 부인했다. 중국 측은 이 같은 문제가 발생한 근본 원인은 일본의 함정·항공기가 중국 선박을 추적하고 감시하기 때문이라고 주장했다. 아베 총리가 나서서 중국의 이미지를 훼손하고, 양국의 긴장관계를 고조시킨다고 비판했다.

양국은 이후 5년 넘게 관계가 냉각됐다가 2018년 10월 아베 총리의 베이징 방문을 계기로, '중·일 관계의 정상화'를 선언하면서 풀리기 시작했다.

흰·일 레이디 미칠은 우리 해군이 조난당한 북한 선박을 대상으로 인도주의적 활동을 하는 도중에 사건이 벌어졌다는 점에서 영유권 갈등 때문에 불거졌던 중·일 마찰과는 본질적으로 다르다. 그럼에도 아베 내각이 잠재적 적성국가라고 할 수 있는 중국에 대해 구사했던 '거친 수단'을 우방국에 사용했다는 점에서 2013년처럼 국내 여론을 결집하려는 의도가 있었던 것 아니냐는 의혹이 일고 있다. 당시 오바마 미 행정부는 중·일 충돌에 대해 국무부 대변인이 나서서 중국을 비판하며 개입했지만, 트럼프 미 행정부는 어떤 입장도 표명하지 않고 있다는 것도 차이점이었다.

"욱일기 못 내려" 日함정, 제주 관함식 불참

한일 양국이 동해에서 군사적 대치하기 이전부터 양국간 군사 갈등은 커지고 있었다. 2018년 10월 일본이 10~14일 제주민군 복합 관광미항(제주 해군기지)에서 열리는 '2018 대한민국 해군 국제관함식'에서 해상 자위대 함정에 욱일기(旭日旗·욱일승천기)를 달지 말라는 한국 요청을 거부하고 불참하겠다고 공식 발표했다. 이와야 다케시 방위상은 5일 긴급 기자회견을 열고 "욱일기는 1950년대부터 해상 자위대가 사용하며 국제적인 관행으로 확립된 것"이라며 이같이 밝혔다. 그는 "지극히 유감스럽다"고도 했다. "자위함기(욱일기) 게양은 국내 법령상 의무"라며 "당연히 달 것"이라고 했다. 자위대 가와노 가쓰토시 통합막료장(합참의장)은 "자위함기는 우리 자랑이고 내려갈 일은 절대 없다"고 했다.

우리 해군은 관함식 때 일본 함정이 과거 군국주의 상징인 욱일기 대신 일장기와 태극기를 함께 달고 참가해 줄 것을 요청했지만 일본은 욱일기를 달겠다고 고집해 왔다. 일본 정부가 관함식 불참을 통보한 데 그치지 않고 방위상이 나서서 기자회견을 한 것은 이례적이다. 우리 해군도 유감을 표명했다.

이번 국제관함식에는 미국·중국·러시아 등 해외 14국 함정이 참가할 예정이었다. 한국은 1998년부터 10년 주기로 국제관함식을 개최해 오고 있는데, 일본은 지난 두 차례 관함식 때 욱일기를 달고 참가했었다. 당시에는 문제가 안 됐으나 한일 관계가 악화되면서 일본 함정이 국내로 들어올 때마다 욱일기 게양 여부가 논란이 돼 왔다.

제주 국제관함식에 참가하기로 한 일본 함정은 구축함 한 척이었다. 일 함정은 함수(뱃머리)에 욱일기를 게양할 예정이었다. 이는 위안부 문제 등으로 촉발된 국내의 반일 정서를 자극했다. 결과적으로 미·중·러 등 한반도 주변 핵심 당사국들의 함정이 모두 제주 관함식에 참여하기로 한 가운데 욱일기 게양 문제는 일본의 불참으로 이어졌다. 한국군 관계자는 "함정은 움직이는 영토이자 치외법권 지역인 만큼 욱일기 게양 여부를 강제하긴 어렵다"면서도 "한국에서 열리는 축제이자 친선 교류 행사인데도 일본이 우리 입장을 전혀 이해하지 않은 태도를 보인 건 유감"이라고 했다. 일본 정부가 욱일기 게양 문제를 국내 정치에 이용하려 한다는 지적도 나온다. 아베 총리는 최근 자위대의 헌법 명문화 문제에 대해 다시 드라이브를 걸기 시작했다.

외교가에선 위안부 등 과거사 문제로 심화된 한·일 갈등이 국제관함식으로 번졌다고 해석했다. 일본 언론들은 욱일기 게양 자제 요청에 대해 일본 자위대 관계자 말을 인용해 "비상식적이며 예의가 없는 행위"라고 보노했나. 이에 내해 우리 징지뭔은 "골싱식파 인하무인" "예의가 없는 건 일본"이라고 비판했다.

이번 일을 계기로 일본 함정의 국내 입항 자체가 어려워졌다는 해석이 나온다. 정례적으로 실시하는 한·일, 한·미·일 해상 훈련에서도 욱일기 게양 여부가 논란이 될 수 있다. 한 일본 전문가는 "우리나라에서는 욱일기가 일제시대의 전범기(戰犯旗)로 불리며 군국주의의 상징으로 여겨지고 있으나 일본에서는 그렇게 인식하지 않고 있다"고 말했다. 일본 학교에서 일장기를 게양하고, 기미가요 제창을 의무화하는 데 비판적인 아사히(朝日)신문은 사기(社旗)로 욱일기 문양을 사용하고 있다는 것이다.

안보 백서로 확대된 군사갈등

日, 유사시 독도에 전투기 출격 첫 시사

한국 국방부가 2019년 1월 펴낸 '2018 국방백서'에는 강제징용 배상 판결, 동해상 '레이더 갈등' 등으로 불편해진 한·일 관계가 그대로 반영됐다. 국방백서는 '한·일 양국은 지리적, 문화적으로 가까운 이웃이자 세계 평화와 번영을 위해 함께 협력해 나가야 할 동반자'라고만 규정했다.

'2016 국방백서'에서 '한·일 양국은 자유민주주의와 시장경제의 기본가치를 공유하고 있으며, 동북아 지역은 물론 세계의 평화와 번영을 위해 협력해 나가야 할 이웃 국가'라고 기술한 것과는 차이가 크다. '자유민주주의와 시장경제 기본가치 공유'라는 표현이 없어진 것이다. 동맹을 유지하는 미국 이외 주변국과의 군사교류 협력을 기술하는 순서도 한·일, 한·중, 한·러 등의 순이었지만, 한·중, 한·일, 한·러 순으로 달라졌다.

일본 정부는 2019년 9월 발간된 방위백서에서 유사시 독도 상공에 자위대 전투기를 긴급 발진시킬 수 있다는 입장을 처음으로 시사, 논란이 일었다. 일본 각의(閣議)에서 승인된 방위백서는 '우리나라(일본) 주권을 침해하는 행위에 대한 조치' 항목에서 지난 7월 러시아 A-50 조기경보통제기가 독도 인근 한국 영공을 침범하자 한국 전투기가 경고 사격한 사건에 대해 구체적으로 기술했다. 방위백서는 "우리나라 영공을 침범한 러시아기에 경고 사격을 한 한국 정부에 대해 항의했다"고 했다. 독도가 일본 영토인 것처럼 기술한 것이다.

방위 백서는 이어 '영공 침범에 대한 조치' 항목에서 "방위대신은 자위대에 영공을 침범한 항공기에 대해 우리 영역의 상공으로부터 퇴거시키기 위해 필요한 조치(무기의 사용 등)를 강구토록 할 수 있다"고 명기했다. 또 "영공 침범 행위에 대해 자위대법 제84조에 기반해 우선적으로 항공자위대가 대처하고 있다"고 했다. 이는 유사시 독도 상공에 일본 전투기를 진입시킬 수 있음을 시사한 것으로 분석된다.

일본은 2005년부터 방위백서에서 독도 영유권 주장을 해왔는데 독도 상공에 전투기를 발진시킬 가능성을 내비친 것은 처음이다. 이에 대해 우리 정부는 "우리 영토인 독도에 대한 부당한 영유권 주장을 되풀이한 데 대해 강력 항의하며 즉각 철회할 것을 촉구한다"고 밝혔다. 외교부와 국방부는 미바에 다이스케 주한일본대사관 총괄공사대리, 와타나베 다쓰야 일본국방무관을 각각 초치해 방위백서 기술에 대해 항의했다.

日 국방백서, 한국을 부정적으로 묘사

일본이 강제징용 판결, 동해상 군사대치 후 2019년 9월 발표한 방위백서는 일본의 안보에서 한국의 중요도를 대폭 낮추고 한국을 부정적으로 묘사한 것이 특징이다. 방위백서는 한·일 군사 관계에서 발생한 사건과 관련, 수차례에 걸쳐서 한국에 대해 비판적인 언급을 했다.

방위백서가 부정적으로 다룬 사건은 ① 2018년 10월 제주 국제관함식에 참석하려던 해상자위대 함정에 욱일기를 달지 못하도록 한 조치 ② 2018년 12월 동해에서 발생한 한국 구축함과 일본 초계기 간 대치 ③ 2019년 8월 한국 정부의 한·일 군사정보보호협정(지소미아) 파기 결정이다.

방위백서는 특히 동해상에서 일본 초계기의 저공 위협 비행에 따른 레이더 조사 문제를 세 차례에 걸쳐 자세히 기술했다. 백서는 "해상자위대 P−1 초계기가 한국 구축함으로부터 화기 관제 레이더 조사를 당했다"며 "자위대로서는 이런 현안에 대해서 계속해서 한국에 적절한 대응을 요구할 것"이라고 밝혔다. 당시 자위대 초계기가 저공비행을 하며 한국 해군을 위협한 사실은 적시되지 않았다. 방위백서 뒤편에는 이 사건에 대한 일본 정부의 '최종 견해'가 2페이지에 걸쳐 전문(全文)이 실렸다.

방위백서는 한국의 한일군사정보보호협정 파기 결정에 대해서도 두 차례에 걸쳐서 서술했다. 일본 측은 한국의 종료 결정에 대해 이와야 다케시 당시 방위상이 "실망을 금할 수 없고, 지극히 유감"이라는 입장을 밝힌 것을 포함시켰다.

방위백서의 안전 보장 협력 분야에서는 한국은 호주·인도·아세안에 이어서 네 번째로 기술됐다. 한국은 원래 방위백서에서는 호주에 이어서 두 번째 위치에 있었는데 이를 격하시킨 것이다. 일본 방위성은 영문 '방위백서 다이제스트'에도 '레이더 사건'에 대해 일본의 일방적인 주장을 담아 외신 기자들에게 배포하기도 했다.

한국에 대해 비난이 담긴 방위백서는 일본에서도 화제가 됐다. 방위성 관계자가 외신기자들을 상대로 한 사전 브리핑에서는 싱가포르·미국 특파원들이 잇달아 방위백서의 한국에 대한 기술에 대해 질문을 하며 관심을 보였다. 일본은 2019년 4월 공개한 '2019 외교청시'에서도 한일관계에 대해 "한국 측에 의한 부정적인 움직임이 잇따라 매우 어려운 상황에 직면했다"고 기술했다. 일본은 매년 발간하는 외교청서에서 2018년 10월 대법원의 징용 피해자 배상판결 이후 '레이더 사건'을 거치면서 악화된 양국관계를 바탕으로 이같이 규정했다. 이전에 발간된 일본 외교 청서에는 "한일관계에 곤란한 문제도 존재하지만 미래지향으로 발전시켜 나가는 것이 중요하다"는 문장이 있었지만, '미래지향'이라는 표현이 삭제됐다. 일본 정부는 그 대신 "일본이 일관된 입장에서 한국에 적절한 대응을 요구하고 있다"는 표현을 사용했다.

'코리아 패싱'으로 방향전환한 일본

일본 아베 신조 내각의 한반도 전략은 문재인 정부가 반일(反日)로 돌아선 후, '코리아 패싱'으로 크게 방향전환을 했다. 2019년 2월 스가 요시히데 관방장관은 북한에 의한 납치 문제에서 한국과 연대하지 않겠다는 입장을 시사했다. 스가 장관은 전국의 47개 도도부현(都道府縣) 단체장들로 구성된 '북한에 의한 납치 피해자를 구출하는 지사 모임' 대표들과 면담했다. 납치문제 담당상(相)을 겸하는 스가 장관은 이 모임에서 "일본, 미국이 긴밀히 연대해서 (납치 문제의) 조기 해결을 향해 확실히 해 나가고 싶다"라고 말했다고 마이니치 신문이 보도했다. 스가 장관은 그동안 일본인 납치 문제와 관련, "일·미, 일·미·한이 계속 긴밀히 연대하겠다"며 한국의 역할과 제휴 필요성을 인정해 왔는데 입장을 바꾼 것이다.

납치 관련 다른 행사에서도 "일·미, 관계국과 연대하겠다"고만 말했다. 마이니치 신문은 스가 장관이 2회 연속으로 납치문제에서 한국을 언급하지 않은 것에 주목하며 "(일제시대) 징용 노동자, 위안부 문제, 레이더 사건을 둘러싸고 일본 정부 내에서 한국에 대한 불신감이 강해지고 있는 것이 그 배경으로 보여진다"고 분석했다.

아베 정부는 그동안 위안부, 징용 문제에 대해 한국 정부에 불만이 있더라도 납치 문제 해결을 포함, 북한과의 관계 개선을 의식해 문재인 정부와 '전략적 연대'를 해야 한다는 입장이 강했다. 하지만, 문재인 대통령이 2019년 기자회견에서 일본에 대해 "현명하지 못하다"고 질책하고 징용 문제 관련, 일본이 요구한 외교 협의에도 아무런 반응을 보이지 않자 전략을 전면 수정하고 있다.

특히 문희상 국회의장이 블룸버그 통신과의 인터뷰에서 아키히토 일왕을 '전쟁 범죄의 주범 아들'이라고 말한 것에 격분하며 "돌아올 수 없는 강을 건넜다"고 보고 있다. 문 의장은 당시 "그분이 한 번 (위안부) 할머니들의 손을 잡고 '진심으로 죄송하다'고 한마디 하면 (위안부 문제로 인한 갈등이) 깨끗이 해소될 것"이라며 사과를 요구했다. 이에 대해 아베 총리는 "정말 놀랐다"며 국회에서 이틀 연속으로 이에 대한 사과와 발언 철회를 요구했다. 일본에서는 이번 사태가 2012년 8월 이명박 당시 대통령이 독도를 방문한 후, 일왕의 사죄를 요구해 한일관계가 걷잡을 수 없이 악화한 것과 비교하기도 했다.

혐한(嫌韓) 분위기가 자민당 내부에 득세하면서 '한국 무용론(無用論)'도 분출하기 시작했다. 도쿄의 한 소식통은 당시 "최근 자민당 의원들은 만나기만 하면 문재인 정부에 대한 비난을 쏟아내는데 차마 말로 다 옮길 수 없다"고 전했다. 2015년 위안부 합의 당시 외상이었던 기시다 후미오 정조회장은 기시다파(派) 회동에서 "국제법, 양

지권제, 역사적 경위로 보더라도 매우 유감스러운 내용"이라고 문재인 정부를 비판했다.

아베 총리가 2018년 10월 베이징을 방문, 중국과의 관계를 정상화하고, 푸틴 러시아 대통령과는 '북방 영토' 관련 협상을 할 정도로 중국·러시아와의 관계가 개선된 것도 일본의 '코리아 패싱'전략에 영향을 미쳤다. 일본은 시진핑 중국 주석, 푸틴 러시아 대통령을 국빈으로 초대해 관계를 더욱 긴밀히 한다는 전략을 구체화시키고 있었다. 당시 아베 총리는 일북관계 개선을 위해 한국 정부에 매달리지 않고, 동맹관계가 더 굳건해진 미국과 관계가 좋아진 중국, 러시아를 통해 북한에 접근한다는 계획이었다.

아베의 수출규제, 한일관계를 파국으로

日 3대 핵심소재, 한국 수출 규제

대법원의 징용 피해자 배상 판결을 인정하지 않는 일본 정부가 한국 반도체·디스플레이 산업을 겨냥한 사실상의 경제 제재를 발동, 양국관계를 파국으로 몰고 갔다. 이를 가장 크게 처음 보도하고 나온 것은 아베 총리와 밀착돼 있던 산케이신문이었다. 이 제재는 2019년 6월 오사카 G20 회의에서 문재인 대통령과 아베 신조 일본 총리가 '8초 악수'를 나눈 직후에 나온 것이었다.

산케이신문은 6월 30일 "한국 반도체와 TV·스마트폰 제조에 필수적인 3개 품목에 대한 수출 규제를 7월 4일부터 강화한다"고 전했다. 수출 규제 품목은 플루오린 폴리이미드와 고순도 불화수소(에칭 가스), 리지스트 등 세 가지로, 일본이 세계 시장의 70~90%를 점유하고 있는 필수 소재다. 산케이는 "징용 배상 소송을 둘러싼 보복 조치"라고 썼다. 이렇게 되면 국내 반도체 업계는 해당 품목을 수입할 때마다 일본 정부의 허가를 받아야 하기 때문에 심각한 타격이 예상됐었다. 산업통상자원부는 삼성전자, SK하이닉스 등 업계 관계자들과 긴급 대책 회의를 열고 해당 품목의 공급 문제에 대해 논의했다.

일본 정부가 수출 규제를 시행한 품목은 플루오린 폴리이미드와 고순도 불화수소(에칭 가스), 리지스트 등 세 가지였다. 플루오린 폴리이미드는 TV와 스마트폰용 OLED(유기발광다이오드) 디스플레이의 핵심 재료다. 에칭 가스는 반도체 제조 공정 중 회로 모양대로 깎아내는 데 필요한 소재다. 리지스트는 반도체 원판 위에 회로를 인쇄할 때 쓰이는 김핑재다. 세 가지 모두 빈토제와 디스플레이 제작에 필수적이다.

이와 함께 니혼게이자이신문은 일본이 군사 안보와 직결된 첨단 기술이나 전자부품의 한국 수출을 엄격하게 관리하는 방안도 고려 중이라고 보도했다. 일본은 미국·독일·영국 등 27개 우방국을 '화이트 국가'로 선정해 수출 과정에서 허가 신청을 면제해줬다. 한국도 2004년 이 명단에 올랐다. 하지만 이번 규제는 한국을 명단에서 제외해 수출을 통제하겠다는 의도다. 수출 허가권은 일본 경제산업성이 쥐고 있는데 허가에 걸리는 기간은 90일 정도다.

일본의 소재 수출 규제는 일본 소재 업체에도 타격을 입힌다는 점에서 니혼게이자이신문은 "한국의 거대 기업들을 고객사로 두고 있는 일본 기업들도 타격을 피하기 어려울 것"이라며 "이번 조치가 자유무역주의에 반하는 것"이라고 우려했다.

아베, 참의원 선거 직전에 보복조치

일본의 대한(對韓) 보복 조치는 우리 정부의 '신뢰 회복' 조치가 있기 전까지 계속된다는 점에서 심각성이 크다. 한국 대법원 강제징용 판결에 대한 일본 정부의 보복 조치는 2019년 5월부터 표면화했다. 당시 후생노동성이 나서서 한국으로부터 수입하는 광어에 대한 모니터링 검사를 두 배 강화한다고 발표했다. 당시 일본 언론은 이를 "한국에 대한 사실상의 보복 조치"라고 해석해 보도했다.

또 방위성은 10월 개최되는 해상 자위대 관함식(觀艦式) 초청 국가에서 한국을 제외한다는 입장을 발표했다. 해상 자위대가 가나가와

현 사가미만에서 아베 신조 총리 등이 참석한 가운데 관함식을 개최하면서 미국·호주·인도 외에 중국 등을 초청할 예정이지만 한국은 배제한다는 것이었다. 경제산업성의 제재에 이어 앞으로 법무성이 나설 것이라는 관측도 나왔다. 재일교포 50만 명과 기업 주재원, 유학생 등의 체류 자격 및 출입국 심사를 엄격하게 할 것이라는 우려가 확산됐다.

아베 총리는 징용 피해자들이 일본 기업 자산 압류 신청을 하자 "지극히 유감"이라며 "의연한 대응을 취하기 위해 구체적 조치에 대한 검토를 관계 성청(省廳)에 지시했다"고 밝힌 바 있다. 이에 따라 재무성, 법무성을 비롯한 일본 정부의 모든 조직이 보복 조치를 준비하기 시작했다. 문재인 정부의 움직임을 봐가며 실행할 '100개의 보복 조치' 리스트가 있다는 얘기가 도쿄 관가(官街)에 나돌았다.

자민당 의원 소모임인 외교부회, 국방부회에서는 그동안 여러 차례 모임을 갖고 한국에 대한 경제 제재를 다각적으로 요구해왔다. 아소 다로 부총리는 한국에 대한 보복 조치로 '비자 발급 및 송금 정지'를 공개적으로 언급하기도 했다.

추가 보복 조치를 취하면 재무성과 법무성이 나설 것이라는 관측도 제기됐다. 재무성은 일본의 민간 은행을 움직여서 한국인과 한국 기업에 나간 대출금의 조기 회수 등 금융 제재를 가할 수 있다. 2019년 도쿄를 방문한 이재용 삼성그룹 부회장이 당시 일본의 메가뱅크(대형 은행) 수뇌부를 집중적으로 만난 것은 이런 우려를 증폭시키기도 했다. 법무성이 재일교포와 기업 주재원, 유학생 등의 체류 자격 및 출입국 심사를 엄격하게 할 것이라는 예상도 나왔다.

이보다 더 심각한 것은 '눈에 보이지 않는 조치'였다. 한국에 대해 강경책을 구사하려는 아베 총리의 뜻을 읽고, 일본의 지자체·국세청·경찰·소방청 공무원들의 '손타쿠(忖度·윗사람의 뜻을 읽어서 행동함)'가 가속화하는 경우다. 일본에는 재일교포를 포함, 약 100만 명의 한국인이 체류하고 있는 것으로 추산되는데 이런 우려가 일부 현실화 돼 적지 않은 재일교포들이 피해를 입었다.

아베 내각이 한국에 대한 경제 제재에 나선 것은 21일 후 실시된 일본 참의원 선거(7월 21일)를 의식했다는 분석이 유력했다. 아베 내각과 자민당은 당시 '노후에 연금 외에도 2,000만 엔이 필요하다'는 내용의 정부 보고서 파문으로 여론이 악화한 데다 선거가 실시되는 124개 선거구 중 야당이 32곳에서 단일화에 합의해 큰 위기감을 느끼고 있었다. 마이니치신문은 "(아베 내각과 자민당이) 한국에 대한 강경 대응을 참의원 선거에 활용하려는 의도가 엿보인다"며 "자민당은 (참의원) 후보자 연설 때 (한국에 대한) 수출 규제를 언급하도록 조언하고 있다"고 보도했다.

수출 심사 우대국에서 한국 제외

일본 정부가 한국을 제재하기로 결정한 후, '한국 때리기'는 일사천리로 진행됐다. 일본 정부는 2019년 8월 2일 한국을 수출 심사 우대국(화이트리스트)에서 제외하는 '수출무역관리령' 개정안을 통과시켰다. 이 개정안은 7일 공포(公布)돼 28일부터 시행됐다. 일본이 화이트 국가 혜택을 받는 27개국 중에서 특정 국가를 제외한 것은 처음이다. 그동안 한국에 수출하던 일본 기업은 3년마다 한 번씩 '일반 포괄 심사'를 받아왔으나 개정안이 시행돼 매번 수출할 때마다 일본 정부의 허가를 받아야 한다.

아베 내각은 "이번 조치는 한·일 관계에 영향을 주려는 것을 의도하지 않았다"며 "대항 조치(보복 조치)도 아니다"라고 말했다. 또 "이번에 (수출) 운용 방식을 수정한 것은 우대 조치를 철회해 아세안·대만 등 다른 아시아 국가들과 같이 취급하는 것으로 금수(禁輸) 조치가 아니다"라고 말했으나 이를 믿는 이들은 거의 없었다.

일본 각의는 국제사회의 보복 조치 논란을 의식해 '화이트 국가' 명칭을 폐지하고, 수출 통제 체제 가입 및 수출 관리 실태에 따라 A·B·C·D 네 그룹으로 분류했다. 기존 화이트 국가 26개국은 A그룹에 편성됐으며, 한국은 B그룹에 포함시켰다.

이번 조치에 대해 AP통신은 "(일본의 7월) 수출 통제와 (한국의) 강제징용 배상 판결 문제로 비등점에 이른 양국의 적대감에 기름을 부을 것"이라고 보도했다. 뉴욕타임스는 "이번 조치는 한국에서 전 세계로 공급되는 주요 전자 부품의 흐름이 방해받을 수 있다는 공포를 불렀다"고 했으며, 워싱턴포스트는 동북아 한·미·일 3국 간 안보 협력이 위협받을 가능성을 우려했다. 블룸버그통신은 "일본이 믿을 수 있는 수출 대상에서 한국을 제외한 것은 전례 없는 일"이라며 "일본의 결정은 한·일 간 긴장을 더 고조시키며 안보 협력과 글로벌 공급망을 훼손할 것"이라고 보도했다.

지한파 日의원도 한국 의원 면담 취소

일본 정계의 대표적인 지한파 의원으로 꼽히는 니카이 도시히로 자민당 간사장이 2019년 8월 우리 국회 대표단의 면담 요청을 거부힐 징도로 ~~양국관세~~를 바닥으로 ~~추락~~했나. 니카이 산사상은 노교를 방문한 국회 대표단을 만나기로 했다가 회동을 연기한 후, 같은 날 저녁 10시쯤 북한 미사일로 인한 대책회의를 이유로 '면담 불가' 통보를 했다. 우리 측이 "1일 저녁 귀국하기 전에 언제든지 좋으니 만나고 싶다"고 요청했으나 이것도 거부당했다.

니카이 간사장의 면담 거부는 2018년 10월 대법원의 징용 피해자 배상 판결 이후 악화된 일본의 대한(對韓) 기류를 여실히 보여준다. 도쿄의 정계 소식통은 "니카이 간사장은 한일의원연맹 회장을 역임한 서청원 의원과의 관계 등을 고려해서라도 만나고 싶어 했지만, 주변에서 자민당 지지자들로부터 반발을 살 수 있다며 강하게 반대했다"고 전했다. 한국에 대해 강경책을 계속 구사하는 아베 총리와의 관계 악화를 우려했다는 분석도 나온다. 결국 자민당에서는 일한의원연맹의 누카가 후쿠시로 회장, 가와무라 다케오 간사장 등만 우리 대표단을 만났다.

니카이 간사장은 그간 한·일 관계가 위기에 부딪힐 때마다 막후 역할을 해왔던 인물이다. '김대중─오부치 선언' 당시 청와대 공보수석이었던 민주평화당 박지원 의원과 호형호제하는 사이이며, 박삼구 전 금호아시아나그룹 회장과도 막역하다. 2017년에는 360명, 2018년에는 400명의 니카이파 관계자들을 이끌고 한국에서 하계 연수회를 가질 정도로 한·일 관계를 중시해왔다. 그런 그가 한국 대표단 면담조차 거부한 건 일본 정계의 분위기가 심각하다는 것을 보여준다. 오랫동안 그와 교유(交遊)해왔던 서청원 의원은 면담이 끝내 불발되자 한참 동안 말을 잇지 못했다고 전해졌다.

니카이 간사장의 국회 대표단 면담 거부로 한·일 양국의 막후

정치 채널은 사실상 사라졌다고도 볼 수 있다. 국회 대표단의 일원이
자 한일의원연맹 회장인 강창일 더불어민주당 의원은 니카이 간사장
과의 면담 재추진 여부를 묻는 질문에 "우리가 거지냐"라며 "우린 구
걸외교 하러 온 것이 아니다"라고 했다.

日 국민 58% "한국에 수출규제 타당"

일본의 주요 신문들은 아베 신조 내각이 발표한 경제 제재에 대
해 "자유무역 원칙에 어긋나며 일본 경제에도 악영향을 끼친다"며
비판적 입장을 보였다. 하지만 일본 국민의 여론은 다르다. 방송사의
여론조사에서는 이번 조치를 긍정적으로 여기는 일본인 비율이 압도
적인 것으로 나타났다.

일본 TBS방송 계열의 JNN이 당시 실시한 여론조사에서 '한국에
대한 수출 규제 강화가 타당하다'는 응답은 58%, '타당하지 않다'
24%로 나타났다. 일본인 절반 이상이 이 조치에 찬성하고 있다는 얘
기로, 그 비율도 반대 의견보다 두 배 이상 높았다. NHK방송의 여론
조사에서는 '한국에 대한 반도체 등 원자재 수출 우대 조치를 재검토
하고, 규제를 강화한 것이 적절한 대응이다'는 대답이 45%, '부적절
한 대응이다'가 9%였다. 적절했다는 답변이 그 반대의 5배였다. '잘
모르겠다'는 37%로 나타났다.

한·일 관계를 연구해 온 A씨는 "한·일 간 청구권 문제가 법적
으로 모두 끝난 상태에서 한국이 일본 기업 자산 압류 등으로 피해를
주려고 하는데 가만히 있어서 되겠느냐는 여론이 표출된 것"이라고
분석했다. 이번 조치로 일본에 피해가 올 수도 있지만, 한국에 최소

한의 '쌩꼬'를 해야 한다는 의식이 짙었다고 할 수 있다.

일본 신문은 최근 한·일 관계를 크게 다루지 않고 있지만, TV 시사 프로그램에서 매일같이 '한국의 부적절한 전략 물자 관리 실태' 등을 다루고 있는 것도 일본 여론에 영향을 미쳤다.

자민당은 이 같은 여론 동향을 바탕으로 "대한(對韓) 경제 제재가 성공했다"는 평가를 하고 있다고 일본 정치권 사정에 밝은 B씨가 전했다. B씨는 "일본인 상당수가 '왜 약속을 지키지 않는 한국에 대해 아무런 조치를 취하지 않느냐'며 대책을 요구 중인 상황에서 이번 조치가 취해졌다"며 "자민당 지지자들의 경제 제재에 대한 호응은 훨씬 더 클 것"이라고 말했다.

누가 친일파인가

"제2차 세계대전 후 지성적이고 사상적 축적을 해 왔던 일본의 양심 세력들이 분명히 있는데 혹시 이분들의 목소리가 일본 내에서 나올 수 없는 분위기인가."

2019년 10월 주일대사관 국정감사장에 나온 민주당 김부겸 의원(나중에 총리에 임명됨)의 질문이 이목을 집중시켰다. 왜 이전과는 달리 일본 진보 세력이 한국을 응원하는 모습이 보이지 않느냐는 개탄에서 나온 것이었다. 남관표 대사는 당시 부임 5개월을 막 넘기고 있었다. 그가 반년도 안 되는 사이에 뼈저리게 느낀 일본 상황이 국회 속기록에 기록돼 있다. "일본 내에서도 양심적인 생각을 가지신 분들이 적지 않게 있다. 간혹 그분들의 목소리가 언론을 통해서 발표되기도 하고 단체적 의사 표시도 하는데 비중으로 봐서는 굉장히 소외된 감이 있어서 상당히 안타깝다." 남 대사는 30년 넘는 공무원 생활 동안 "지나치게 신중하다"는 평을 들어왔다. 그런 외교관이 '굉장히' '상당히'라는 수식어를 사용해 친한(親韓) 세력의 상황을 묘사한 것은 이례적이었다.

도쿄 한복판에서 나온 여당 중진 의원과 청와대 국가안보실 2차장 출신 남 대사 간의 무거운 대화. 이 장면은 2017년 5월 문재인 정부 출범 후 일본 내 친한파 인사들이 처한 상황을 잘 보여주는 일화다. 현 정부가 지난 3년 간 위안부 합의 파기, 징용 배상 추진, 한일 청구권 협정 무시로 한일 관계를 부숴온 결과는 참담하다. 일본 내 혐한(嫌韓) 우익의 활로를 활짝 열어 주고, 친한파는 남 대사의 표현대로 '굉장히' 소외돼버렸다.

1965년 수교 후 한일 역사 문제는 한국의 시민 단체 홀로 뛰어서 진전된 것이 아니었다. 동해(東海) 건너편에서 손뼉을 맞춰온 이들이 일본 정치의 중심지 나카타초(永田町)를 움직여서 앞으로 나갈 수 있었다. 문재인 정부의 모태가 된 80년대 한국의 민주화 운동에도 일조했다. 사할린 잔류 한국인이 귀국하는 데도 오누마 야스아키(大沼保昭) 도쿄대 명예교수 등의 공헌이 컸다. 그랬던 이들이 현 정부 들어서 일본 사회에서 소외되는 것은 물론 따가운 시선을 받는 처지가 돼 버렸다.

한일 역사 문제를 말할 때 빠지지 않는 것이 1998년 김대중-오부치 선언이다. 여기에 깊숙이 관여했던 일본 외무성의 전직 고위 관계자는 이렇게 설명했다. "일본 사회는 그동안 식민 지배라는 원죄 때문에 한국의 무리한 요구도 수용해야 한다는 분위기가 있었다. 하지만 문재인 정권이 들어서면서 달라졌다. 기존의 일한 합의를 모두 뒤집어엎으려고 해 우익의 목소리가 커졌다. 이젠 나 같은 사람이 한국과 친하게 지내야 한다는 목소리를 내기 어려워졌다."

문재인 정부의 후원으로 그간 '무한 권력'이 돼 질주해 온 정의기억연대와 윤미향 씨에게 실망한 친한 인사들도 적지 않다. 그중 한 명은 윤씨 사건이 터진 후, "문재인 정권 들어서 마치 벼슬을 단 것처럼 행동하던 이들의 위선을 자주 봐 와서 별로 놀랍지 않다"며 냉소적인 반응을 보였다.

문재인 대통령에 대한 일본 내 친한 세력의 실망감은 이제 일반인도 알 정도가 됐다. 한일 관계를 중시하는 마이니치신문·아사히신문이 분 내통령에게 비판적인 것은 이제 뉴스도 안 될 정도다. 위안부 문제 해결 등을 위해 노력해 온 공로로 2020년 만해평화대상을 받은 와다 하루키(和田春樹) 도쿄대 명예교수도 화가 나 있다. 그는 "문 대통령이 피해자 중심주의를 주장하면서 정작 위안부 피해자 4분의 3이 일본 정부가 보낸 위로금을 받은 사실을 인정하지 않는 것은 모순"이라고 비판한다.

여당과 친문(親文) 세력이 자주 활용하는 '친일파'는 오래전에 유효기간이 끝난 개념이다. 그럼에도 "친일파가 여전히 존재한다"는 그들의 주장을 인정한다면, 일본 사회의 친한 세력을 위축시키고 혐한 세력의 힘을 키워준 문 대통령과 그 주변 세력을 친일파라고 불러도 무방할 것 같다.

유네스코 '군함도 약속' 안 지킨 일본

日, 유네스코합의 깨고 군함도 강제노역 은폐

2020년에도 양국관계를 악화시키는 사안이 잇달아 등장했다. 일본 정부가 국제사회와의 약속을 어기고 일제(日帝) 시대를 미화하는 산업유산정보센터 개관을 강행하면서 분쟁 리스트가 늘어났다. 아베 내각은 유네스코 문화유산으로 등록된 군함도(원명 하시마·端島) 탄광 등을 전시한 산업유산정보센터를 2020년 6월 15일 일반에 공개했다. 이곳에는 일본 정부가 군함도 등 23곳을 등재 당시 유네스코에 한 약속과는 달리 "징용자에 대한 학대는 없었다" "월급을 제대로 줬다"는 등의 내용만 강조됐다.

2015년 사토 구니 주유네스코 일본대사는 '본인의 의사에 반(反)하는 강제 노역'을 인정하며 희생자를 기리는 내용이 포함된 정보센

일본 메이지 유산센터의 군함도(하시마) 소개 영상

너늘 설립하겠나고 약속했시만 이는 지켜지지 않았다. 외교부는 도미타 고지 주한 일본대사를 초치, 강력히 항의했다. "산업유산정보센터에 역사적 사실을 완전히 왜곡하는 내용을 포함하는 것에 대해 심히 유감스럽다"는 성명도 발표했다. 하지만 일본 정부는 적반하장격으로 우리 정부 주장을 반박하고 나섰다. "2015년 세계유산 등재 당시 우리가 국제사회에 약속한 성명을 센터 내에 전시하고 있다"며 "세계유산위원회의 결의를 받아들여서 약속한 조치를 성실히 이행했다"고 주장했다. 이 센터 출입구 부근에 유네스코와의 '약속'을 소개했지만 정작 그 내용물은 전시하지 않은 채 약속을 이행했다고 주장한 것이다. 아베 일본 총리는 2018년 대법원의 강제 징용 배상 판결이 한일 청구권 협정 위반이라며 "한국이 국제법을 지키지 않는다"고 비판해왔다. 그러면서 정작 유네스코에서 국제사회를 향해 한 약속을 이행하지 않았다.

일본 정부가 예산을 100% 지원하는 '산업유산국민회의'는 도쿄도(東京都) 신주쿠(新宿)구의 총무성 제2청사 별관에 만든 산업유산정보센터를 2020년 6월 15일부터 일반에 공개했다. 일반 개관에 앞서 도쿄특파원 공동취재단에 공개된 산업유산정보센터는 메이지 시대의 산업 유산 23곳을 홍보하는 내용으로 채워졌다. 전체 면적이 1,078㎡인 이곳은 크게 세 구역으로 나뉘어 있으며 군함도 관련 전시는 '존(Zone) 3'에 집중돼 있다. 이곳에 65인치 스크린 7개를 붙여서 군함도 탄광의 역사와 의의를 설명했다.

산업유산정보센터는 출입구 부근에 군함도의 등재 당시 일본 정부가 유네스코에 한 '약속'을 명기해 놓았다. 그러나 정작 전시물에서는 그런 내용을 찾아볼 수 없었다. 오히려 '가혹한 조건하에서의 강제 노역'을 부정하는 내용을 강조했다.

재일교포 2세로 어린 시절을 군함도에서 보낸 스즈키 후미오 씨의 증언이 대표적이다. 그의 증언은 '하시마 탄광에서 일한 오장(伍長) 아버지를 자랑스럽게 생각했다'는 내용으로 전시돼 있다. 이 패널에는 스즈키 씨가 "이지메 당한 적이 있느냐" "채찍으로 맞았냐"라는 질문에 대해 "이지메 당한 적 없고 오히려 귀여움을 받았다" "채찍으로 때리는 게 가능하겠느냐"고 답한 것으로 돼 있다. "당시 조선인과 일본인은 모두 같은 일본이라서 차별이 없었다. 학대도 없었다"는 일본인 증언도 스크린에 흘러나왔다. 산업유산국민회의 임원이기도 한 가토 고코 산업유산정보센터장은 취재진에 "당시 탄광 노동자 중에서 학대를 받은 사람은 없다"고 했다. 이 밖에도 군함도 등에서 생활한 10여 명과의 인터뷰 영상을 통해 과거를 미화했다.

이곳은 한국인들에게 급여를 정확히 줬다는 것을 강조하듯 당시의 월급봉투를 전시해 놓기도 했다. 또 1940년대 징용령뿐만 아니라 한일청구권 협정 전문을 실어놓기도 했다. 산업유산정보센터의 전시는 당시 많은 한국인이 차별 대우를 받으며 힘든 노동에 시달렸다는 사실과는 배치되는 것으로 일본에 유리한 증언만 전시하고 있다는 비판이 나온다. 일본은 일제시대 말기 군함도 외에도 나가사키 조선소, 야하타 제철소 등에 약 4만명의 한국인을 강제 동원했다.

이런 역사 때문에 박근혜 정부는 일본이 2013년 군함도를 포함한 메이지 시대의 산업혁명 유산에 대한 유네스코 세계문화유산 등재 신청을 결정하자 반대했었다. 아베 내각이 징용 피해자들에 대한 어두운 역사로부터 눈을 돌리고 있다는 이유에서였다. 아베 내각은 박근혜 정부가 이 문제에 대해 이의를 제기하며 유네스코에서 '표 대

껼'도 불사하겠다는 입깅을 보이지 지세를 낮췄다. 한국인 강제 노역
을 인정하고, 이 내용이 포함된 인포메이션센터 설립을 약속했다.
1940년대 본인 의사에 반해서 일본 땅을 밟은 후 가혹한 환경에서
일하기를 강요받은 것에 대해 이해할 수 있는 조치를 취하겠다고 약
속한 것이다.

하지만 일본은 이후 지속적으로 약속을 어겨왔다. 일본 정부는
2017년 유네스코 세계유산위원회에 첫 보고서를 제출하면서 '강제
노역' 표현을 넣지 않았다. 2019년 제2차 보고서도 마찬가지였다. 이
에 대해 유네스코는 일본의 약속 위반을 상기시키며 등재된 시설의
전체 역사를 이해할 수 있도록 하라고 권고한 바 있다.

이번 조치에 대해서는 일본에서도 비판이 나왔다. 교도통신은
"일본이 한반도를 식민 지배하고 있을 당시 군함도엔 많은 조선인 노
동자가 무도한 대우를 받은 것으로 알려져 있다"며 "(이번 움직임은)
과거의 사실을 덮는 역사수정주의를 조장한다는 비판을 부를 수 있
다"고 했다. 일각에서는 아베 내각이 우리나라의 반발이 예상되는 사
안을 강행함으로써 양국 관계가 악화하는 것을 조장하거나 방치하는
것 아니냐고 했다.

군함도 왜곡 전시관의 센터장은 아베 최측근

한국인 강제 노역으로 악명 높은 군함도 탄광의 진실을 왜곡한
일본 산업유산정보센터는 아베 신조 총리와 2대(代)에 걸쳐 인연이
있는 측근이 기획한 후, 운영을 맡고 있다. 이에 따라 산업유산정보
센터의 왜곡된 전시물 결정에 다른 성청(省廳)이 관여하지 못해 국제

사회와의 약속을 위반한 전시가 이뤄지고 있다는 지적이 나왔다.

센터장을 맡은 가토 고코는 아베 총리의 최측근으로 '포스트 아베'로도 거론됐던 가토 가쓰노부 후생노동상의 처형(妻兄)이었다. 그녀의 아버지는 아베의 아버지인 아베 신타로 전 외무상과 절친했던 가토 무쓰키 전 농림수산대신이다. 가토 무쓰키는 1980년대 아베 신타로가 총리 후보로 거론될 당시 아베파 '사천왕(四天王)' 중의 한 명으로 불렸다. 한 외교 소식통은 "아베 총리 어머니와 가토 센터장의 어머니가 자매로 불릴 정도로 친한데 아베 총리가 가토 센터장을 여동생으로 여긴다는 얘기도 있다"고 말했다.

가토 센터장은 게이오대 졸업 후부터 일본 메이지 시대의 산업유산에 관심을 갖고 활동해왔다. 2013년에는 재단법인 산업유산 국민회의를 만들어 전무이사로 취임했는데 여기에는 자신의 아버지는 물론 아베 총리와 관련된 인맥이 대거 참여했다. 2015년엔 아베 총리로부터 '내각관방참여(參與)'로 임명돼 산업유산정보센터 개관 준비업무를 총괄해오다가 센터장을 맡았다.

그는 도쿄 특파원들에게 "(일제 시대) 당시 조선인과 일본인은 모두 같은 일본인이라서 차별이 없었다"는 증언 영상을 소개하기도 했다. 일본 정부가 유네스코에서 했던 국제 약속과는 다르다는 지적에 대해서는 "앞으로 1년에 걸쳐 전시의 내용을 더욱 충실하게 할 예정"이라고만 밝혔을 뿐 시정 약속을 하지 않았다.

일본 정부 내에서는 "일본이 유네스코에서 국제 약속을 지키지 않았다"는 비판이 한국을 중심으로 제기된 데 대해 곤혹스러워하는 것으로 알려졌다. 하지만, 아베 총리 집안과 2대에 걸쳐서 친밀한 관계인 가토 고코 센터장이 사실상 전권을 갖고 있어 앞으로도 전시 내용이 시정되기 이려울 것이라는 전망이 많다.

• 군함도

일본 나가사키 인근의 섬으로 원명은 하시마(端島). 면적 0.063k㎡에 불과한 작은 섬이지만 메이지 시대부터 1970년대까지 석탄 채취 때문에 한때 5,000명이 거주하기도 했다. 한국인 징용자들이 이곳에서 강제 노역에 시달리다 100명 이상 사망했다는 기록이 남아 있다. 섬 전체가 콘크리트로 둘러싸여 있고 멀리서 보면 군함을 닮았다고 해 군함도로 불린다. 1974년 폐광돼 무인도가 됐고 2015년 세계문화유산에 등재됐다.

후쿠시마 방사능 오염수

방사능 오염수, 한일관계 악재 리스트에

일본 정부가 노심용융(爐心鎔融·Meltdown) 사고가 발생한 후쿠시마 제1원전의 오염수를 방사성 물질의 농도를 낮춘 후 해양방류하기로 한 결정에 한국 여론이 비등했다.

국회 외교통일위원회의 외교부, 주일 대사관 국정감사의 2020년 주요 현안은 바로 이 문제였다. 외통위 의원들이 앞다퉈서 관련 질의를 하며 정부의 강경한 대응을 요구했다. 정의당은 주한 일본대사관을 방문해 오염수 방류 움직임에 대해 항의서한을 전달하기도 했다. 원희룡 당시 제주지사는 "단 한 방울의 후쿠시마 오염수를 용납할 수 없다"며 "일본 정부가 방류를 강행하면 한일 양국의 법정과 국제재판소에 소송을 제기하겠다"고 했다. 우리 국민 대다수가 후쿠시마 오염수 문제를 건강과 관련된 중요 문제로 인식함에 따라 실제로 해양방류가 결정되면 일본 제품 불매운동이 다시 전개될 수 있다는 우려도 나왔다.

한일관계를 긴장시키고 있는 후쿠시마 오염수 문제는 일본 정부의 난제(難題) 중의 하나다. 스가 총리가 2020년 9월 취임한 지 10일 만에 후쿠시마 원전 시찰에 나선 것은 이 문제의 심각성을 반영한다. 도쿄전력이 운영하는 후쿠시마 제1원전에는 요즘도 매일 약 150t의 오염수가 생산되고 있다. 2011년 폭발로 방사능 오염 사고를 일으킨 원자로 해체 작업이 여전히 진행 중인데, 이곳으로 지하수, 빗물 등이 흘러들어 오염수가 계속 생겨나고 있다.

후쿠시마 오염수 현장 직접 가 보니

초대형 폭발 사고가 발생했던 후쿠시마 제1원전을 2019년 10월 2일 취재차 방문했다. 이곳에 들어섰을 때 가장 먼저 눈에 띈 것은 약 1,000개의 대형 원통 탱크였다. 멀리서 볼 때는 셀 수 없이 많은 드럼통이 마치 줄 맞춰서 사열을 준비 중인 것처럼 보였다. 이 탱크에 최근 '해양 방출' 여부로 논란이 가열되고 있는 '처리수(방사능 오염수에서 상당수 핵 물질을 제거한 물)'가 보관돼 있었다.

2011년 대규모 방사능 유출 사고 발생 후 높이 10~15m, 저장 용량 700~2,000t의 탱크가 차곡차곡 들어서기 시작했다. 매일 150t의 오염수가 생산돼 방문 당시 116만t의 처리수가 장기 보관돼 있었다.

현장에서 만난 도쿄전력 마쓰모토 준이치(松本純一) 폐로추진실

2019년 후쿠시마 방사능 오염수 처리 현장에서 취재 중인 필자
(왼쪽에서 첫 번째)

장은 "2022년이면 현재 처리수를 저장하는 탱크가 '만땅(가득 채운 상태)'이 되지만 현 시점에서 새로운 탱크를 만들 계획이 없다"고 말했다. 조만간 오염수 처리 방안을 어떤 식으로든 결정해야 한다는 뜻이었다. 그는 "오염수 처리 방안은 아직 결정된 바 없다"며 "정부가 최종 결정하면 따를 뿐"이라고 했다.

그러나 도쿄전력 관계자들은 현장 시찰과 브리핑에서 해양 방출, 수증기 방출, 지하 매립 등의 6가지 방안 중에서 해양 방출을 적극 고려하고 있음을 시사했다.

도쿄전력은 위험 시설로 지정된 오염수 처리 공정을 취재진에게 공개했다. 잠실체육관만 한 오염수 처리 시설에 들어갈 때는 혹시 있을지 모를 피폭(被曝)에 대비해 방재복, 방재 마스크, 방재 장화를 착용한 것은 물론 장갑 3켤레, 양말 3켤레를 신고 들어가야 했다.

오염수 처리는 현재 해체 작업 중인 원자로에서 나오는 오염수를 원통 게이트를 차례로 거치게 하면서 3단계로 필터링을 하는 구조로 돼 있었다. 게이트 사이사이에 방사능이 어느 정도 제거됐는지 파악하기 위해 전자 장비와 계측기가 복잡하게 설치돼 있었다. 도쿄전력은 이런 절차를 거쳐도 방사능 물질인 트리튬(삼중수소)이 제거되지 않는다고 인정했다. 하지만 여러 실험 결과를 제시하면서 인체에 큰 피해를 주지 않는다는 입장을 강조했다. 도쿄전력 '리스크 커뮤니케이터' 오야마 가즈요시(大山勝義)는 "트리튬은 인체에 큰 해가 없다. 인체에 들어가면 대부분 방출된다"고 했다.

후쿠시마 주민들의 반대

도쿄전력의 이 깊은 입장에 대해서는 누구보다 후쿠시마현의 주민들이 반대하고 있다. 후쿠시마 제1원전 인근 오나하마(小名浜)의 저인망 어업협동조합 마에다 히사시(前田久) 경리부 차장은 "트리튬이라는 물질을 바다에 방출하는 이미지는 소비자에게 좋은 느낌을 주지 않는다"며 반대 입장을 분명히 했다. 후쿠시마현 수산해양연구센터의 가미야마 교우이치(神山亭一) 방사능연구부장도 "도쿄전력은 안전하다고 하지만 지역 주민들은 해양 방출될 경우, 후쿠시마산 생선이 팔리지 않을 것을 우려한다"고 했다. 지역 신문 '후쿠시마민보(民報)' 여론조사에서 '트리튬 해양 방출'에 대해서 반대 38%, 찬성 30%였다. 지역 주민들이 반대하는 해양 방출을 이웃 국가의 국민이 이해하고 동의하기는 쉽지 않은 일이다.

후쿠시마 제1원전은 외적으로는 많이 회복된 모습이었다. 최악의 연쇄 폭발 사고를 일으켰던 1·2·3호기의 100m 앞까지 갔을 때 왼쪽 가슴에 달고 있던 방사선량 측정기는 0.02mSv(밀리시버트)를 기록했다. 서울~뉴욕 왕복 비행기를 탑승할 때 발생하는 방사선량 0.19mSv보다 낮은 수치였다. 현재 후쿠시마 제1원전의 97%는 평상 작업복을 입고 다녀도 될 정도다.

문제는 여전히 초기 작업에 머무는 원자로 해체 작업이다. 폭발 사고가 있었던 원자로에서는 사고 직후보다는 많이 줄어들었지만 여전히 방사능이 나오고 있어 일반인에게는 절대 공개되지 않는다. 도쿄전력 관계자는 "원자로의 해체 작업이 완료되기까지는 앞으로 30~40년이 걸릴 것"이라고 말해 앞으로도 완전 정상화까지는 험난한 일정이 남아 있음을 시사했다.

IAEA 적극 활용하는 일본

일본의 오염수 해양방류 움직임은 국제 원자력기구(IAEA)와의 긴밀한 협력을 통해서 이뤄지고 있다는 점에서 주목된다. IAEA는 오염수 처리 문제가 부각될 때부터 일본의 입장에 이해를 표명하고 지지해왔다. 2020년 2월 국제 원자력기구(IAEA)의 라파엘 그로시 사무국장이 도쿄를 방문, 아베 신조 당시 총리를 만났다. 라파엘 사무국장은 이때 후쿠시마 처리수를 해양방류 등을 통해 방출하는 것에 대해 지지한다는 입장을 분명히 했다.

그는 기자회견에서 일본의 전문가들이 제안한 해양방출이나 대기 중으로 수증기 방출에 대해 모두 적절하다는 입장을 나타냈다. "(오염수 처리) 방법이나 시기의 결정은 일본 정부의 문제"라며 "우리의 최종적인 분석은 아직 끝나지 않았지만, (일본 전문가들의) 제언은 이치에 맞는 방법과 체계적인 대응에 근거한 것이라고 말할 수 있다"고 했다. 그는 특히 해양 방출에 대해 "다른 곳에서도 바다로의 방출이 이뤄지고 있어 새로운 것은 아니며 불상사도 아니다"라고 강조했다. 일본 정부는 IAEA의 지지를 바탕으로 우리 정부와 국민의 반대에도 불구, 해양 방류를 밀어붙이려 하고 있다. 일본 정부는 2013년 이후 10차례 넘게 IAEA에 후쿠시마 오염수와 관련한 조사를 요청했다.

韓日관계 회복 위해선, '3 NO·7원칙' 지켜가자

아베 신조 당시 일본 총리는 2020년 1월 NHK의 '일요토론'에서 "국가 간 약속(1965년 한·일 청구권 협정)이 지켜지지 않으면 교제(交際)할 수 없으니 그런 세기를 확실히 만들어 달라고 강하게 요구하고 싶다"고 했다. 문재인 대통령은 같은 해 신년사에서 "일본이 수출 규제 조치를 철회한다면 양국 관계가 더욱 빠르게 발전할 수 있을 것"이라고 했다. 2019년 12월 문 대통령과 아베 총리 간 정상회담이 15개월 만에 열렸지만, 한·일 관계는 강제징용 배상 문제와 관련해 여전히 상대방이 먼저 움직일 것을 요구하며 평행선을 달렸다.

이런 상황에 대해 후지사키 이치로 나카소네평화연구소 이사장은 2020년 1월 인터뷰에서 양국이 새로운 '게임의 룰(규칙)'을 만들 필요가 있다며 구체적인 제안을 했다. 그는 "인접 국가로서 양국 정상, 외교장관, 실무자 간의 잦은 회담을 통해 해결책을 찾는 것이 외교"라며 "동맹국 간에 지켜야 할 '3 NO'가 있는데 한·일 관계는 동맹이 아니지만 이젠 그것이 필요하다고 본다"고 했다. 그가 말한 '3 NO'는 'No surprise, No Politicize, Do not take it for granted(상대를 놀라게 하지 않고, 정치화하지 않고, 양국 관계를 당연시하지 않은 채 배려하는 것).'

그는 또 한·일 관계가 화제에 오르자 인터뷰 도중 자신이 최근 구상한 '한·일 양국이 지켜야 할 7가지 원칙'을 보여주며 설명했다.

그 원칙은 '① 상대에 대한 경의(敬意)를 잊지 말자 ② 장래 세대는 항상 사이 좋은 친구가 되자 ③ 한·일 간 문제는 양국이 해결해 다른 나라로 넓히지 말자 ④ 한·일 간 관계 악화를 기뻐하는 국가가 있음을 잊지 말자 ⑤ 현안은 프로답게 협의하자 ⑥ 국내용 발언, 혐오 발언으로 상대국 국민에게 상처 입히지 말자 ⑦ 다양한 모든 분야의 대화 교류를 중단 없이 하자'였다. 후지사키 이사장은 강제징용 배상 문제와 관련해선 "1965년 일·한 청구권 협정을 존중해 가면서 해결책을 찾는 것이 중요하다"며 "한국은 (배상 판결을 선고한) 사법부의 결정이 있기에 쉽지 않겠지만 진전된 입장을 일본에 보이는 것이 바람직하다"고 했다. 아베 총리에 대해서도 "한·일 관계를 위해서 노력해왔으나 앞으로 더 주의 깊고 신중하게 행동해야 한다"고 했다.

5

불신 쌓이는 한미동맹

'반전반핵 양키 고홈'이 접수한 문재인 청와대

반미 성향 586 정치인들이 대외정책 만들어

2017년 문재인 정부 출범 직후, 나라를 뒤흔드는 문제는 크게 사드(THAAD. 고고도미사일방어체계)와 원전(原電) 두 가지였다. 문 대통령의 사드 배치 연기 결정으로 한·미 갈등은 사상 최대로 치솟았다. 탈핵(脫核)을 염두에 둔 원전 관련 발표로 우리 내부의 갈등은 커졌다. 청와대가 주도하는 논란의 키워드는 미국과 반핵이다. 이 둘이 긴밀히 연관돼 있음을 보여주는 운동권 노래가 있다. 바로 반전반핵가(歌)다. 1980년대 학생운동 주축인 전대협 집회에서 수없이 불렸던 노래다. 집회 주도자가 '반전~반핵, 양키 고홈'이라고 외치면 '떼창'을 하던 광경이 생생하다.

"제국의 발톱이 이 강토 이 신허를/ 할퀴고 긴 상치에 성그기민 나부껴/ 민족의 생존이 핵폭풍 전야에 섰다(중략) 해방의 함성으로 가열찬 투쟁으로/ 반전반핵 양키 고홈."

미국을 남북통일 방해하는 침략자로 보고 미국의 전술핵무기를 몰아내자는 취지의 노래였다. 그 당시에도 터무니없다는 지적이 많았다.

2017년 민주당의 대선 승리 후, 80년대 집회에서 이 노래를 선창(先唱) 했던 전대협 간부들이 하나 둘 청와대에 입성한 것에 주목할 필요가 있다. 비서관급 이상의 청와대 비서실에 전대협 소속 총학생회장·총여학생회장 등으로 활동했던 이들이 10명에 이른다. 전대협 의장 출신의 임종석 비서실장 외에 문 대통령이 매일 얼굴을 대하는 측근 3인방은 국정상황실장, 제1·제2부속비서관이었다. 이들은 국민대·부산대·이대 총학생회장으로 임 실장과 같은 시기 전대협에서 활동했다. 정무기획, 정무 비서관 역시 전북대·원광대 '총장(총학생회장)' 출신이다. 춘추관장은 국민대 총학생회장, 시민사회비서관은 전북대 총여학생회장을 지냈다. 전대협 연대사업국장, 문화국장 출신은 각각 민정비서관과 연설비서관에 임명됐다. 임 실장이 지휘하는 비서관 26명 중 9명(34%)이 전대협 경력을 갖고 있었다. 이들 외에도 청와대 곳곳에 전대협 출신 인사가 행정관으로 포진해 정책을 주도했다. "전대협이 문재인 정부의 키친 캐비닛(비공식 실세그룹) 아니냐", "전대협이 청와대를 접수한 것 같다"는 말이 결코 과장이 아니다.

주대환 전 민노당 정책위의장은 대선 전부터 문 대통령이 80년

대 논리에 갇혀 있는 운동권 세력에 얹혀 있다고 비판해왔다. 사실상 중요한 정책결정은 운동권 출신이 하며 문 대통령은 '얼굴마담'일 뿐이라는 것이다. 이런 맥락에서 청와대가 사드 배치 연기 결정을 내렸던 배경엔 과거 '미국놈들'을 입에 달고 살던 반미 운동권 그룹이 있었다.

문 대통령의 '원전 중단 드라이브'도 반전반핵가를 유행시켰던 전대협 세력의 청와대 장악과 관련 있다고 생각하는 이들도 있다. 반핵 세력은 미군의 전술핵무기 철수를 주장했던 반미운동과도 맥이 닿아 있다는 것이다. 장인순 전 한국원자력연구소장은 "북핵에는 눈 감고 있다가 가장 안전하게 운영돼 온 한국 원전을 문제 삼는 것은 운동권 논리 아니냐"고 비판했다.

전대협 활동을 하며 '반전반핵 양키 고홈'을 앞서서 외쳤던 이들 중 상당수는 정치권에 진출해 대중정치인으로 성장했다. 그럼에도 이들 대부분은 여전히 글로벌한 시각에서 사고(思考)하지 못한다는 지적을 받아왔다. 우리보다 훨씬 더 잘사는 미국, 영국, 일본이 다시 원자력 에너지에 눈을 돌리고 있다. 공신력 있는 국제기구들은 원전이 배출하는 이산화탄소는 다른 에너지에 비교할 수 없을 만큼 적다는 사실도 발표해왔다. 이런 상황에서 공정 30%에 육박하는 신고리 원전 5·6호기 공사를 중단하자는 논리는 과거의 사고에 파묻혀 있지 않으면 쉽게 나오기 어려운 것이었다. 전대협은 8·15 광복절이 가까워 오면 '가자 북으로, 오라 남으로'를 외치며 거리로 나섰다. 남북 공동행사 개최에 모든 것을 걸어왔다. 사드와 원전 문제에서 80년대식 생각을 보여준 전대협 주도의 청와대는 사사건건 미국과 부딪치기 시작했다.

"北, 다시 한국을 갖고 놀다"

'North Korea plays the South, again.' 뉴욕타임스의 2018년 1월 아시아판 1면에 실린 칼럼 제목은 문재인 정부에서 남북한 간에 벌어지는 현상의 정곡을 찔렀다. '북이 한국을 상대로 또 사기 치다' '북이 다시 한국을 갖고 놀다'로 번역될 수 있는 이 칼럼의 필자는 닉 에버스타트로 미 기업연구소(EAI) 선임 연구원. 하버드에서 학사·석사·박사를 마친 수재로 꽤 오랫동안 북한을 들여다보고 있는 인물이다. 워싱턴 특파원 당시 만났던 그는 북이 유화(宥和)정책을 펼 때마다 한국이 당한 것을 이해하지 못했다. 껑충한 키에 커다란 안경을 쓴 그가 남북관계에 대해 말하면서 고개를 젓는 모습이 기억에 남아 있다.

에버스타트는 이 칼럼에서 지금 한반도에서 일어나는 상황을 '윈-윈(win-win) 게임'으로 보지 않는다. 북한은 이기고 한국은 지는 게임으로 파악했다. 구체적으로 북이 "'점프'라고 하면 너희(남한)는 '얼마나 높이 뛸까' 이렇게 물어보라"고 하는 게임이 시작됐다고 풀이했다.

그의 분석대로 북의 30대 지도자가 신년사를 통해서 '평창 동계 올림픽'과 '평화'를 얘기하자 우리 정부는 기다렸다는 듯이 북의 모든 요구를 받아들이고 있다. 문재인 정부의 남북 고위급 대화 합의문은 '북 신년사를 표절했다'는 말이 나올 정도로 김정은의 말을 빼다 박았다.

평창 선수단 관련 회담이 열리기도 전에 '예술단 회담'이 먼저 개최되는 희한한 일도 생겼다. 실무회담에서는 아예 우리가 먼저 북

마식령 스키장 공동이용을 제안했다. 마식령 스키장은 김정은이 리프트를 타고 가는 모습을 북한 매체를 통해 내보낼 정도로 그가 애착을 가진 곳이다. 북의 환심(歡心)을 사겠다는 의도가 아니라면 대회가 열리지도 않을 곳에서 공동 연습을 제안한 것은 이해하기 어려웠다.

김정은이 2018년 1월 핵과 ICBM을 포기하지 않기 위해 남북대화를 제안할 때만 해도 문재인 정부가 이렇게까지 적극 호응할 줄은 상상하지 못했을 것이다. 한국에 '점프 한 번 해 봐'라고 했을 때 1m만 뛰어줘도 다행이라고 생각했는데, 우리가 2m, 3m를 뛰려고 안간힘을 쓰니 기특했을 것이다. 김정은은 2017년 미국의 B-1B 전폭기 편대, 항공모함이 북에 접근할 때마다 지하시설로, 지방으로 몸을 숨기곤 했다. 그런 김정은이 문재인 정부 5년간 평양 집무실에서 긴장을 풀고 흐뭇한 미소를 지었을 것 같다.

미국이 분노한 한 지소미아 파동

美합참의장 "지소미아는 지역 안보의 핵심"

문재인 정부가 일본의 경제 제재에 대한 대응 조치로 2019년 8월 한·일 군사정보보호협정(GSOMIA·지소미아) 파기 가능성을 처음 언급하면서 양국 간의 파열음은 더욱 커졌다. 지소미아 사태는 한일 간의 갈등에서 표면적으로는 중립적인 자세를 취하던 미국을 결정적으로 자극했다. 그러자 잘못된 정책을 계속 유지할 수 없다는 입장이 주일대사관을 중심으로 나오기 시작했다.

남관표 주일 한국대사는 2019년 10월 국정감사에서 "지소미아가 복원되는 것이 바람직하다고 생각한다"고 말했다. 남 대사는 주일 한국대사관에서 열린 국회 외통위 국감에서 '지소미아 파기해도 정보 교류 전혀 문제없느냐'는 윤상현 자유한국당 의원 질의에 "지소미아 종료 사태는 한·일 양국 간 바람직하지 않은 상황이며 이런 상황이 벌어질 수밖에 없는 국면이 유감"이라며 이같이 밝혔다. 남 대사는 '청와대 국가안보실 2차장 시절에 지소미아 파기가 검토됐느냐'는 질문에는 "그런 적 없다"고 말했다. 남 대사의 이 같은 답변은 그의 후임자인 김현종 현 국가안보실 2차장의 주도로 지소미아가 파기된 데 대한 유감을 간접적으로 드러낸 것으로 해석됐다. 김성학 주일 국방무관도 "정보는 한 가지라도 더 가지는 것이 좋다"면서 "지소미아는 한·일 관계를 떠나서 우방국과의 관계, 동북아 정세도 생각해봐야 한다"고 말했다.

한·일 지소미아의 핵심은 대북 정보 공유로, 미국은 이를 3각

협력을 위한 필수로 이해하고 있었다. 그런 상황에서 문재인 대통령이 지소미아 종료 결정을 내리자 미국에서는 공개적으로 한국을 압박했다. 지소미아 종료 예정일인 11월 23일 0시를 앞두고 미군 최고 수뇌부가 모두 나서 압박 수위를 최고조로 끌어올렸다. 마크 밀리 미 합참의장은 아베 신조 총리 등 일본 정부 고위 당국자들을 연달아 만나 한·미·일 3각 협력을 강조하며 중국·북한에 대응하기 위해 한·일 지소미아의 유지가 반드시 필요하다는 의견을 주고받았다. 모테기 도시미쓰 외무상이 "(3국의) 보조가 맞춰지지 않으면 북한뿐 아니라 중·러에 이익이 된다"고 하자 밀리 합참의장은 공감을 표시하며 "한국에 같은 메시지를 전하겠다"고 했다.

미 국무부의 한국 담당 차관보, 부차관보, 한·미 방위비 협상대표와 경제차관 등 '국무부 4인방'은 11월에 동시 방한해 지소미아 연장을 한목소리로 요구했다.

밀리 합참의장은 전날 일본행 기내(機內)에서도 "(한·미·일) 세 나라는 함께하고, 단합할 때 더 강력하다"고 했다. 이어 "한·일 두 나라가 2016년 체결한 지소미아는 지역의 안보와 안정을 위한 핵심"이라며 "지소미아 연장을 바란다"고 했다. 그는 "한·일이 다툴 때 이득을 보는 유일한 나라들이 북한과 중국"이라고 했다.

미국 압박에 청와대 입장 수정

미국의 강한 압박에 문 대통령은 입장을 바꿨다. 청와대는 2019년 11월 22일 문재인 대통령이 참석한 가운데 국가안전보장회의(NSC) 상임위를 열어 이날 자정 종료 예정이던 한·일 지소미아를 일본과 수출 규제 문제를 논의한다는 소식을 날아 빈상하기로 했냐고 밝혔다. 일본도 같은 시각 "한국과 무역 관리 협의를 시작하기로 합의했다"고 밝혔다. 미국이 적극적으로 한·일 중재에 나서면서 지소미아 종료라는 최악의 상황은 피한 것이다.

김유근 청와대 국가안보실 1차장은 청와대에서 "정부는 언제든지 지소미아 효력을 종료시킬 수 있다는 전제하에 (8월 22일 결정한) 지소미아 종료 통보의 효력을 정지시키기로 했다"며 "한·일 간 수출 관리 정책 대화가 정상적으로 진행되는 동안 일본 측의 3개 품목 수출 규제에 대한 세계무역기구(WTO) 제소 절차를 정지시키기로 했다"고 말했다. 지소미아 종료 6시간을 앞두고 한국은 지소미아를 일단 연장하고 한·일이 일본 수출 규제 철회를 위한 대화를 시작한다는 막판 타협안이 나온 것이다. 청와대 고위 관계자는 "일본이 한국을 화이트리스트에 다시 포함시켜야 하고, 3개 품목에 대한 수출 규제가 철회돼야 한다"며 이번 결정이 '조건부'임을 여러 번 강조했으나 문재인 정부가 사실상 백기를 들었음이 명확해졌다.

"미국, 지소미아 위해 주한미군 감축 압박"

일본은 수출 규제 철회에 대한 명확한 입장 대신 대화 재개 방침만 밝혔다. 아베 신조 총리는 "북한에 대한 대응을 위해 일·한, 일·미·한의 연대와 협력이 극히 중요하다"며 "이번에 한국도 그런 전략적인 관점에서 판단을 했다고 생각한다"고 했다. 일본 정부는 수출 규제와 한국을 화이트리스트에서 제외한 조치에 당장 변화는 없지만, 수출 관리와 관련한 국장급 대화를 열겠다고 밝혔다. 이번 한·일 경제 대화가 지소미아와 무관하다고도 했다. 아사히신문은 아베 총리가 주변 인사들에게 "일본은 아무것도 양보하지 않았다. 미국이 상당히 강하게 나와서 한국이 포기했다"고 말했다고 보도했다. 산케이신문은 "일본 정부 고위 관계자가 '거의 우리의 퍼펙트 게임(완승)'이라고 말했다"고 전했다.

문재인 정부가 한·일 지소미아를 파기하지 않은 배경에는 트럼프 미 행정부의 '주한 미군 감축 위협'이 있었다는 보도도 나와 주목받았다.

마이니치신문의 2019년 11월 25일자 보도에 따르면 매슈 포틴저 백악관 국가안보 부보좌관이 같은 달 18~19일 워싱턴DC를 방문한 김현종 국가안보실 2차장에게 지소미아를 끝내 파기하면 주한 미군 규모를 축소할 것이라고 한국을 압박했다.

김 차장은 귀환 뒤 열린 국가안전보장회의(NSC)에 이런 내용을 보고했다. 마이니치는 당시 상황에 대해 "북한이 미사일 개발을 가속하는 중에 그 위협이 더 커지는 방향으로 연결될 수 있는 주한 미군 감축안을 미국이 시사했다"고 전했다. 21일 저녁에는 마이크 폼페이오 미 국무장관이 강경화 외교부 장관과의 통화에서 최종 설득했다고 한다.

일본서 쏟아진 '한미동맹 균열론'

문재인 정권 시절 일본에서 한·미 동맹의 균열을 우려하는 목소리가 잇따라 나왔다. 요미우리신문은 2019년 7월 30일 '한·미 동맹이 흔들리고 있다'는 제목의 사설을 게재했다. 이례적이었다.

이 사설은 북한의 신형 단거리 탄도미사일 발사, 탄도미사일 탑재 가능 잠수함 등장을 거론하며 "북한이 미국과의 비핵화 회담을 미루면서 신형 무기 개발을 추진해 한·미 동맹을 흔들고 있다"고 지적했다. 이어서 "한·미 연합 훈련은 트럼프 미 대통령의 뜻에 따라 올봄부터 대규모 야외 기동 훈련을 중지하는 등 대폭 축소됐고, 8월에 열리는 것은 도상 훈련"이라며 "북한의 요구는 에스컬레이트 되고 있다"고 했다.

이런 북한의 움직임에 대해 "한·미 동맹의 약화를 위해 미국의 양보를 어디까지 끌어낼 수 있는지 탐색하는 것이 아닌가"라고 분석했다. 이 신문은 "(북한의 단거리 미사일 발사를 문제 삼지 않는) 미국의 대응에는 고개를 갸웃하게 하는 면이 있다"며 트럼프 대통령의 대응도 비판했다.

일본에서 발행 부수가 가장 많은 신문이 '흔들리는 한·미 동맹' 사설을 쓸 정도로 일본 사회는 한·미 동맹을 우려하는 시각이 강해졌다. 같은 해 니혼게이자이신문 계열의 일본경제연구센터는 '변화하는 한·미 동맹과 주한 미군의 행방'이라는 보고서를 내놓았다. 오코노기 마사오 게이오대 명예교수, 사카타 야스요 간다외국어대 교수

등이 참여한 이 보고서는 2018년 주한미군사령부의 평택 이전 등을 거론하며 한·미 안보 협력 체제의 변화 가능성을 예측했다. 이 보고서는 "한·미 동맹이 유지되어도 주한 미군에는 여러 시나리오가 존재한다"며 "트럼프 대통령은 (방위비) 부담 경감을 요구하고 있어서 주한 미군의 '슬림화(축소)'는 부정할 수 없다"고 했다.

후나바시 요이치 아시아퍼시픽이니셔티브(API) 이사장은 2019년 문예춘추 4월호에 "한국이 '일본 불요(不要)론'으로 경사되고 있는데, 미국으로부터는 '한국 불요론'이 들린다"고 비판했다. 일본이 한·미 동맹에 대해 관심을 갖는 이유는 주한 미군이 철수 또는 감축될 경우, 동북아 안보에서 일본의 부담이 더 커지기 때문이다. 오키나와 주일 미군 문제가 최대 안보 현안으로 떠오른 상황에서 더 이상의 부담은 감당하기 어렵다는 것이다.

"한국은 美 동맹국 아니다"

도쿄에서 일본 외무성이 후원한 국제회의가 2019년 3월 열렸다. 미국과 일본이 주창(主唱)하는 '인도·태평양 시대'의 전략을 논의하는 회의였다. 일본에서 제법 알려진 사회자가 이 지역 국가를 미국과의 밀접도에 따라 블루, 퍼플, 핑크, 레드의 4개 색깔로 분류해 논의하자고 했다. 그는 미국의 동맹국을 '블루 국가'로 정의했다. 일본·호주를 여기에 포함했다. 한국은 언급되지 않아 의아했다.

쉬는 시간에 그를 만나 "한국을 미국의 동맹국에 포함하지 않아 깜짝 놀랐다"고 말을 건넸다. 내심 "아차, 깜빡 잊어버렸다"는 대답을 기대했다. 그 순간 생각지 못했던 말이 돌아왔다. "일부러 한국을 블루 국가에 포함하지 않았다." 그는 "한국은 (미국보다) 중국에 더 가까워지고 있지 않으냐"고 반문했다. 회의가 끝난 후 만난 저명한 일본인 학자도 비슷한 얘기를 했다. "일본에서는 한미 동맹 관계가 영속하기 어려우며, 위험에 처했다고 보는 사람이 많다."

도쿄 특파원 시절 한미 관계에 문제가 있다는 발언을 일본인들로부터 자주 들었다. 2019년 북핵 6자 회담 수석 대표를 지낸 야부나카 미토지(藪中三十二) 전 외무성 차관 강연회에서도 한미 관계에 대한 질문이 나왔다. 남북 관계가 진전되면 주한 미군 대폭 감축이나 철수가 기정사실로 되는 것이 아니냐는 것이었다. 한미 관계에 대한 불신을 바닥에 깔고 있는 질문이었다. 게이오대에서 열린 동북아시아 정세 토론회에서도 유사한 언급이 있었다.

"한국이 질서 파괴, 미국의 안보 라인 남하(南下)"

일본에서는 문재인 대통령이 북한과의 관계만을 중시하고, 트럼프 미 대통령은 모든 것을 돈으로만 환산해 동맹이 위험수위에 처했다는 인식이 확산됐다. 연합 훈련 중지로 '허수아비'가 된 한미 동맹의 다음 수순은 주한 미군 감축 및 철수로 예상했다. 2019년 일본의 한 월간지 2월호 기사 제목은 이런 분위기를 상징적으로 보여준다. '한국이 파괴하는 아시아 질서, 미국의 안보 라인 남하(南下).'

일본은 한미 관계가 '레드 라인'을 넘는 순간 동북아의 안보 부담이 전부 자신들에게로 넘어올 가능성을 우려한다. 1950년 6·25전쟁 당시 한반도가 적화(赤化)돼 공산주의 체제와 직접 맞닥뜨릴 가능성을 우려했던 것처럼 말이다. 이 때문에 한미 관계 악화를 남의 일처럼 보지 않고 있다.

한일 관계가 바닥으로 떨어진 상황에서 한미 동맹에 부정적인 일본의 시각이 반드시 객관적이라고 할 수는 없다. 하지만 북한 비핵화와 남북 대화의 올바른 성공을 위해서는 문 대통령이 일본의 이런 분위기는 한 번쯤 참고할 필요가 있었다. 유사시 한반도에 수 시간 내로 출격 가능한 미 공군·해군 주둔을 허용하는 나라에서 한미 동맹에 회의적인 시각이 굳어지는 것은 어떤 이유로든 바람직하지 않기 때문이다.

2019년 5월엔 트럼프 미 대통령이 한미 정상회담에서 문재인 대통령에게 일본과의 관계 개선을 요구했다고 요미우리 신문이 보도했다. 이 신문에 따르면, 트럼프 대통령은 구체적인 현안은 언급하지 않은 채 "(한일간)상황을 개선해야 한다"고 말했다. 이와 관련한 소식통은 "미국이 우려하는 것은 일한 관계의 악화가 일본·미국·한국의 (3각) 안보 협력에 영향을 미치는 것"이라고 말했다. 트럼프 대통령은 오바마를 비롯한 미국의 전 대통령들과는 달리 한일관계가 악화되는 것에 큰 관심을 보이지 않았기에 이 같은 언급은 이례적이다.

미국은 한일 관계가 악화될 경우, 동맹국 및 우호 국가와 연대해 중국의 '해양 굴기'에 대항하는 인도·태평양 전략이 차질을 빚을 것을 우려하고 있었다. 요미우리 신문은 트럼프 대통령의 이같이 발언한 한미 정상회담을 계기로 문재인 정부가 한일관계에 대한 관계 개선 검토에 착수했다고 분석했다. 문 대통령이 아베 신조 총리와의 정상회담을 언급하고, 한일 국방장관을 열기로 한 것은 트럼프 대통령의 '개입'에 따른 결과라는 것이다.

"文, 한미동맹 중시 않는 듯… 그러면 中에 약점 잡힐 수 있다"

한미동맹에 대한 일본의 불안감을 솔직하게 분석적으로 언급한 이가 후지사키 이치로 나카소네평화연구소 이사장이다. 2020년 1월 나카소네 평화연구소에서 만난 그는 일본이 느끼는 한·미 동맹에 대한 불안감을 솔직하게 언급했다. 그는 수차례 "한·미 동맹의 굳건한 기반 위에서 남북 관계를 풀어나가는 것이 좋다"고 했다.

"한국은 미국과의 관계를 굳건히 하는 것이 가장 중요한데, 문재인 정부가 지소미아(한·일 군사정보보호협정) 등을 다루는 것을 보면 한·미 동맹을 중시하지 않는 듯한 모습이 가끔씩 보입니다. 그래서 중국에 약점을 잡힐 수 있다는 우려가 나옵니다."

일본 외무성에서 주미(駐美)공사 북미국장을 역임하며 '워싱턴 스쿨의 대부(代父)'로 불린 그는 2008년부터 4년간 주미 대사를 지냈다. 일·미(日美)협회장에 이어 2018년부터는 나카소네 야스히로(中曾根康弘) 전 총리가 세운 싱크탱크를 이끌고 있다. 일본에서 미국 움직임을 가장 잘 아는 인물 중 한 명으로 꼽힌다.

Q. 일본에선 문재인 정부 출범 후 한·미 동맹 장래를 많이 우려하는 것 같다.

A. "한국에 한·미 관계는 정말로 매우 중요하다. 한국은 미국과의 관계를 위해 더 노력해야 한다. 항상 한·미 관계를 톱 프라이어러티(top priority·최우선순위)로 놓고 다른 나라와 외교하는 것이 좋다고 본다."

Q. 일본에서 열리는 회의에 가보면 "한·미 동맹이 흔들려 한국이 소외되고 있는 것 아니냐"는 얘기가 많이 들린다.

A. "일본엔 최근 외교를 잘한 총리가 3명 있다. 나카소네 야스히로, 고이즈미 준이치로(小泉純一郎), 아베 신조(安倍晋三)다. 이들 공통점은 모두 미국과의 관계를 잘 관리한 것이다. 일·미 동맹 토대 위에서 다른 나라와의 외교 관계를 구축해 갔다. 일본도 미국과의 관계를 잘하지 못해 어

려웠던 시기가 있었다."

Q. 2000년대 말의 일본 민주당 정권 시기를 말하나.

A. "그렇다. 나카소네·고이즈미·아베 총리는 미국과의 관계가 악화돼 일
본 외교가 어려워지는 것을 막는 데 크게 신경을 썼다. 일본 민주당 정권
은 과거와 다른 대미(對美) 정책을 추진하다 어려움을 겪었는데 문재인
정권은 그렇게 하지 않는 것이 좋다고 본다."

Q. 트럼프 대통령 집권 후 주한 미군 철수 및 감축설이 나오는데 그렇게 될
경우 주일 미군 배치에도 영향이 있나.

A. "최근 미국의 주일·주한 미군 정책은 기본적으로 병력을 줄이는 것이다.
주한 미군이 감축된다고 해도 일본으로 올 가능성은 없다. 한국엔 미국의
육군이, 일본에는 미국의 공군·해군·해병대가 배치돼 있어 운용 성격
이 다르다."

Q. 일본에도 많은 미군 기지가 있는데 반미(反美) 감정이 거의 느껴지지 않
는다.

A. "일본엔 1960년대 소위 안보 투쟁이 있었지만 지금은 사라졌다. 여론조
사를 해 보면 80%가 미국을 신뢰하고 있다. 일본인 중에서도 미국을 싫
어하는 사람이 있다. 그래도 미국과 우호적 관계를 맺는 것이 좋다는 국
가적 컨센서스가 있다. 미국과의 관계가 어려워지면 2000년대 말 일본
민주당 정권 때처럼 어려운 시기가 오는 것 아니냐, 그런 생각들을 하고
있다."

Q. 미·일도 방위비 협상을 시작하는데.

A. "방위비 문제도 일·미 무역 협상처럼 어딘가에서 타협점을 찾을 것이다.
일본은 이 문제로 큰 걱정을 하지 않는다. 다만 북한 문제가 변수이기에
이에 대한 대비를 어느 정도 하느냐는 문제를 더 논의하게 될 것이다."

Q. 2019년 12월 중국 청두에서 아베 총리가 리커창 중국 총리의 안내로
지방 시찰을 한 것이 화제가 됐다. '중·일(中日) 신(新)시대'에 들어서
고 있다는 평가가 나오는데.

A. "일본은 원래부터 일·중 관계가 중요하다고 보고 관계를 개선하려 했다. 그러나 중국은 센카쿠 열도(중국명 댜오위다오) 문제로 거부 입장을 보였다. 일본이 중국의 일대일로(一帶一路·육해상 실크로드)에 대해 이해를 표명한 후 중국이 조금씩 다가왔다. 중국은 한국처럼 가까운 이웃 국가이기에 일·중 관계 개선은 일본 외교에 매우 긴요하다."

Q. 중·일 관계가 개선되면 동북아시아에 어떤 영향이 있나.

A. "(북한의) 핵·미사일, 일본인 납치 문제 해결에 대해서 중국의 영향력이 크다고 생각한다. 일·중 관계 개선으로 중국이 북한에 더 개입해주기를 바란다."

Q. 체제가 다른 일본과 중국이 어디까지 협력 가능한지에 대해 일본 내부에서도 이견이 있는 것 아닌가?

A. "일·중이 동맹 관계가 되는 것은 있을 수 없다. 그러나 체제가 다른 나라와도 우호적인 관계를 만들 수는 있다. 러시아와의 관계도 그렇다. 중요한 것은 서로가 상대국을 싫어하지 않는다는 것을 분명히 하고 상대국을 제대로 평가하는 것이다."

PART

3

6

미일동맹 도약시킨 아베

'문제적 정치인' 최장수 총리되다

두 차례 총리, 통산 재임일수 3,188일 기록

아베 신조는 2022년 7월 8일 참의원 선거 유세 중 총격에 의해 사망하기 전에 이미 일본 현대사에서 빠트릴 수 없는 정치인으로 꼽혔다.

아베 신조는 2020년 8월 24일 총리 연속재임 일수 2,799일을 기록, 일본 정치사에 새로운 기록을 세웠다. 2012년 12월 2차 집권을 시작한 그는 1964년부터 1972년까지 집권한 사토 에이사쿠 전 총리의 7년 8개월(2,798일) 연속재임 일수 기록을 이날로 넘어섰다.

아베는 이미 2006년부터 1년간의 1차 집권기를 포함한 통산 재임 일수에서는 가쓰라 다로 전 총리를 넘어선 바 있다. 그는 1901년

무터 세 차례에 걸쳐서 2,886일을 재임한 가쓰라 나토를 밀어내며 전전·전후(戰前·戰後)를 통틀어 최장수 총리에 올랐다.

2007년 아베가 1차 사임 후부터 2012년 2차 집권을 시작하기 전까지 일본의 총리는 모두 5명. 5년간 후쿠다ー아소ー하토야마ー간 ー노다로 이어지는 일본 총리는 거의 매년 바뀌다시피했다. 이 기간 동안 정책의 일관성도 없었고 버블 경제가 꺼진 일본 사회는 침체기에 들어갔다. 닛케이 평균주가는 1만 엔 선을 밑도는 경우가 많았다. 아베는 자신의 전임자 5명의 재임기간을 합친 것보다 더 오래 총리를 역임하며 경제를 살리고 정치를 안정시켰다. 연속재임 2,822일을 포함, 통산 재임일수 3,188일은 앞으로 일본 정치사에서 깨지기 어려운 최장(最長) 재임기록이다.

'전후 51세 최연소 총리'로 정계의 전면에 등장했던 그가 일본 정치사에서는 절대 무시할 수 없는 인물로 자리매김한 것이다. 당분간 그의 기록을 넘어서는 정치인이 나오기는 사실상 불가능하다.

아베는 2차 재임 시작 후, 세 차례의 중의원 선거와 세 차례의 참의원 선거에서 모두 승리하며 장기 집권을 유지했다. 국민에게서 외면받고 존재감 없는 야당이 그를 제대로 견제하지 못한 것도 그의 장기 집권 배경 중 하나였다. 아베는 한일관계 악화의 큰 책임을 지고 있지만, 그가 남긴 정치적 유산이 크기에 그의 공과를 면밀하게 분석할 필요가 있다.

'세 개의 화살' 정책, 아베노믹스 견인

아베를 일본 정치사에서 기록의 정치인으로 만든 가장 큰 요인은 경제다. '세 개의 화살'(기동적 재정 정책, 양적 완화, 미래 성장 정책)로 대표되는 아베노믹스를 임기 초반부터 강하게 밀어붙였다. 처음에는 국내외에서 "무모하다"는 비판이 많았지만, 끈질기게 밀어붙여 경제에 활력을 가져왔다. 결과는 수치가 입증하고 있다. 일본 증권거래소의 주요 주가지수인 닛케이 225는 2012년 아베가 집권할 때 8,000 수준이었으나, 2022년 약 3배 이상 오른 2만 7,000대를 기록하고 있다.

아베 집권 1년 전인 2011년 일본 경제는 버블(거품) 붕괴의 후유증에서 벗어나지 못한 채 마이너스 0.1% 성장률을 기록했다. 그러나 집권 이듬해인 2013년 2%를 찍고 꾸준히 성장세를 이어왔다.

2012년 4.3%였던 실업률은 2018년 완전고용에 가까운 2.4%까지 떨어졌다. 같은 기간 구직자 대비 구인자 비율을 나타내는 유효구인배율은 0.8에서 1.61로 늘어났다. 1인당 취업 가능한 회사가 0.8곳에 불과했으나 이제는 한 사람을 놓고 1.61곳이 경쟁할 정도로 취직이 쉽다는 말이다. 대학생 취업률도 95%를 넘는다.

땅값도 2018년부터 다시 상승하기 시작했다. 사무실 공실률도 마찬가지다. 아베 취임 전에는 10%를 넘겼지만 2020년 들어 도쿄는 1.7%에 불과하다. 이 때문에 도쿄의 3A(아자부주반, 아오야마, 아카사카) 지역은 이미 버블 당시의 부동산 가격을 회복했다는 얘기도 나왔다.

아베가 2차 집권하던 2012년 부채 총액 1,000만 엔 이상 기업의 도산은 1만 2,124건에 달했다. 이것이 2018년에는 8,235건으로 떨어졌다. 2012년 일본 전국의 자살자는 2만 7,858명이었으나 2만 598명으로 감소했다. 지지통신은 버블 붕괴가 절정에 이르렀던 2003년 자살자가 3만 4,427명이었는데 60% 수준까지 떨어졌다고 분석했다.

니혼게이자이신분은 '아베노믹스' 호황을 이끈 것은 수익이 사상 최고 수준에 있는 기업실적 때문이라고 분석했다. 일본 기업은 인구 감소로 인력이 부족한 상황에서 자동화에 대한 투자를 늘리는 한편, 인력 채용을 강화했다. 일본 정부에 따르면, 취업자수는 90년대의 '버블 경제'시기에 근접할 정도다. 여성과 고령자의 일하는 비율이 늘어나면서 개인 소비를 증가시키고 있다.

이런 경제 업적이 아베 장기 집권의 핵심 요인이었다. 그러나 그보다 더 중요한 건 아베가 일본 사회 전체에 활력과 자신감을 불어넣었다는 점이다. '잃어버린 20년'을 거치며 무기력증에 빠진 일본 사회에 다시 "할 수 있다"는 생기가 돌게 했다는 것이다. 아베를 좋아한다고 공개적으로 말하는 이는 많지 않지만 여론조사 지지율은 50%를 웃도는 경우가 많은 것은 이런 배경에서다.

일본 젊은층 53%가 아베 4연임 찬성

니혼게이자이 신문의 2019년 3월 여론조사에서 당시 아베 총리를 고무시키는 결과가 나왔다. 이 신문이 2019년 3월 22~24일 조사한 결과 18~39세의 일본인 중 '아베 4선'에 대해 찬성 53%, 반대 31%의 결과가 나왔다. 50대 이상에선 반대가 60%를 넘는 것과는 대조적이다.

아베 총리에 대해 비판적인 아사히 신문 조사에서도 비슷한 결과가 나왔다. 전체적으로 아베 총리의 4선 임기 연장에는 찬성이 27%에 불과했으며 반대(56%)가 압도적이었다. 하지만, 유독 18~29세에서는 찬성 40%, 반대 38%로 나타났다. 산케이신문과 후지뉴스

네트워크(FNN) 조사에서도 18~29세 남성은 50%가 찬성으로 반대(42.9%)보다 많았다. 한국에선 20대 남성들의 문재인 대통령 지지율이 20~30%대에 머무는 것과는 정반대의 결과였다.

일본의 젊은 층은 아베노믹스에 따른 경기 호조로 이념과 관계없이 아베 총리를 지지하는 비율이 모든 여론조사에서 높게 나왔다. 니혼게이자이 신문의 여론조사에서 60대와 70대는 아베노믹스에 대체로 부정적으로 평가했지만, 18~39세는 60%가 긍정적으로 평가했다. 대학생 취업률이 98%를 기록할 정도로 취업이 잘 되다 보니 "아베 총리가 더 하는 것도 좋지 않냐"는 여론이 높았다.

물론 아베노믹스가 그의 발목을 잡을 수 있다는 비판도 나왔다. 경제학에서는 이단 취급을 받는 현대화폐이론(MMT · Modern Monetary Theory)에 기반해 "돈을 많이 풀어 인위적으로 경제를 부양한 것에 불과하다"는 혹평도 받았다. 일본 정부의 부채는 2018년 1,100조엔으로 국내총생산(GDP) 대비 비율이 240%에 이른 것이 문제로 지적된다.

아베의 장기 집권이 가능한 이유로 일본 야당을 꼽는 이도 많았다. 그가 취임하기 직전에 경제가 곤두박질치고 3·11 동북부 대지진 대처에 무능했던 민주당 정권의 반사 효과를 톡톡히 봤다는 것이다.

아베는 그런 야당을 상대로 세 차례씩 있었던 중의원, 참의원 선거에서 압승하며 정권 지지 기반을 더욱 강화했다. 아베는 이런 지지세를 바탕으로 한·일 관계에 대해서 한 치도 물러서지 않고 '공격적 방어'로 나간다는 생각이 뚜렷했다.

아베는 버블 경기가 꺼진 후 침체됐던 일본 사회에 활기를 불어넣은 측면이 있지만, 그가 총리로 재임하는 동안 일본 사회는 더욱 우성화하며 개혁 분위기가 사라졌나는 평가글 빋는다. 2014년 내각 인사국을 신설해 관료들을 장악, 손타쿠(忖度·윗사람 눈치 보기)가 만연하게 했고 자민당의 파벌 정치는 더욱 심화했다는 문제가 제기됐다.

아베, "전후 외교 총결산 하겠다"

아베는 경제 외에도 외교안보에서도 큰 성과를 내겠다는 뚜렷한 생각을 갖고 있었다. 그는 2019년 1월 1일 "(국제정세가) 큰 전환기를 맞은 가운데, 전후(戰後) 일본 외교의 총결산을 과감하게 진행해 나갈 것"이라고 말했다. 아베 총리는 '연두 소감'에서 러시아와의 평화조약 체결 협상, 일·중(日中) 신시대의 도래, 미북 정상회담 등을 언급하며 이같이 말했다. 아베 총리는 "G20정상회의 의장국으로서 트럼프 대통령, 푸틴 대통령, 시진핑 국가주석을 시작해 세계의 정상들을 오사카에서 맞이한다"며 "일본이 세계의 한가운데서 빛나는 해가 될 것"이라고도 했다.

아베 총리는 아키히토(明仁) 일왕이 퇴위하고 5월 나루히토(德仁) 왕세자가 즉위하는 것을 거론하며 "일본의 내일을 개척하는 1년으로 삼아 그 선두에 서겠다"고 했다. 또 "최대의 과제인 소자고령화(少子高齡化·아이가 줄고 노인이 늘어나는 현상)와 관련, 어린이부터 현역세대, 노인까지 모든 세대가 안심할 수 있도록 사회보장제도를 크게 전환해 갈 것"이라고 말했다.

아베 총리는 산케이 신문 주최 대담에서는 북한 문제와 관련, "한국은 일본과 1965년 체결된 일한 기본조약에 의해 관계를 정상화해 경제지원을 받아 고도경제성장을 이뤘다"며 "북한은 일본과 국교정상회가 되면 한국처럼 되는 꿈을 꿀 수 있다"고 말했다.

아베의 장수 비결은 '실패 노트'

아베 총리는 2006년 총리에 취임했다가 1년 만에 사퇴했던 경험이 자신을 강하게 만들었다고 고백했다. 2019년 문예춘추 12월호 인터뷰에서였다.

그는 자신의 잘못으로 그의 뒤를 이은 자민당의 후쿠다 야스오, 아소 다로 정권이 단명했으며, 그 결과 야당에 정권을 넘겨주었다고 반성했다. 그는 "당시 (주변으로부터) '당신이 잘못했다'는 말을 많이 들었는데 그 말 그대로다. 그래서 나는 그런 좋지 않은 흐름을 바꿀 책임이 있다고 생각했다. 그 결과, 다시 자민당 총재 선거에 출마해서 승리하는 것이 가능했다"고 말했다.

그는 '리더에게 가장 필요한 것은 역경(逆境)'이라는 말에 전적으로 동감을 표시하면서 "디즈니랜드 창업주 월트 디즈니는 4~5회가량 회사가 망한 후 '디즈니 왕국'을 세웠다"며 "제1차 정권의 실패가 지금의 2차 정권에 크게 도움이 되고 있다"고 말했다.

언론으로부터 '부적격' 여론이 제기된 경제산업상, 법무상을 2019년 즉각 교체한 것도 1차 정권 때의 실패 경험이 작용했다고 했다. "우리(정치인)는 결과를 내지 않으면 안 된다. 인사는 정(情)으로 해서는 안 된다. 결과로 연결되지 않는 것을 고집하면 그것은 국민의 기대에 응하는 것이 될 수 없다고 생각한다."

아베 총리는 2007년 총리직에서 물러난 후, 잘못된 정책과 결정을 노트에 써가는 방식으로 복기하니 절치부심했나고 한다. 그는 문예춘추 인터뷰에서 '아베 노트'에 대해 언급하며 지금도 읽고 있는 구절을 소개했다. "(하려고 하는) 정책이 아무리 맞는다고 해도 우선순위가 잘못되면 맞는 정책도 실행할 수 없게 돼 결과적으로 국민의 지지를 잃게 된다." 국가를 경영하면서 늘 우선순위를 생각한다는 것이다. 한·일 관계에 대해선 "아베 정권으로서는 지켜야 할 수밖에 없는 기본은 반드시 지켜서 양보할 생각이 없다"고 했다. '문재인 대통령이 어떤 인물이냐'는 질문에는 즉답을 피한 채 "한 나라의 리더는 국가의 정치 정세와 역사를 책임지고 있기 때문에 이런저런 곤란(困難)을 책임져가면서 일하고 있다고 생각한다"고 말하기도 했다.

'야미쇼군' 아베

'아베 없는 아베내각' 출범

2020년 9월 16일 발족한 스가 요시히데 내각에 대해 당시 아사히 신문은 '아베 없는 아베 내각 출범'이라고 평가했다. 이 신문의 지적대로 20명의 아베 내각 각료 중에는 아소 다로 재무상 등 직전 아베 내각의 8명이 유임됐다. 가토 가쓰노부 후생노동상이 관방장관으로 이동한 것을 포함 3명은 보직만 바꿨다. 다무라 노리히사를 포함한 4명은 이번에 다시 후생상 등으로 내각에 복귀했다. 스가 내각에서 '아베 각료'만 15명으로 4분의 3을 차지한다. 1982년 나카소네 야스히로가 다나카 가쿠에이 전 총리의 도움으로 총리가 된 후 다나카파 인사들을 대거 기용한 것을 떠올리게 하는 대목이다.

당시 나카소네 내각은 '다나카소네(다나카+나카소네)' 내각으로 불렸다. 다나카는 막후 실력자를 의미하는 야미쇼군(闇將軍)으로 불리며 적지 않은 영향력을 행사했다. 이와 비슷한 현상이 스가 내각에서도 나타났다. 아베가 퇴임 후에도 상왕(上王)으로 활동하는 '아베스(아베+스가)' 정권이라는 지적이 제기됐다.

아베의 인기가 다시 살아나면서 '야미쇼군 아베' 가능성을 더 높였다는 분석도 나왔다. 2020년 9월 아사히 신문 여론조사에서 7년 8개월간 재임한 아베를 평가해 달라는 질문에 응답자의 54%는 '잘했다', 17%는 '상당히 잘했다'고 답했다. 응답자의 71%가 아베의 업적에 대해 긍정적으로 평가했다. 니혼게이자이신문 여론조사에서 아베 내각에 대한 최종 지지율은 55%로 크게 올랐다. 다른 조사에서는

60%를 넘기도 했다. 불과 힌 달 진끼지민 해도 이런 수치는 상상히 기 어려웠다. 아베는 퇴임 직전에는 코로나 사태에 대한 실책(失策), 장기집권에 대한 염증으로 지지율이 30%대까지 떨어졌었다.

아베 지지율 급증 배경에는 그 병으로 사임한 데 대한 동정여론 이 작용했다. 여기에 더해서 그가 7년 8개월간 집권하면서 비교적 정 치를 안정시키고 현실주의 노선을 유지한 것이 일본인들로부터 평가 를 받는 분위기다.

'과감한 금융정책, 기동적인 재정정책, 성장전략'을 핵심으로 하 는 아베노믹스는 그의 트레이드 마크. 이로 인한 가시적인 성과는 크 게 볼 때 경기 활성화와 취업률 상승 두 가지다. 그가 2차 집권을 시 작할 때 닛케이 주가 지수는 10,230에 불과했으나 곧 20,000대로 올 라섰다. 그의 임기 마지막 날의 주가는 23,475엔으로 출범일에 비해 2.3배 올랐다.

일할 의지가 있으면 누구나 직장을 구해서 먹고 살 수 있도록 한 것을 높이 평가하는 이들도 많다. 2012년 4.1%의 완전실업률은 2020년 6월 현재 2.8%까지 떨어졌다. 반대로 대학생 취업률은 97.8%까지 치솟았다. 취업희망자 1인당 일자리를 나타내는 유효구인 배율은 같은 기간에 0.82에서 2018년에는 1.63으로 올랐다. 소비세 를 2014년 8%로, 2019년 10%로 증세한 것을 평가하는 전문가들도 있다. '정치인들의 무덤'이라고 불리는 소비세 증세를 임기 중에 두 번이나 실현한 총리는 그가 유일하다.

하지만 물가를 점차적으로 상승시켜서 디플레이션에 빠지지 않 게 하겠다는 전략은 실패했다. 2012년 평균 월급이 26만 1,547엔에 서 2020년 26만 1,554엔으로 거의 변화가 없다. 소비자 물가 지수도

96.4에서 101.6으로 큰 차이가 없다. 명목 GDP(국내 총생산)는 492조 엔에서 2020년 2분기 503조 엔으로 제자리걸음 수준이다. 일본인들은 아베 집권 기간 중 생활이 나빠지지는 않았지만 그렇다고 좋아지지도 않았다고 말하는 이들이 많다. '돈 뿌리기'식의 경제정책은 일본 경제에 큰 부담이 되기 시작했다는 비판도 나왔다.

日 국민, 외교안보 분야에서 아베 높이 평가

일본인들이 평가하는 아베의 또 업적은 외교안보 분야다. 마이니치신문의 조사에서 아베 정권 정책 중 외교·안보 분야는 57%로 가장 높은 평가를 받았다. 아베는 2009~2012년 민주당 정권하에서 흔들리던 미일동맹을 굳건히 한 후, 미국의 등에 올라타 세계로 진출하는 전략을 구사했다.

미일 동맹을 염두에 두고 2015년 안보관련법을 정비, 집단자위권 행사를 가능하게 했다. 주일미군 항공모함 함재기의 이착륙 훈련(FCLP) 부지로 제공하기 위해 가고시마 남단의 마게시마를 160억 엔에 구입해 제공하기도 했다. 인도·태평양 전략을 주창, 트럼프 미 대통령이 이를 받아들여 발전시키도록 한 것도 그의 공적이다. 아베의 임기 말에는 미국과 우주에서의 군사활동을 공동 대응을 모색할 정도로 미일동맹이 '업그레이드'됐다.

국내적으로는 많은 부(負)의 유산을 남겼다는 지적이 나온다. 아베의 집권이 장기화하고 아베 1강(强) 체제가 굳어지면서 정권을 '사물화'한다는 비판이 분출하기 시작했다. 학교법인 모리토모·가케 학원을 둘러싼 특혜 문제는 그런 과정에서 제기됐다.

일본의 극우단체인 '일본회의'의 영향을 받으면서 일본 사회를 우경화시켰다는 지적도 받는다. 일본이 앞으로 내리막길을 달려갈 것이라고 전망한 '피크 재팬(Peak Japan)의 저자 브래드 글로서먼은 최근 "아베는 1년마다 바뀌던 전임자들에 비해서는 낫지만 개혁에 실패, 윗사람 눈치를 보는 손타쿠(忖度)가 만연하고, 정치도 파벌 정치가 더 활성화됐다"고 비판했다. 한국의 징용 배상 요구에 대한 보복 조치로 반도체 부품 등에 대한 수출 규제를 단행, 양국관계를 최악의 상황에 처하게 한 것은 만행(蠻行)과 같다는 지적을 받았다.

이런 문제점에도 불구하고, 만약 후임자들이 실패하고 또다시 경제 위기가 닥친다면 아베가 다시 등판할 가능성을 배제할 수 없다는 관측도 존재했다. 1954년생인 아베는 일본 정치에서 볼 때 아직 젊은 편이었다. 98명이 소속된 자민당의 최대 파벌의 실제 '대주주'이기도 했다. 그가 자민당 총재로 재임하는 동안 6차례의 중·참의원 선거에서 모두 승리, 그의 지지 유세 덕분에 당선된 '아베 칠드런'도 적지 않다. 재발한 궤양성 대장염 치료를 마치고 건강이 호전된다면 재등판설이 언제든 나올 수 있을 정도로 아베는 일본 사회에 자신을 깊이 각인시켰다. 하지만 2022년 7월 8일 전 해상자위대원이 쏜 총에 맞아 사망함으로써 그의 재등판은 실현될 수 없게 됐다.

자위대를 헌법에 명기하는 개헌 추진

2018년 9월 실시된 자민당 총재 선거는 일본 정치에서 아베 신조 총리의 '1강(强) 체제'가 더욱 견고해졌음을 확인하는 자리였다. 아베는 2012년 자민당 총재 선거에서 이시바 시게루(石破茂) 전 방위상에게 끌려가다가 결선 투표에서 뒤집어 간신히 당선됐었다. 하지만 2018년에는 달랐다.

아베는 국회의원(405표), 전국 당원 투표(405표로 환산)를 합산해서 결정하는 이번 선거에서 각각 329표, 224표를 얻어 압승을 거뒀다. 전체 투표의 68%인 553표를 획득, 254표에 그친 이시바 전 방위상을 크게 눌렀다. 아베가 일찌감치 호소다(細田)파를 비롯한 5개 파벌의 지지를 이끌어내고, 전국을 돌며 공을 들여온 결과다.

아베는 "900만 명에 머물던 외국인 관광객이 세 배로 늘었으며, 정규고용 유효구인배율은 사상 최고이며 5년간 중소기업의 도산 건수가 30% 감소했다"고 강조했다. 그렇다 보니, 다른 정치인이라면 낙마(落馬)했을 것이 분명한 공문서조작을 비롯한 이런 저런 스캔들이 모두 묻혀버렸다. 그가 집권 후, 생활수준이 최소한 나빠지지 않았다는 점에서는 누구도 인정하고 있다.

아베는 이런 타이틀을 뛰어넘어서 새로운 일본 역사를 쓰려 했다. 아베 총리는 더욱 강해진 지지를 바탕으로 '자위대 개헌'에 나설 것을 분명히 밝혔다. 태평양 전쟁 패전의 산물로 1946년 제정된 현행 일본 평화헌법은 '전쟁포기, 전력(戰力) 불 보유, 교전권(交戰權) 부인'이 특징이다. 이를 일본 헌법 9조에서 2개 항에 걸쳐서 명확히 하고 있다. 평화헌법은 그동안 숱한 논란이 있었지만 단 한 글자도 고쳐지지 않았다. 역대 어느 총리도 안팎의 견제를 두려워해 개헌에 직접 나서지 못했다.

하지만 아베는 다르다. 우선은 이 조항을 그대로 유지하면서도 자위대의 근거와 기능을 명기하겠다는 입장을 명확히 했다. 아베 총리는 "90%의 국민이 자위대의 역할을 평가하고 있다. 자위대가 자랑

스럽게 임부를 할 수 있도록 하는 것이 '정지가로서의 잭부'"라며 이를
밀어붙일 태세였다.

교도 통신 여론조사에 따르면 2018년 임시국회에 개헌안을 제
출하겠다는 아베 총리의 의향에 대해 49%가 반대 입장을 표명했다.
찬성하는 입장은 36%였다. 일본 국민 상당수는 '헌법 개정＝전쟁'이
라는 주변국의 문제의식에 동의하지 않지만, 개헌으로 전쟁할 수 있
는 국가가 되는 것에는 아직 부정적인 여론이 많다. 그래서 아베 총
리의 움직에 대해선 '개헌 도박'이라는 평가가 나오지만, '강하고 아
름다운 일본'을 목표로 하는 아베는 시기가 문제일 뿐, 자신의 임기
내에 개헌을 밀어붙일 것으로 예상됐다.

아베는 자민당·공명당 연립 여당이 2019년 7월 21일 참의원 선
거에서 전체 245석 중 141석을 차지하는 승리를 거두면서 영향력이
더욱 커졌다. 참의원 선거 결과 자민당·공명당·일본유신회를 합쳐
서 부르는 '개헌 세력'은 160석을 확보, 의석 3분의 2인 개헌 선(164
석)에는 4석이 부족할 정도로 대승리였다.

중의원은 당시 자민당 283석, 공명당 29석, 일본유신회 11석 등
'개헌 세력'이 전체 465석 중 323석을 차지, 개헌에 필요한 3분의 2
가 확보된 상태였다. 이후 그의 '4연임(連任)'설이 다시 점화되기 시
작했다.

자민당의 니카이 도시히로 간사장은 선거 승리 후 아베 총리의 4
연임 가능성과 관련, "(아베 총리가) 전혀 이상하지 않을 정도의 지원을
받고 있다. 그만큼 활약하고 있다"고 했다. 당 내에서 영향력이 크고
아베 총리와는 다른 파벌을 이끌고 있는 니카이 간사장이 나서서 아
베 총리의 임기가 연장되도록 지지하겠다는 의사를 밝힌 것이다. 이

에 앞서 당의 핵심인 가토 가쓰노부 총무회장과 하야시 모토오 간사장 대리도 공개적으로 아베 총리 4연임 지지 입장을 밝힌 바 있다.

아베 총리는 2021년 9월까지 임기가 보장돼 있었다. 4연임이 확정될 경우 이론적으로는 2024년까지 재임할 수 있었다.

당시 그가 4연임 총리가 되기 위해서는 자민당 당규 개정이 필요했다. 자민당이 정권을 장악하고 있으면 자민당 총재가 자동으로 총리가 되는 구조이기 때문이다. 2017년 자민당은 총재 임기 관련 규정을 최대 '2연임·6년'에서 '3연임·9년'으로 개정한 바 있다. 100% 아베 총리를 위한 당규 개정이었지만 당 내에서 큰 반발은 없었다. 정계 안팎에서는 "아베 총리의 '레임 덕(임기 말에 권한이 약화되는 현상)'을 막기 위해 4연임설을 의도적으로 유포하고 있다"고 보는 시각이 많았다. 그러나 자민당 내에서 아베 총리에 필적할 정치인이 보이지 않기에 4연임이 불가능한 것만은 아니라는 관측이 나올 정도로 그의 정치적 기반은 탄탄했다.

"일본 시각 전파하자"… 세계 싱크탱크 友軍 만들기

아베는 강한 일본을 만들기 위한 명목으로 전 세계에 일본에 우호적인 여론을 만들기 적극적이었다. 2019년 6월에는 영국의 저명한 싱크탱크인 국제전략문제연구소(IISS)가 일본 관련 연구를 전문적으로 수행하는 '일본 석좌(Japan Chair)'를 신설해서 운영하기로 했다. 일본 외무성은 IISS 내 일본 석좌 신설 및 초기 비용으로 9억 엔(약 98억 원)을 내놓기로 했다.

존 치프먼 IISS 소장은 일본 석좌 신설 배경으로 트럼프 미 대통명 등장 이후의 세계정세를 거론했다. 그는 "최근 워싱턴의 정치 동향 불확실성은 아시아, 중동, 유럽에서 미국의 동맹국들과 우방국들에 불확실성을 확산시키고 있다"며 "이런 시대에 세계 제3의 경제 대국 일본과의 관계를 재활성화하면서 우리의 전략 논의 중심에 일본을 놓는 것이 유의미하다고 생각했다"고 설명했다.

워싱턴 DC의 전략국제문제연구소(CSIS) 등 유명 싱크탱크에서는 특정한 나라의 연구를 담당하는 부서와 책임자를 '체어'라고 부르며 그 밑에 다수의 연구원과 인턴을 두고 있다.

IISS 본부에 신설되는 일본 석좌는 '풀 타임(full time)'으로 근무하며 일본의 외교·안보 정책을 연구해 일본과 관련된 문제에 대해서 국제무대에 발신한다. 인도·태평양 전략이나 동북아, 중동 등의 지역 문제는 물론 사이버 보안과 같은 새로운 분야에서도 일본의 입장을 중시해서 다루게 된다.

1958년 설립된 IISS는 영국을 대표하는 싱크탱크로, 안보 경제 분야에서 폭넓은 연구 활동으로 명망이 높고 '아시아 안보회의(샹그릴라 대화)'의 주최 기관이기도 하다. IISS는 2002년부터 18년째 아시아 안보회의를 개최하고 있다. IISS가 각국의 국방부를 분석해 발표하는 보고서는 매년 세계 군사력 동향의 가늠자 역할을 하고 있다.

일본 정부가 자금을 대서 IISS에 일본 석좌를 신설하기로 한 것은 아베 신조 총리의 일본 대국화(大國化) 전략과 깊은 관련이 있었다. 아베 총리는 메이지 유신을 바탕으로 근대화에서 성공한 일본이 세계를 지배하려다가 태평양 전쟁에서 패해 좌절한 것을 아쉬워하는 정치인이다. 그는 2012년 두 번째 집권 후, 세계 경제력 3위에 걸맞은 나라를 만든다며 지구 전체를 내려다보면서 외교·안보 정책을 추진하는 의미의 '지구의 부감(地球儀 俯瞰)' 외교를 선언했다. 일본 자민당이 참의원 선거를 앞두고 발표한 공약에서 '세계 한가운데에서의 강력한 일본 외교' '세계를 리드하는 일본 외교'라고 명기한 것도 이런 배경에서다.

아베 총리는 세계적 차원에서 일본 외교를 하기 위해서는 명망 있는 싱크탱크를 우군화해 일본에 유리한 전략 및 정책을 만들어내는 것이 필요하다고 판단했다. 치프먼 소장이 요미우리 신문 인터뷰에서 "인도·태평양을 무대로 한 정책 연구와 거점 만들기에 일본도 끌어들여 활발하게 전개해 나가고 싶다"고 했는데, 이는 아베 총리가 지향하는 바와 정확히 일치했다.

일본 정부와 기업은 IISS에 일본 석좌를 만들기에 앞서 미국의 싱크탱크를 사실상 '장악'하는 작업을 차근차근 진행해왔다. 보수 성향의 허드슨 연구소에는 트럼프 미 대통령의 측근으로 활동했던 허버트 맥매스터 전 백악관 국가안보 보좌관이 일본 석좌에 취임했다. 백악관 국가안전 보좌관이 퇴임 직후, 특정 싱크탱크의 일본 책임자가 되는 것은 이례적인 일이다.

CSIS에는 미 NSC 아시아 담당 선임 보좌관을 역임한 마이클 그린이 수석 부소장 겸 아시아·일본 석좌로 활동 중이다. 그는 워싱턴 DC에서 "일본인보다 더 열성적"이라는 평가를 받을 정도로 일본 시각을 반영하기 위해 목소리를 높이고 있다. 2014년에는 우익 성향의 사사가와(笹川) 재단이 미국 지부 이사장에 미 국가정보국(DNI) 국장을 역임한 데니스 블레어를 영입해 워싱턴 DC의 정가를 깜짝 놀라게 했다. 이후 사사가와 재단은 미국에서 본격적으로 일본 관련 정책을 내놓고 있다. 주일 미국 대사를 역임한 마이크 맨스필드 전 상원

의원을 기리기 위한 맨스필드 재단은 워싱턴 DC에서 다양한 분야에 걸쳐 미·일 간 가교(架橋) 역할을 하고 있다.

아베의 우경화와 혐한

평화헌법 9조 개정 움직임

아베는 2006년에 이어 두 번째로 총리에 취임한 2012년부터 개헌(改憲)을 자신의 트레이드 마크로 내걸고 달려왔다. 일본 헌법을 '평화헌법'으로 불리게 한 '9조'를 반드시 개정한다는 생각이 분명했다. 일본의 태평양 전쟁 패전 후, 미 맥아더 장군이 지휘한 GHQ(연합군최고사령부) 요구로 만들어진 헌법 9조는 1항에서 전쟁 포기를, 2항에서 전력(戰力) 불보유, 교전권 부인을 명기했다. 이후 일본 헌법은 한 차례도 수정된 적이 없다. 아베 총리는 자위대의 존재와 역할을 명기하는 개헌을 성공시켜 '일본의 위인(偉人)'이 되는 것이 꿈이었다. "자위대가 자랑스럽게 임무를 할 수 있도록 하는 것이 정치가로서의 책무"라는 게 그의 신념이었다.

아베는 이 목표를 이루기 위해 부쩍 자위대를 부각시켰다. 일본 잠수함과 호위함이 각각 별도로 남중국해에 집결해 중국이 자국 권리가 미치는 곳이라고 주장하는 '9단선(段線)' 해역에서 실전 훈련을 벌였다. 자위대는 항공모함과 비슷한 크기의 호위함에서 날아오른 헬기가 중국 잠수함을 잡아내려고 훈련하는 영상을 공개했다.

관방장관은 기회가 있을 때마다 자위대가 동해를 넘어 괌으로 향하는 북한 미사일을 요격할 것이라는 입장을 천명했다. 2015년 정비한 안보 관련법을 바탕으로 '집단적 자위권'을 적극 행사하겠다는 것이다.

1950년 북한이 38선을 허물고 내려와 6·25전쟁이 발발했다. 일본이 이를 빌미로 만든 성찰예비내가 자위대의 보태다. 일본은 개헌을 해서라도 자위대 역할을 확대하고 사기를 올리려는데 한국은 정반대의 길로 가고 있다는 비판이 문재인 정부 당시 제기됐다. 한국군(軍)은 마치 남북 대화의 속도를 내는 데 쓰이는 '협상 칩(chip)' 처지가 돼 버린 것 같다는 비판이 나왔다. 문재인 대통령의 평양 방문당시 합의된 9·19 선언은 NLL 포기 논란을 낳으며 서해를 지키기 위해 절치부심해온 군을 허탈하게 만들기도 했다. 군사훈련을 하려면 북한으로부터 일일이 허가를 받아야 하는 상황이 올 수 있다는 것이다.

아베의 궤변 "식민주의 맞서 인종평등 주창"

아베 신조는 2019년 10월 4일 임시국회 개막 연설에서 일본 제국주의를 미화하는 연설을 하면서 개헌 필요성을 언급해 논란이 일었다. 아베 총리는 100년 전인 1919년 일본이 참가한 파리강화회의를 언급하며 "1,000만 명의 전사자를 낸 비참한 전쟁(제1차 세계대전)을 거친 후 새 시대를 향한 이상, 미래를 응시하는 새로운 원칙으로 일본은 인종 평등을 내걸었다"고 말했다. 이어 "전 세계에 구미(歐美)의 식민지가 퍼지고 있던 당시 일본의 제안은 각국의 강한 반대에 노출됐지만 결코 무서워하지 않았다"며 "일본이 내건 큰 이상은 세기를 넘어 지금 국제 인권규약을 시작으로 국제사회의 기본 원칙이 되고 있다"고 했다.

"지금을 사는 우리도 레이와(令和·나루히토 일왕 시대의 연호)의 새로운 시대, 그 후의 미래를 응시하면서 이 나라가 목표로 하는 이상을 확실히 내세워야 할 때"라며 개헌 필요성을 주장하는 과정에서 이 말을 했다.

그러나 '일본이 식민지배를 비판하며 인종 평등을 위해 나섰다'
는 주장은 일제의 한반도 식민지배 역사를 통째로 부정하는 심각한
역사 왜곡이다. 서구로부터 아시아인들을 해방시킨다는 명분을 내걸
었던 일제의 '대동아공영권'과 '대동아 전쟁'을 옹호한 것으로 해석될
수도 있다.

일제는 1926년 쇼와(昭和)시대가 시작된 후 군부가 실권을 장악
하면서 2,000만 명이 사망한 태평양 전쟁을 일으켰다. 식민지배하던
한반도에서 민중을 수탈했으며 젊은 남성을 전쟁터, 공장으로 끌고
가고 일부 여성에게는 위안부 생활을 강요했다. 중국에서는 1931년
만주사변과 1937년 난징학살을 자행했다. 아베 총리는 연설에서 이
런 역사는 전혀 언급하지 않았다. 그의 도발적인 연설에도 일본에서
는 반발이 거의 없었다. 일본 사회의 '우경화 현상'이 점점 심각해지
고 있음을 보여주는 장면이기도 했다.

사죄 안 하면서 '적극적 평화주의' 역설

아베 총리는 2020년 8월 15일 도쿄의 부도칸(武道館)에서 열린
'전국 전몰자 추도식(태평양전쟁 종전 기념행사)'에서 한국을 비롯한 아
시아 국가에 대한 사죄 없이 '적극적 평화주의'를 추구하겠다고 밝혔
다. 그는 "적극적 평화주의 기치 아래 국제사회와 손잡고 세계가 직
면한 다양한 과제 해결에 지금 이상으로 역할을 다하겠다는 결의"라
고 했다.

적극적 평화주의는 아베 총리가 2012년 2차 집권에 성공한 후,

지위대 근거 그형을 신설하는 게힌 명분으로 주칭해온 깃으로, 그가 태평양전쟁 종전 기념행사에서 이를 언급한 것은 처음이다. 그는 이 전에 "동맹국인 미국을 비롯한 관련국과 연대해 지역 및 국제사회의 평화와 안정에 어느 때보다 적극적으로 기여해 나갈 것"이라며 이 개념을 역설한 바 있다.

아베 총리는 태평양 전쟁의 A급 전범들을 합사(合祀·합동제사) 중인 야스쿠니(靖國) 신사에 공물을 보낸 후, 해외에서 전사한 이들을 추도하는 '치도리가후치(千鳥ケ淵) 전몰자 묘원'을 찾아 헌화했다. 아베 총리는 야스쿠니 신사를 참배하지 않았지만, 내각 각료 중에서 차기 총리 후보군에 올라 있는 고이즈미 신지로 환경상과 아베 측근인 하기우다 고이치 문부과학상, 에토 세이이치 영토담당상, 다카이치 사나에 총무상 등 4명이 이곳을 참배했다. 일본 각료가 종전 행사에 맞춰 야스쿠니 신사를 참배한 것은 4년 만이며 참배 인원은 2차 아베 내각 출범 이후 가장 많았다.

이런 움직임에 대해 아사히신문은 사설을 통해 "정권 전체의 역사관이 의심받을 사태"라고 비판했다. 또 "무기 수출을 금지하는 3원칙 철폐가 적극적 평화주의라는 명분으로 추진돼 온 것을 고려한다면 위태롭다는 느낌을 금할 수 없다"고 했다.

7

아베와 트럼프의 브로맨스

골프장에서 시작된 아베-트럼프 관계

27홀 골프에 하루에 세 끼 함께 식사

아베 신조와 도널드 트럼프 미 대통령의 깊은 관계는 1980년 미일동맹 황금시대를 열었던 로널드 레이건 대통령과 나카소네 야스히로 대통령의 '론－야스'관계를 연상시켰다. 서로를 '도널드', '신조'로 부른 두 사람은 미일동맹을 비약적으로 발전시켰다는 평가를 받을 정도로 긴밀했다.

두 사람의 '브로맨스((bromance · 남자들 간의 특별한 우정)'는 2017년 2월 플로리다주의 골프장에서 시작됐다. 트럼프 미 대통령과 아베 일 총리가 이곳에서 골프를 치기 시작한 것은 오전 9시 25분이었다. 아침 8시 11분부터 부부 동반으로 식사를 함께한 직후였다. 18홀 골프를 끝낸 시각이 오후 1시 50분. 점심을 함께 한 두 사람이 다시 골프강에 니있다. 9흘을 디 돈 후 4시 35분에 드림프의 별짱 나라라고로 돌아왔다. 저녁 6시부터 시작된 만찬엔 워싱턴 DC에서 내려온 그의 딸과 사위도 참석했다.

친한 사람도 하루에 27홀 골프, 세 끼 식사를 함께 하는 것은 쉽지 않다. 그것도 겨우 두 번째 만남에서 두 사람은 의기투합했다. 트럼프는 전날 워싱턴 DC에서 정상회담 한 아베를 '에어포스 원'에 동승시켜 자신의 별장으로 데려왔다. 노회한 비즈니스맨 트럼프와 총리직을 두 번째 수행 중인 아베는 잘 알고 있었다. 의전상 이런 파격이 어떤 의미를 갖고 있는지. 전 세계에 어떻게 투영되는지를 말이다. 당장 레이건－나카소네 관계가 다시 시작됐다는 관측이 나왔다.

트럼프가 아베 환대를 통해 국내외에 주는 메시지는 명확했다. "아베는 내가 좋아하는 친구다. 앞으로 아시아와 관련된 중요한 문제는 아베와 먼저 상의할 것이다." 그의 메시지는 미국의 국무부 국방부 상무부는 물론 연방 의회 관계자들에게 빠르게 확산했다. 아베의 생각이 고스란히 트럼프 행정부의 동아시아 정책이 될 수 있게 된 것이다. 극단적으로 아베를 통해 '대리통치'할 것이라는 전망도 나왔다.

이런 관측이 기우(杞憂) 가 아닐 가능성은 당장 목격됐다. 트럼프와 아베는 만찬 도중 북한의 '북극성 2호' 미사일 도발 보고를 받자, 저녁 10시 35분 기자들 앞에 섰다. 아베는 북한의 미사일 발사를 용납할 수 없다고 했다. 트럼프는 "우리의 중요 동맹인 일본을 100% 지지한다"고 했다. 북한이 도발하자 이를 미·일 동맹을 더 견고히 하는 계기로 활용한 것이다. 그런데 여기에 한국은 거론되지 않았다.

두 정상 중 누구에게서도 한·미·일 3각 협력체제를 구축한 우리와 북한 문제에 대해 밀접한 협의를 하겠다는 말은 나오지 않았다.

긴급 기자회견에서 확인된 두 사람의 잠재의식 속에 한국이 자리 잡고 있지 않음을 보여줬다. 당장 한·미 동맹이 미·일 동맹의 종속변수로 전락할 가능성도 제기됐었다.

미·일 동맹이 새로운 단계로 진화하고 있는 것은 미국과 일본의 구상이 절묘하게 맞아떨어지고 있었기 때문이다. 미국은 일본과의 더 굳건한 관계를 만들어 중국의 군사적 굴기에 맞서기를 바라고 있다. 일본은 중국과 북한의 위협을 계기로 세계 경제력 3위에 걸맞은 군사 대국 구현을 바라고 있었다.

미·일 동맹의 발전에는 아베 총리가 2012년 2차 집권 후, 미·일 동맹을 염두에 두고 끈질기게 추진한 집단자위권 법제화가 큰 역할을 하고 있다. 아베 내각은 2016년부터 동맹국인 미국이 제3국으로부터 공격받을 경우, 이를 일본에 대한 공격으로 간주해 공동 대응하는 집단적 자위권을 확립해서 시행 중이다. 여기엔 미군에 대한 공격 등 '존립위기사태' 때는 자위대가 반격한다는 내용도 포함돼 있다.

미·일 동맹이 견고해지는 것을 한·미 동맹의 위험 신호로 인식해야 한다는 시각도 일본에서 제기됐다. 한국이 한일 관계를 경시하는 사이에 미국에서는 한국이 필요 없다는 주장이 나오면서 그 대안으로 미·일 동맹이 강화되고 있다는 것이었다. '미·일 동맹 강화의 이면에는 한·미 관계 약화가 자리 잡고 있다'는 인식이 일본의 전문가들 사이에서는 회자되고 있었다.

하노이 정상회담 '노 딜(No Deal)' 예상한 아베

트럼프와 절친한 관계를 만든 아베 총리는 2019년 2월 미북 정

싱회담 결렬 가능성을 사전에 파악했다. 그는 청와대가 미북 정상회담의 이상 기류를 회담 전에 인지하지 못한 데 대해 의아하게 생각했다고 한다.

당시 복수의 도쿄 소식통에 따르면 아베 내각은 스티브 비건 미국무부 특별대표가 2월 6일부터 3일간 방북, 김혁철 북한 국무위원회 특별대표와 협상하고 온 후부터 미북간 이상 기류를 파악했다. 하노이 정상회담을 준비하기 위한 비건 대표의 방북에서 북한이 자신들이 생각하는 '영변 비핵화'만 주장해 정상회담이 결렬될 수 있다는 정보를 취득하기 시작했다는 것이다.

일본은 주미 일본대사관을 통해 이 같은 정보를 모은 것으로 알려졌다. 아베 내각은 이어 같은 달 22일부터 하노이에서 열린 비건 −김혁철의 마지막 회동에서도 이 같은 기류가 계속되는 것을 감지했다. 이에 따라 아베 내각은 회담 결렬 이후의 여러 시나리오에 대비해왔다고 한다.

이에 비해 청와대는 2월 28일 트럼프 미 대통령이 김정은 국무위원장과의 회담에서 "북한은 미국이 원하는 비핵화를 할 준비가 돼 있지 않다"며 결렬시키는 것을 전혀 예상하지 못했다. 청와대는 같은 날 회담 결렬 30분 전에 "남북대화가 다시 본격화할 것으로 예상한다"고 발표했다가 트럼프 대통령이 일방적으로 회담장을 떠났다는 뉴스가 나온 후, 허둥지둥대는 모습이 역력했다. 아베 내각은 당시 한국측이 왜 이 같은 기류를 예상하지 못했는지에 대해 의아해했다고 한다.

이와 관련 일본에서는 ① 트럼프 행정부가 일본 측에 2차 미북 정상회담 진행 경과와 관련, 일본 측에 더 많은 정보를 알려줬을 가능성 ② 한국 외교부가 미북간 이상 징후를 제대로 파악하지 못했을 가능성 ③ 한국 외교부가 2차 정상회담 전에 관련 보고를 했지만 청와대가 묵살했을 가능성을 제기하고 있다. ①의 경우, 트럼프 대통령이 김 위원장과의 2차 회담이 시작되자마자 일본인 납치문제를 제기할 정도로 미일관계가 굳건하다는 점에 기반하고 있다. 문재인 정부 출범 후, 한국 정부의 외교력이 이전보다 취약해졌으며, 청와대가 대북 문제의 전권(全權)을 쥐고 있다는 점에서 ②③의 시나리오도 거론됐다.

나루히도 일왕 즉위글 미일동맹 킹화 계기로

최고의 관계 과시한 트럼프 방일

아베 신조 총리의 미일동맹 강화 계획은 전방위적이었다. 2019년 일왕이 30년 만에 바뀌는 것을 적극 활용한다는 계획을 세웠다. 니혼게이자이 신문은 이미 2018년 11월에 나루히토(德仁) 일 왕세자의 즉위(卽位)와 6월 오사카 G20 정상회의를 계기로 트럼프 대통령이 두 번 방일하는 방안이 부상하고 있다고 전했다. 아키히토(明仁) 일왕은 2019년 4월 30일 퇴위하고, 나루히토 왕세자는 5월 1일 왕위에 올랐다. 도쿄의 외교 소식통은 당시 "트럼프 대통령을 새로운 일왕의 첫 국빈(國賓)으로 초청하고, 오사카 G20회의에서 다시 만난다는 것이 아베 총리의 구상"이라고 귀띔했다.

아베 총리는 트럼프 대통령에게 여러 차례에 걸쳐 2019년 5월 국빈방문을 타진했다. 트럼프 대통령은 이에 대해 "(새 일왕을 첫 번째로 만나게 되면) 영광이다"라며 사실상 이를 수락했다. 2018년 아르헨티나 G20를 계기로 열린 미·일 정상회담에서도 트럼프 대통령은 "새 일왕의 훌륭한 행사를 기대하고 있다"고 말했다.

형식상 일왕이 초대하는 국빈방문은 외교 의전(儀典)이 최고 수준인 영국 못지않다. 도쿄 한복판의 궁궐에서 일본 정·재계의 핵심 인사들이 모인 가운데 궁중 만찬회가 개최된다. 도쿄를 떠날 때는 일왕 부부가 국빈 숙박지를 방문해 인사를 한다. 광대한 규모와 형식 때문에 국빈방문은 1년에 2~3개 국가에 한정하고 있다. 새로운 일왕 즉위를 놓고 미·일간에 이런 논의가 오가는 것 자체가 높은 단계의 동맹 수준을 상징한다고 할 수 있다.

일본의 왕실외교는 다른 나라 왕족과의 관계를 중시한다. 가급적 일본의 정치와는 독립적인 이미지를 가지려고 한다. 2016년에 벨기에 국왕, 2017년에 스페인 국왕이 국빈 방문한 것도 이런 이유에서다. 하지만, 아베 총리는 트럼프 대통령을 국빈으로 초청해 미·일 관계를 더욱 강화하려는 의욕이 강하다고 니혼게이자이 신문은 분석했다. 미·일 관계가 아베 내각의 구심력 중의 하나이기 때문에 미국과의 관계를 중시한다는 것이다. 또 2019년부터 본격화하는 미·일 물품무역협정(TAG) 협상을 염두에 두고 마찰을 다소 완화하려는 의도도 있었다. 미·일 동맹을 한 단계 격상함으로써 동북아 정세가 급변하는 상황에서 소외당하지 않으려는 의도도 작용했다.

아베의 새 일왕 즉위를 계기로 한 미일동맹 강화 계획은 한 치의 어긋남이 없이 이행됐다. 도쿄를 비롯한 수도권 일대의 기온이 32도까지 솟구쳐 오른 5월 26일 오전 9시. 나루히토 일왕의 첫 국빈(國賓)으로 25일 일본을 방문한 트럼프 미 대통령을 태운 전용 헬기 '마린 원'이 도쿄만(灣) 동쪽 지바(千葉)현의 한 골프장 페어웨이에 착륙했다. 미리 도착해 있던 아베 신조 총리는 헬기 바로 앞까지 걸어가 환한 얼굴로 그를 영접했다. 무더운 날씨였고 전날 지바현 일대엔 진도 5.1의 지진이 발생했지만 두 정상의 '브로맨스'(brother+romance·남자 간의 우정을 의미) 골프를 막지 못했다.

두 정상 간 회담은 이번이 11번째이고, 골프 회동은 5번째였다. 이들은 골프 시작에 앞서 '미·일 동맹을 더 강하게'라고 쓰인 패널에 사인한 후 기념사진을 찍었다. 라운딩 도중 아베 총리는 직접 카트를 운전했다. 두 정상은 가만히 서 있기도 힘든 날씨에 헬기 발착용으로

2019년 트럼프 미 대통령의 국빈 방일 당시 아베 총리와 함께 찍은 사진.
아베는 자신의 휴대폰으로 찍은 이 사진을 트위터에 게재했다.

폐쇄된 2개 홀을 제외한 16홀을 3시간에 걸쳐 다 돌았다.

트럼프, 스모 우승자에게 직접 시상

트럼프 대통령은 골프 회동에 만족한 듯 운동이 끝나자마자 트
위터에 아베 총리를 배려하는 글을 올렸다. "일본과의 무역 협상에서
큰 진전이 이뤄지는 중이다. 많은 부분은 일본의 7월 선거 이후까지
기다리겠다." 미·일 무역 협상이 7월 참의원 선거를 앞둔 아베 총리
에게 불리하게 작용할 수 있기에 선거 이후에 다루겠다는 입장을 밝
힌 것이다. 아베 총리도 트위터에 "새로운 레이와 시대도 미·일 동
맹을 더 흔들리지 않는 것으로 만들고 싶다"며 트럼프 대통령과 함께
활짝 웃는 표정으로 찍은 셀카 사진을 올렸다.

두 정상은 골프 회동에 이어 오후 5시쯤 레이와 시대 개막 후
처음 열린 스모 경기장에서 다시 만났다. 트럼프 대통령이 현직 미

대통령으로선 처음으로 나쓰바쇼(夏場所·5월 대회) 최종일 경기가 열린 도쿄 료고쿠(兩國)의 국기관에 들어서자 관객들이 일제히 일어나 환호성을 질렀다. 관객들이 3분간 선 채로 스마트폰 사진을 찍는 바람에 주최 측에서 "경기 진행을 위해 앉아달라"고 방송해야 했다. 두 정상 부부는 도효(土俵·스모 경기판) 주변의 특별석 마스세키(升席)에 고급 의자를 놓고 관람했다. 원래 방석에 앉아 관람하는 것이 스모 전통이지만, 일본은 트럼프를 위해 전통까지 포기했다.

일본 사회에서 스모와 관련한 의식은 지극히 보수적이다. 아무리 미국 대통령이라고 해도 마스세키 표를 모두 독점하고, 스모의 전통을 무시해가며 대우하는 것에 대해 비판도 나왔다. 스모 팬들은 "트럼프 대통령이 마스세키에서 관람하는 것은 쓸데없는 일로 민폐" "마스세키는 계속 빈 채로 남게 되면 위화감이 생길 것"이라고 반발하기도 했지만, 아베 내각은 개의치 않았다.

트럼프 대통령이 도효에 올라 이번 대회 우승자인 아사노야마 히데키(朝乃山英樹) 이름을 부르자 다시 환호성이 나왔다. 트럼프 대통령은 그를 '스모 그랜드 챔피언'이라고 부르며 미국에서 특별히 제작해 온 '미·일 우호를 위한 트럼프배(杯)'를 시상했다. 높이 137㎝, 무게 30㎏의 대형 은색 트로피의 맨 위에는 미국을 상징하는 독수리 장식물이 달려 있었다. 그는 도효를 신성시하는 일본 스모 전통에 따라 구두 대신 검은색 슬리퍼로 갈아 신고 시상했다.

하루 종일 함께 다닌 美日정상

스모 관람에 이어서 두 정상이 향한 곳은 손님들 바로 앞에서 요리사가 직접 음식을 구워주는 로바다야키 방식의 유명 식당이나키 야 롯폰기 동점(東店)이었다. 트럼프 대통령은 식당에서 기자들에게 "오늘 무역, 군사 문제에 대해서 아베 총리와 얘기했다"고 밝혀 북한 및 미·일 군사동맹 문제가 주요 대화 소재였음을 시사했다. 일본 경찰은 두 정상의 저녁 식사 장소 주변 5차로를 전면 차단하고 식당 바로 앞에 길이 30m, 높이 3m의 대형 천막을 설치했다. 저녁 식사는 오후 8시쯤 끝났다. 두 정상은 아침부터 저녁까지 11시간을 붙어 있었으며, 세끼 식사를 같이 했다. 이 같은 두 정상의 밀착된 모습은 이전보다 훨씬 강화된 미·일 동맹을 상징적으로 보여준다는 해석이 나왔다.

일본 정부의 트럼프를 감동시키기 위한 준비는 섬세했다. 트럼프 방일을 한 달 앞둔 4월 중순 도쿄의 유명 햄버거 전문점 '더 버거 숍' 기오이초(紀尾井町)점에 일 외무성으로부터 전화가 걸려왔다. 국빈(國賓) 방문하는 트럼프 미 대통령 맞기에 고심하던 일 외무성이 그가 햄버거를 좋아하는 것에 착안, 골프장에서 특제 햄버거를 제공하기로 한 것이다.

일본 외무성은 트럼프 대통령 방일에 앞서 시제품으로 더블 치즈 버거 20개를 주문했다. 조건은 3가지. '미국 쇠고기를 사용하고, 바싹 익히며, 패티와 빵은 크게 한다'는 것이었다. 모두 트럼프 대통령의 식사 성향을 의식한 것이었다.

일 외무성은 햄버거에 들어가는 체다 치즈에 대해서도 "미국산이냐"고 확인했다. 음료수도 트럼프 대통령이 좋아하는 콜라로 준비했다. 이 음식점의 패티는 통상 1장당 120g이지만 트럼프 대통령을 위해 160g의 특제 패티를 만든 후, 두 장을 넣어 총 320g이 되도록 했다. 햄버거 빵도 일반 햄버거보다 1.2배 큰 12㎝의 특대 사이즈로 준비했다.

이 음식점의 요리사 4명은 미·일 정상이 회동한 골프장에 아침 일찍 도착해 준비에 착수했다. 골프장 식당에 철판이 없어서 프라이팬에 패티를 익혀 점심을 준비했다. 두 정상의 골프에 동석했던 일본의 프로 골프 선수 아오키 이사오가 일본 방송에 밝힌 바에 따르면 트럼프 대통령은 햄버거의 빵은 먹지 않은 채 평소 습관처럼 패티 위에 케첩을 잔뜩 뿌려서 먹었다. 트럼프 대통령은 15분 만에 빵은 빼고 햄버거를 남김없이 모두 먹었다고 한다. 일본 언론에 이 사실이 보도된 후, 더 버거 숍은 트럼프 대통령이 먹었던 것과 똑같은 햄버거에 '더 스테이크 하우스 버거(The Steak House Burger)'라는 이름을 붙여 하루에 10개 한정으로 판매했다.

궁중 만찬장의 트럼프 "美日은 보물 같은 동맹"

5월 27일 트럼프 대통령과 아베 신조 총리는 아카사카의 영빈관에 마련된 기자회견장에 예정보다 한 시간 늦게 나타났다. 두 정상은 한층 강화된 관계를 기자회견에서도 과시했다. 트럼프 대통령은 기자들 앞에서 말하는 동안 여러 차례 아베 총리와 눈을 맞췄으며, 아베 총리는 두 차례에 걸쳐 트럼프 대통령을 '도널드'로 부르며 친밀감을 과시했다. 트럼프 대통령은 또 미·일 동맹을 동북아 번영의 '반석'이라고 규정하며 일본과의 안보 분야 협력을 계속 강화해 나가겠다는 의지를 밝혔다. "(북한에 의한) 납치 문제는 내 머릿속에 있다. 꼭 해결하고 싶다"고도 했다. 한·일 관계가 악화된 상황에서 북한 문제를 해설하는 데 일본과의 협력에 너무 미중을 무셌나는 입상을 내미졌나.

이날 저녁 나루히토 일왕이 주최한 만찬에서는 양국 관계를 한층 더 격상시켜 표현했다. 트럼프는 "미·일 관계는 보물 같은 동맹"이라고 말했다.

아베 총리도 북한 문제에서 한국을 건너뛰고 미국의 지원을 바탕으로 직접 접촉하겠다는 뜻을 밝혔다. 그는 "납치 문제의 빠른 해결을 위해 다음은 나 자신이 김 위원장과 직접 만나겠다는 결의가 있다"며 "트럼프 대통령으로부터 이 결의를 전면적으로 지지하고, 여러 가지 지원을 하겠다는 강한 지지를 받았다"고 말했다. 아베 총리는 "미·일의 입장은 완전히 일치한 상태"라고도 했다.

일본 언론에 따르면 두 정상의 골프 회동 당시 남북한 문제도 대화 소재가 됐다고 한다. 이때 두 정상이 "한국과 북한 간에 전혀 대화가 진전되지 않고 있다"는 얘기를 나누며 한국에 대한 우려를 공유하고 있다는 보도도 나왔다. 또 트럼프 대통령이 문재인 대통령으로부터 한국을 방문해 달라고 여러 차례 요청받은 사실도 아베 총리에게 밝혔다고 전했다.

트럼프 대통령은 2018년 6월과 2019년 2월 김정은 위원장과 두 차례 회담할 때까지만 해도 문재인 정부의 중재 외교를 신뢰하고 받아들이는 입장이었다. 하지만 두 차례 회담이 성공을 거두지 못한 후 미국에서는 "문재인 정부가 김정은 위원장의 비핵화 약속을 너무 순진하게 받아들인 것 아니냐"는 비판이 제기됐다. 일본은 한·미 관계가 예전 같지 않은 상황을 파고들어 새로운 대북 접근법에서 미국의 '승인'을 받는 데 성공한 모양새다. 원래 일본은 북한에 접근하기 위해서라도 우리 정부가 필요하다는 입장이었다. 문재인 정부 들어 남북 정상회담이 세 차례 열릴 때 북·일 정상회담 가능성을 타진해달라고 요청했었다. 하지만 2018년 대법원의 징용 피해자 배상 판결이 나온 후 일본 정부가 방향을 수정하기 시작했다. 특히 문재인 정부가 6개월 이상 아무런 조치를 취하지 않자 '한국을 배제하고, 미국의 지원과 중국·러시아의 양해하에 북한과 새로운 관계를 추진한다'는 새 방향이 설정됐다.

트럼프, 아베와 통화하며 40분간 北해법 논의

도널드 트럼프 미 대통령은 한반도 관련 주요 사안을 모두 아베 총리와 협의했다고 해도 과언이 아니다. 2019년 12월 21일 그가 아베 총리와 75분간 전화 통화할 때 40분 이상을 북한 문제에 대해 논의한 것으로 확인됐다.

도쿄의 유력한 외교 소식통에 따르면, 트럼프 대통령과 아베 총리는 그날 통화의 절반 이상을 북한 문제에 할애했다. 특히 이 통화는 트럼프 대통령이 '크리스마스 선물' 운운하며 도발을 시사한 북한에 어떻게 대응하는 것이 좋은지 묻고 아베 총리가 답변하는 형태로 진행됐다고 이 소식통이 전했다.

당시는 북한이 12월 초 외무성 담화를 통해 "크리스마스 선물을 무엇으로 선정하는가는 전적으로 미국 결심에 달려 있다"고 밝혀 북한의 '성탄절 도발' 가능성이 제기된 시점이었다.

이에 따라 트럼프 대통령은 아베 총리가 한·중·일 3국 정상회의 참석 차 중국으로 출국하기 직전 전화를 걸어 대북 전략에 대한 아베 총리의 조언을 구했다. 트럼프 대통령과 문재인 대통령의 통화는 12월 7일 30분 통화가 미지믹이었다.

아베 총리는 북한의 도발을 사전에 막는 게 중요하다고 조언한 것으로 알려졌다. 북한이 도발할 경우에는 미·일 양국이 강력히 연대해서 대응하는 방안을 제언했다. 이 같은 논의에 따라 미·일 양국은 12월 24일 한·중·일 3국 정상회의 개최 중 북한이 도발할 경우에 대비한 시나리오도 점검한 것으로 전해졌다. 아베 총리는 북한이 미국에 도달하지 않은 중·단거리 미사일이나 핵실험으로 도발하더라도 트럼프 대통령이 강하게 대응해 달라고 요청했다.

당시 백악관은 "특히 북한의 위협적 성명을 고려해 긴밀하게 소통과 조율을 계속하기로 합의했다"는 입장을 발표했다. 아베 총리도 통화 후 "최근 북한의 정세를 분석하고 앞으로 대응에 관해 면밀하게 조율했다"고 했었다.

미·일 두 정상은 2020년 1월까지만 정상회담을 14번, 전화 통화를 33번 했다. 트럼프 대통령이 아베 총리에게 대북 전략 조언을 요청한 것도 처음은 아니다.

2019년 문재인 정부의 한·일 군사정보보호협정(지소미아) 파기 계획 발표를 계기로 대북 문제에서 한·미 간 중요 협의가 제대로 이뤄지지 않는 사이 미·일은 더욱 밀착했다.

도쿄 올림픽 연기 개최 도와준 트럼프

"트럼프, 위기에 처한 아베 구했다"

2020년 3월 트럼프 미 대통령이 아베 일 총리를 설득, 도쿄 올림픽이 1년 연기되도록 함에 따라 두 정상의 브로맨스가 다시 주목받았다. 두 정상은 서로를 '도널드', '신조'라고 퍼스트 네임으로 부르는 사이인데 이번엔 "트럼프가 올림픽 문제로 위기에 처한 아베를 구했다"는 평가도 나오고 있다.

세계의 영향력 있는 인물 중에서 도쿄 올림픽 1년 연기를 가장 먼저 이슈화한 이는 트럼프다. 2020년 3월 13일 그가 애용하는 트위터를 통해서였다. 당시는 아베 정권이 신종 코로나 바이러스 사태에도 불구, 올림픽 정상 개최를 모색해 국내외에서 비난을 받고 있던 시점이었다. 트럼프의 이런 언급 후 11일 만인 3월 24일 아베 총리와 국제 올림픽 위원회(IOC)는 '올림픽 1년 연기' 합의에 도달했다.

니혼게이자이신문은 3월 24일자 1면 톱 기사에서 아베가 도쿄 올림픽 연기로 선회한 배경에는 '밀월(蜜月)'관계인 트럼프 조언이 크게 영향을 미쳤다고 보도했다. 이 신문에 따르면 트럼프와 아베간의 전화통화에서는 이런 대화가 오갔다.

— 아베 "올림픽을 예정대로 개최하기 위해서 노력하고 있다."
— 트럼프 "올림픽을 1년간 연기해야 한다. 관객이 없는 상태에서 하는 것보다는 1년 연기하는 것이 좋다."
— 아베 "도쿄 올림픽을 중지하는 선택은 있을 수 없다."

— 트럼프 "도쿄 올림픽을 1,000% 지지한다. 어쨌든 일본에서 (1년 연기해) 도쿄 올림픽을 열어 달라. 올림픽 경기장도 멋있지 않은가."

트럼프는 50분간의 전화회담에서 '1,000% 지지' 표현을 써가며 '2021년 도쿄 올림픽'을 지원하겠다는 입장을 분명히 했다.

이어서 3월 16일 화상 통화로 이뤄진 주요 7개국(G7)정상회의. 아베는 이때 "도쿄 올림픽은 완전한 형태로 개최하고 싶다"고 했다. 도쿄 올림픽을 연기해서 개최하겠다는 입장을 처음으로 밝힌 것이다. 이 회의에서 영국의 존슨 총리는 엄지손가락을 세워 찬성입장을 밝혔다. 다른 정상들도 고개를 끄덕였다.

아베는 올림픽 1년 연기가 결정되자마자 3월 25일 트럼프에게 전화를 해 감사표시를 했다. 미일 정상 간에 12일 만에 다시 이뤄진 40분간의 통화에서 트럼프는 "매우 현명하고 훌륭한 결정을 했다"고 칭찬했다.

트럼프가 제안해서 성사된 '도쿄 올림픽 1년 연기'는 아베에게 나쁘지 않은 정치적 차선책(次善策)이었다. 도쿄 올림픽이 만약 전면 취소됐다면 그에게는 대재앙이 될 수밖에 없었다. 헤아리기 어려운 경제적 피해는 물론이고 국민의 실망감과 불만이 아베 정권을 향할 것은 자명했다. 아베가 불명예 퇴진하는 시나리오가 부각될 수도 있었다. 트럼프는 대회 취소를 고려하는 IOC에 제동을 거는 역할을 했다. 사업가적인 감각으로 일본과 아베를 위해 독특한 아이디어를 내놓았다고 할 수 있다.

매월 한 차례씩 전화 회담한 두 정상

트럼프와 아베 관계는 2020년 4월까지 정상회담 14회, 전화 통화 35회를 기록하고 있었다. 트럼프가 취임한 2017년 1월부터는 매월 최소한 한 차례씩 통화한 셈이다.

두 정상은 트럼프가 취임한 직후부터 긴밀한 관계를 만들어왔다. 아베는 트럼프가 취임한지 한달도 채 되지 않았을 때 미국행 비행기에 올랐다. 두 정상은 워싱턴DC에서 정상회담을 마친 후, 플로리다주로 이동해 트럼프 소유의 골프장에서 라운딩을 했다. 18홀 운동을 마친 후, 샌드위치로 식사를 해가며 9홀을 더 돌면서 서로 말이 통하는 관계를 만들었다.

2019년은 트럼프와 아베의 관계가 한 단계 더 도약하는 해였다. 두 정상은 4·5·6월 잇달아 정상회담을 가지며 관계를 돈독히 했는데, 트럼프가 올림픽 처리 문제로 곤경에 처해있던 아베를 위해 나선데는 이 같은 배경이 있기 때문이었다.

코로나 바이러스가 전 세계로 확대되는 상황에서 두 사람의 관계는 더욱 긴밀해졌다. 아베 신조 일본 총리는 2020년 5월 "코로나 바이러스는 중국에서 세계로 확산된 것이 사실"이라며 "기본 가치를 공유하는 동맹국으로서 미국과 협력하면서 다양한 국제적 과제에 대응하겠다"고 말했다. 그는 코로나 긴급사태를 해제하는 기자회견에서 최근 격화되는 미·중 갈등과 관련한 질문을 받고 이같이 말했다.

그는 "국제사회 요구는 일본과 중국이 각각 지역의 평화와 안정, 번영에 책임 있는 대응을 취하는 것"이라며 "중국이 그런 대응을 해 주기를 기대한다"고도 했다. 미·중이 코로나 사태를 계기로 서로를 디욱 직내시하는 싱황에서 아베 총리가 미교석 넝확아세 미국의 입장을 지지하고 중국을 견제했다는 점에서 주목받았다.

新안보조약 60주년 ··· 아베, 아이젠하워 손녀 초청

2020년 1월 미·일 신(新)안보조약 체결 60주년을 맞았을 때다. 아베 일본 총리는 자신의 외조부인 기시 노부스케 전 총리를 언급하며 미·일 동맹의 중요성을 강조했다. 기시는 1960년 미국 워싱턴 DC에서 아이젠하워 미 대통령과 함께 1951년 맺은 안보조약을 개정한 신안보조약에 서명해 미·일 동맹의 바탕을 만들었다는 평가를 받는 인물이다.

아베 총리는 외무성의 이쿠라(飯倉)공관에서 열린 신안보조약 체결 기념식에서 "기시 총리는 당시 '지금부터 시작되는 새로운 100년, 양국은 새로운 신뢰로 협력하라'고 말했다"며 "조부(祖父)와 같은 나이에 이른 나는 같은 맹세를 드리려고 한다"고 했다.

그는 기시 전 총리가 만든 미·일 신안보조약에 대해선 "아시아와 인도·태평양, 세계의 평화를 지키고 번영을 보증하는 부동(不動)의 기둥"이라며 "앞으로 동맹을 충실히 할 책임이 우리에게 있다"고 했다. 행사에는 일본 측에서 모테기 도시미쓰 외무상, 고노 다로 방위상 등이, 미국에서는 조셉 영 주일 미 대사 대리와 주일미군 고위 관계자들이 참석했다. 아베는 이날 행사에 아이젠하워 전 대통령의 손녀도 초청했다.

도널드 트럼프 미 대통령도 미·일 신안보조약 체결 60주년을 축하하는 성명을 발표했다. 트럼프 대통령은 "지난 60년간 두 위대한

국가 사이의 바위처럼 단단한 동맹은 미국과 일본, 인도·태평양 지역, 전 세계의 평화와 안보, 번영에 필수적이었다"며 "안보 환경이 계속 변화하고 새로운 도전이 생기면서 우리의 동맹이 더 강력해지고 심화하는 것은 필수적"이라고 했다. 문재인 대통령이 밝힌 개별 관광 등 대북 사업을 두고 한국과 미국이 갈등 양상을 빚는 것과는 대조적인 모습이었다.

기념식에 맞춰 미·일 동맹을 한층 더 강화하겠다는 취지의 공동 성명도 발표됐다. 미국의 마이크 폼페이오 국무장관, 마크 에스퍼 국방장관, 일본의 모테기 외무상. 고노 방위상 등 4명 명의로 발표된 이 성명은 "미·일 동맹은 그 어느 때보다 강고하고 폭넓으면서도 불가결한 것이 됐다"고 했다.

트럼프는 2020년 3월 16일 주일 미 대사에 아베와 친분이 두터운 케네스 와인스틴 미 허드슨 연구소 소장을 지명하기도 했다. 와인스틴 지명자는 일본을 방문할 때마다 아베와 수차례 만난 인물로 "역대 주일 미 대사 중 현직 일본 총리와 가장 가까운 인물이 지명됐다"는 평가가 나왔다. 교도통신도 트럼프가 아베와 와인스틴의 관계를 고려했을 가능성이 있다고 분석했다. 하버드대 정치학 박사 출신인 와인스틴은 1991년 보수 성향의 허드슨 연구소에 들어간 후, 2011년 소장이 됐다. 이어서 2013년 허드슨 연구소가 국가 안보에 공헌한 인물에게 수여하는 '허먼 칸(허드슨 연구소 창설자) 상'을 외국인으로는 처음으로 아베에게 수여했다. 아베는 허드슨 연구소가 허버트 맥매스터 전 백악관 국가안보보좌관을 신설된 '일본 체어(석좌)'로 영입할 때 정부 예산으로 5억 6,000만 엔(약 64억 원)을 지원하도록 함으로써 와인스틴에게 보답했다. 와인스틴은 미 의회에서 인준 절차가 지연되

먼시 일본에 부임하지는 못했다.

"아베, 징용 문제 美지지 받아냈다"

일본이 대법원의 징용 피해자 배상 판결에 따른 경제 보복 조치를 취하기 전에 미국과 긴밀히 협의하는 등 사전에 치밀하게 준비한 것도 아베와 트럼프의 브로맨스 때문에 가능했다.

마이니치신문은 일 외무성이 한국 대법원의 배상 판결이 나온 후, 징용 피해자들이 미국 소재 일본 기업의 자산 압류를 신청할 것에 대비한 협의를 미 국무부와 진행했다고 보도했다.

이 신문에 따르면, 외무성은 미국에서 소송이 제기될 경우 미 국무부가 '소송은 무효'라는 의견을 미국 법원에 내 줄 것을 요청했다. 그 결과 미 국무부가 2018년 말에 일본 주장을 지지한다는 판단을 일본 측에 전달했다. 이어서 미국은 2019년 7월 고위급 회담에서 이 문제에 대한 일본의 입장을 지지했다. 태국에서 열린 미·일 외교장관 회담에서도 폼페이오 미 국무장관이 고노 다로 외무상에게 다시 같은 입장을 전했다.

마이니치 신문은 미국이 한·일 간의 징용 피해자 논쟁에서 일본의 입장을 지지하는 것은 1951년의 샌프란시스코 강화조약이 흔들릴 가능성을 우려하기 때문이라고 보도했다. 미국이 주도한 샌프란시스코 조약은 일본이 일으킨 태평양 전쟁을 국제법적으로 마무리한 것으로 이에 따라 한·일 간 청구권 협상이 시작됐다. 한·일은 첫 협상이 시작된 후, 14년 만인 1965년 현재의 청구권 협정을 맺었다. 미국은 대법원의 판결로 한·일 청구권협정의 예외를 인정하면, 샌프란시스코 조약에서 정한 '전쟁 청구권 포기' 원칙이 흔들릴 것을 우려했다는 것이다.

태평양전쟁 당시 일본군의 포로로 붙잡혔던 미국인들은 2000년 대 "일본에서 강제노동을 해야 했다"며 일본 기업을 상대로 손해배상 청구 소송을 잇달아 제기했다. 그러나 미 국무부는 샌프란시스코 강화 조약으로 청구권을 포기했다며 원고 측 청구에 반대되는 의견을 법원에 제출, 미 법원이 원고의 청구를 기각했다. 미국은 대법원의 판결을 일본이 받아들이면 일본군 포로였던 미군 피해자들이 다시 배상 청구 소송에 나설 것을 우려하고 있다고 이 신문은 분석했다.

마이니치신문의 보도는 외무성의 고위 관계자가 "미국은 과거에 합의한 청구권 협정을 한국이 다시 맺으려고(rewrite) 하는 것 아닌지 우려한다"고 말한 것과 같은 맥락이다. 이 관계자는 "청구권 협정은 샌프란시스코 조약에 의해서 만든 전후(戰後) 질서의 일부분이기에 미국에 이에 대한 위기의식이 있다"고 했었다.

트럼프와 아베의 긴밀한 관계는 한국과 관련한 사안에 대해 아베가 트럼프를 대변(代辯) 하는 것으로 나타나기도 했다. 2018년 10월 7일 아베 일본 총리는 "트럼프 대통령과 미국 정부는 주한미군을 철수시키겠다는 생각이 없는 것으로 안다"고 말했다. 아베 총리는 영국 파이낸셜 타임스(FT)와의 인터뷰에서 이같이 말했다. 직전에 트럼프 대통령과 정상회담을 가진 아베 총리는 FT 인터뷰에서 북한 비핵화 협상의 일환으로 주한미군을 철수하는 방안에 자신도 반대한다고 했다. 아베 총리는 "미군의 한국 주둔은 동아시아의 평화와 안정을 위한 매우 중요한 요소라고 믿는다"고 말했다.

아베 총리의 이 발언은 미·일 두 정상이 대화할 때 북한 비핵화에 따른 주한미군 문제가 중요하게 논의됐음을 시사하는 것이다. 한국 정부 및 국민의 입장과는 관계없이 주한미군 문제가 처리될 수도 있음을 보여줬다는 측면에서 우려하는 목소리도 나왔다. 이에 앞서 트럼프 대통령은 2018년 6월 싱가포르에서 김정일 북한 국무위원장을 만난 후 가진 기자회견에서 세 차례에 걸쳐서 주한미군을 철수시키고 싶다고 밝힌 바 있다.

바이든 등장에 미소 짓는 일본

아베의 미일동맹 강화 정책 계승

"미국과 멀어지면 일본은 얕보인다"

2020년 9월 취임한 스가 요시히데 신임 총리가 주력한 것은 미·일 동맹 강화다. 스가는 2020년 9월 일본 외교안보사령탑인 기타무라 시게루 국가안전보장국장을 워싱턴 DC로 파견했다. 오브라이언 미 백악관 국가안보보좌관을 만나는 기타무라를 통해 자신이 아베 신조 전 총리에 이어 미·일 동맹을 중시한다는 입장을 전달했다.

스가는 취임 4일 만에 트럼프 미 대통령과 전화 회담을 가졌다. 트럼프와의 첫 회담에서 "일·미 동맹은 (동북아시아) 지역의 평화와 안정의 기반"이라며 "전례 없이 견고해진 일·미 동맹을 더욱 강화해 가겠다"고 했다. 9월 16일 총리 취임사에서도 미·일 동맹을 중심으로 한 인도·태평양 전략 추진을 강조한 바 있다.

스가는 민주당 정권 시절 미일 동맹이 흔들리자 일본이 다른 나라로부터 무시당한 것을 깊이 새기고 있었다. 그는 문예춘추(文藝春秋) 2020년 10월호에 밝힌 자신의 '정권 구상'에서 일본 민주당 정권 시대에 "주변국으로부터 '미국과 거리가 있는 일본은 무섭지 않다'고 얕보이는 냉혹한 외교의 세계"를 경험했다며 "미·일 동맹을 한층 공고히 하겠다"고 했다.

이 기고문에서 일본 민주당 정권에서 미·일 관계 악화로 이명박 대통령의 독도 방문, 메드베데프 러시아 대통령의 북방영토 '상륙'이 처음으로 이뤄졌다고 했다. 센카쿠 열도 부근에서 중국 어선이 일본 순시선에 충돌해 중국 선장을 체포했지만 어쩔 수 없이 석방하는 일도 있었다고 했다.

그는 "(이 같은 상황을 막기 위해) 일·미 동맹을 한층 강고하게 하는 것이 필수불가결하다"며 "내가 지난해 미 함재기(艦載機)의 훈련에 활용하는 마게시마(馬毛島)의 토지취득 교섭을 지휘했는데 이것이 (미·일 동맹 강화에) 효과가 있다"고 했다. 일본 정부는 주일 미군 함재기의 이착륙 훈련(FCLP) 부지로 제공하기 위해 마게시마를 160억 엔에 구입했다.

스가는 자신이 관방장관으로 일했던 아베 내각에서 미국과의 관계를 기반으로 한 외교·안보 분야에서 큰 성과를 냈다고 생각한다. 마이니치신문의 여론 조사에서 아베 총리의 외교·안보 정책은 다른 분야에 비해 57%로 가장 높은 평가를 받았다. 스가는 자신의 전임자인 아베 신조가 2009~2012년 민주당 정권하에서 흔들리던 미·일 동맹을 굳건히 한 후, 미국의 등에 올라타 일본 위상을 높이는 전략을 구사한 것을 교과서로 삼았다.

'레이와 아저씨' 스가, 총리되기 전에 訪美

아베의 후임으로 스가 요시히데가 떠 오른 것은 2019년 나루히토 총리 즉위를 계기로 해서다. 스가 장관은 4월 새 연호 레이와(令和) 발표 후 젊은 층으로부터 '레이와 오지상(레이와 아저씨)'으로 불리며 인기가 수직 상승했다. 그가 외출했을 때 젊은 층이 사인해달라고 몰려드는 장면도 TV 전파를 탔다. 1989년 아키히토 일왕 즉위 당시 새 연호 헤이세이(平成)를 들어 올렸던 오부치 게이조 관방장관이 나중에 총리가 됐던 전례를 따를 가능성이 제기됐다.

2019년 5월엔 관방장관 자격으로 4일간의 일정으로 미국을 방했다. 백악관에서 마이크 펜스 부통령을 만나 자신이 담당하는 납치, 오키나와 문제 외에도 북한의 미사일 발사 대책을 협의했다. 마이크 폼페이오 국무장관, 패트릭 섀너핸 국방장관 대행도 만났다. 뉴욕으로 가서는 유엔 본부에서 열리는 납치 관련 회의에 참석하고, 아베 내각의 경제정책인 '아베노믹스'를 미 경제계에 설명하는 기회도 가졌다.

스가의 방미는 이례적이었다. 일본 정치에서 관방장관은 위기관리가 주요 업무다. 내각의 중요한 결정과 관련, 부처 간 업무를 조정하고 대변인 역할을 맡고 있다. 이 때문에 지난 30년간 관방장관이 해외 출장을 간 경우는 단 네 차례에 불과했다. 그것도 도쿄에서 2~3시간 만에 갈 수 있는 베이징·서울·괌이 출장지였다.

일본 정가는 스가 장관의 방미를 차기 총리 후보 가능성과 연관시켜 해석했다. 대중적 인지도를 높이고 미국에 네트워크를 만드는 차원에서 기획됐다는 것이다.

스가는 학벌과 가문이 좋은 의원들이 많은 일본 정계에서는 이단아적인 존재다. 그는 1948년 아키타(秋田)현의 농가 출신이다. 고교 졸업 후 대학에 진학하지 않고 도쿄로 올라와 골판지 공장에 취직했다. 2년 후 호세이(法政)대에 진학했는데, 학비가 가장 저렴하다는 것이 이유였다. 대학 졸업할 때부터 정치에 뜻을 둔 그는 의원 비서관, 요코하마 시의원을 거쳐서 1996년 자민당 공천으로 국회의원 배지를 달았다.

'의지가 있으면 길이 있다'는 좌우명답게 자신만의 힘으로 중견 정치인이 된 후 아베 신조 총리를 만나 동지적 관계를 맺었다. 이후 아베 총리의 신임을 바탕으로 매일 일본의 최장수 관방장관 기록을 만들어 왔다. 자민당의 니카이 도시히로 간사장은 최근 기회가 있을 때마다 스가 장관의 차기 총리 가능성에 대해 "관방장관을 훌륭하게 해왔다. '포스트 아베' 후보로서 충분히 자격이 있다"고 말한다.

무명의 정치인이었던 그는 2002년 북한 문제를 계기로 아베를 만나면서 주목받기 시작했다. 스가가 당시 북한의 만경봉호 입항 금지를 위해 항만법을 개정할 필요가 있다고 주장하자, 관방 부(副)장관으로 대북 강경 정책을 주장했던 아베가 "함께 일해 보자"며 다가왔다.

스가는 이때부터 아베와 같은 길을 걷기 시작했고, 2006년 아베가 1차 집권하자 배지를 단 지 10년 만에 총무 대신에 발탁됐다. 스가는 아베가 궤양성 대장염으로 집권 1년 만에 사퇴한 후에도 그의 곁을 떠나지 않았다. 2012년 9월 자민당 총재 선거를 앞두고 "차기 총리는 당신밖에 없다"며 그의 출마를 설득, 제2차 아베 정권 출범에 기여했다.

스가는 7년 8개월 넘게 일본의 최장수 관방장관을 하면서 일본 관가를 장악한 것이 장점이었다. 그에게 모든 정보가 들어오게 했고, 2014년 내각 인사국을 설치해 주요 부서 국장이 되려면 그의 허락을 받아야만 가능하게 했다. NHK 개혁, 휴대폰 요금 인하 등 국민이 바라는 것을 적시에 내놓는다는 평가도 받았다.

스가, "아베 총리의 정책 계승"

2020년 9월 14일 자민당 총재 선거에서 70% 지지율로 압승한 스가 요시히데가 투표장 연단에 올라 가장 먼저 언급한 것은 아베 신조 총리에 대한 감사였다. "우선 일본의 리더로서 국가, 국민을 위해 큰 노력을 해 주신 아베 총리에게 진심으로 감사드립니다." 그는 참석자들에게 "우레와 같은 박수를 아베 총리에게 부탁드린다"고 했다. 이어 "아베 총리가 추진해 온 대책을 계승하고 추진해 나가지 않으면 안 되는 사명이 있다"고 강조했다.

아베는 "스가 관방장관의 모습을 줄곧 지켜봐 왔다. 이 사람이라면 틀림없다"고 했다. "레이와(令和·나루히토 일왕의 연호) 시대에 가장 어울리는 자민당 신임 총재가 아닌가"라는 말로 스가를 치켜세웠다. 두 사람의 발언은 스가가 총리가 된 후에도 아베가 뒤에서 영향력을 행사하는 '아베스(아베+스가) 정권' 가능성을 보여줬다.

일본 북부 아키타현 딸기 농가 출신의 스가는 1996년 중의원에 진출했지만 파벌과 가문의 후광, 빼어난 학벌이 없는 '3무(無) 정치인'에 불과했다. 요코하마 시의원을 거쳐서 48세의 나이에 일본 정치 중심지에 입성한 그를 주목하는 이는 거의 없었다. 스가의 진가를 알

일본 이기 바로 아베였다. 2000년대 초반 스가는 북한 문제를 제기로 일본 최고 정치 명문가 출신의 아베와 손을 잡으면서 정치 인생이 달라졌다. 스가는 이때부터 자신보다 여섯 살 아래인 '아베 총리 만들기'에 진력, 2006년 아베가 1차 집권하는 데 기여했고 총무대신에 올랐다. 스가의 설득으로 2차 집권을 시작한 아베는 그를 '내각의 2 인자'인 관방장관에 임명했다. 한국의 청와대 비서실장·정책실장·홍보수석을 겸하는 요직에 기용한 것이다.

스가는 8년간 우직하고 성실하게 관방장관직을 수행해왔다. 지진 등의 위기 상황에 신속히 대응하기 위해서 매일 아침 40분 걷기 운동을 하면서도 트레이닝복 대신에 양복을 입었다. 매일 복근 운동을 100번씩 하며 여론을 파악하기 위해 저녁에는 세 개의 약속을 잡는 것이 보통이었다고 한다.

스가의 애독서는 '도요토미 히데나가, 어느 보좌역의 생애'라고 한다. 히데나가는 도요토미 히데요시의 동생으로 형의 보좌관 역할을 했다. 히데요시의 전국 통일을 실현시킨 핵심 참모다. 스가는 관방장관이라는 총리 핵심 참모를 7년 8개월 넘게 했다. 일본 최장수 기록이다. 스가는 총재 선거에 앞서 3,213번째 관방장관 기자회견을 하면서 격무로 인해 그만두고 싶었던 적이 몇 번이나 있었다고 말하기도 했다.

"미국은 누가 골대 움직이는지 잘 알고 있을 것"

스가 총리는 수차례에 걸쳐 일본 기업 자산이 현금화되면 즉각 보복 조치를 취하겠다는 입장을 밝혀왔다. 일본 정부가 그간 비밀리에 금융 제재와 송금 중지를 포함, 40개가량의 보복 조치를 주기적으로 검토할 때도 모두 참여했다.

스가는 최근 한일 관계 악화 원인이 전적으로 문재인 정부에 있다고 보고 있다. 문재인 정부가 2015년 맺은 위안부 합의를 사실상 파기하고, 1965년 한일 청구권 협정에 위배되는 징용 배상 요구를 하고 있다는 것이다.

한국에 대한 이런 불신엔 개인적인 배신감도 작용하고 있다. 스가는 이병기 전 대통령 비서실장이 주일 대사로 근무할 당시 한 살 위인 그와 긴밀한 관계를 맺었다. 이 전 실장을 존경하는 의미에서 '선생(先生)'으로 부르며 위안부 문제 해결을 위한 한일 실무 협의를 발족시킨 바 있다. 2015년 12월 위안부 합의가 맺어질 때 여러 차례 자신이 개입해 '장애물'을 제거하기도 했다. 이런 배경 때문에 이 전 실장이 문재인 정부에서 구속되고 위안부 합의가 휴지가 되자 그가 격노했다는 사실은 일본 정치권에선 널리 알려져 있다. 스가는 이 전 실장이 감옥에 가게 되자 편지를 보내 위로하기도 했다.

스가는 원래 한국에 호의적이었다. 박근혜 정권 당시에는 이병기·유흥수 당시 대사의 초청으로 관저에서 여러 차례 식사하기도 했다. 삼계탕을 좋아하고 제주도에 골프 여행을 간 적이 있다고 말하기도 했다. 두 대사와는 문자메시지를 주고받을 정도로 가까웠다. 하지만 문 정부에서는 이 같은 관계가 계속되지 않았다. 스가와 친분이 있는 한 소식통은 "스가 총리가 먼저 한국을 자극할 생각은 없지만, 현금화가 실행되거나 싸움을 걸어오면 절대 피하지 않을 것"이라고 했다.

스가는 북한에 대해선 아베 총리보다 강경하다는 평을 들었다.

납치 문제 담당상도 겸한 적이 있는데 일본인을 납치하고, 북한 주민을 굶겨 죽이는 김정은 정권을 혐오한다고 한다. 일본 공무원이 일을 제대로 처리하지 못했을 때 스가가 "만약 여기가 북한이었다면 당신은 총살당했다"고 싸늘하게 말한 적도 있다고 한다.

스가 총리는 공개적으로 한국에 대한 불신을 강하게 드러내기도 했다. 문예춘추(文藝春秋) 2020년 10월호 기고문에서 "일·한 양국이 2015년 위안부 문제에 대해 '최종적이고 불가역적인 해결'에 합의했지만 한국이 이를 번복할 가능성은 '제로(0)'가 아니었다"며 "그래서 미국이 이 합의를 환영하는 성명을 내도록 외교 루트로 조정해서 '증인'이 되도록 했다"고 밝혔다. 한국이 합의를 번복할 가능성이 있었기 때문에 이를 방지할 목적으로 미국을 '증인'으로 내세워 환영 성명을 내게 했다는 것이다. 일본 총리가 위안부 합의의 지속을 위해 미·일이 긴밀하게 공조했음을 공개적으로 밝힌 것은 처음이다.

스가 총리는 또 "이렇게 '성 밖의 해자(垓字)를 메우는 외교'가 때로는 필요하다고 느꼈다"며 "일·한 관계가 이렇게 빨리 이상하게 될 줄은 생각하지 못했지만 일본과 한국 중 어느 쪽이 골포스트를 움직이고 있는지 '증인'인 미국도 잘 알고 있을 것"이라고 했다. 한·일 관계를 '전후 최악'으로 만든 책임이 위안부 합의를 '사실상 파기'한 문재인 정부 쪽에 있다는 데 미·일이 인식을 같이한다는 주장인 셈이다. 양국 관계가 계속 악화할 경우 미국이 한국 압박에 나서게 외교를 펼치겠다는 입장을 시사한 것이었다.

주일 美대사와 주1회 조찬회동

2020년 말부터 조 바이든 미 대통령 당선인과 스가 요시히데 일본 총리의 관계 구축을 위해 캐럴라인 케네디 전 주일 미 대사가 움직여 주목받았다.

일본 언론은 존 F 케네디 전 미 대통령의 딸로 주일 대사를 역임한 캐럴라인이 양국 정상 간 우호적인 관계를 만들기 위해 물밑에서 움직이고 있다고 전했다. 니혼게이자이신문은 캐럴라인이 스가 총리에게 "바이든을 소개하겠다"고 연락해왔다고 보도하기도 했다.

스가 총리는 관방장관 시절, 2013년 도쿄에 부임해 약 4년간 근무한 캐럴라인과 매달 1~2회 식사를 함께 하며 신뢰를 쌓았다. 두 사람은 지속적인 회동을 통해 공식 외교 라인이 해결하지 못하는 문제를 풀고 양국 관계를 더 굳건하게 만드는 데 기여했다는 평가를 받는다.

이를 바탕으로 2016년에는 미·일 관계에 새로운 이정표가 쓰였다. 버락 오바마 당시 미 대통령은 미국이 원자폭탄을 투하했던 히로시마를 미 대통령으로서는 처음으로 방문했다. 같은 해 12월 아베 신조 일본 총리는 1941년 일본군이 기습 공격했던 하와이에 가서 희생자들에게 애도의 뜻을 표명했다.

2019년 5월 스가가 미국을 방문했을 때 캐럴라인은 그를 자신의 집으로 초대했다. 이때 캐럴라인은 한자로 '레이와(令和·나루히토 일왕 시대의 연호)'를 쓴 케이크를 대접했다. 스가가 새 연호 레이와를 처음 공개함으로써 일본 국민 사이에 지지도가 오른 것을 상기시킨 것이다.

개럴라인은 미 민수낭에 여선히 석지 않은 영향력을 갖고 있다. 2020년 8월 민주당의 전당대회 당시 빌 클린턴 전 대통령과 함께 바이든 지지 연설을 하기도 했다. 바이든과는 언제든 전화 통화할 정도로 친밀한 그는 호주대사에 지명됐다. 스가는 캐럴라인의 후임으로 주일 미 대사를 지낸 뒤 상원의원에 당선된 윌리엄 해거티 전 대사와도 친밀한 관계를 유지했다. 스가는 관방장관 자격으로 해거티가 2017년 8월 부임한 이후 약 2년간 매주 조찬회동을 해왔다.

스가는 당시 동맹관계를 경시하던 트럼프 대통령의 취임으로 자칫 불안해질 수 있는 미일 관계를 우려, 매주 1회 조찬회동을 함께한 것으로 전해졌다. 양국 간 현안 외에도 중국 및 북한에 대한 공동 대응도 이 때 깊이 논의된 것으로 알려졌다.

관방장관은 청와대 비서실장·정책실장·홍보수석을 겸한 자리로 일본에서 가장 바쁜 직책이다. 스가가 그럼에도 관방장관 당시 미 대사와 2년간 매주 조찬회동을 한 것은 미일 동맹을 매우 중시한다는 의미다.

해거티는 2020년 7월 테네시주 상원의원 선거 출마를 위해 주일 미대사에서 물러난 후, 대통령 선거와 함께 실시된 상원의원 선거에서 무난히 당선됐다. 해거티는 2년간 도쿄에서 활동하며 친(親) 일본 인사가 돼 일본을 떠난 것으로 알려져 앞으로 의정활동에서 일본의 입장을 지지할 가능성이 크다.

센카쿠 열도 보호에 적극 나선 미국

바이든, 출장 일정 바꿔 가며 한미일 3각협력 강조

2021년 1월 미국의 46대 대통령에 취임한 조 바이든 대통령은 미 상원 외교위원회에서 오랜 기간 활동하며 위원장까지 지낸 외교통이다. 그는 동북아시아 현안 관련, '한·미·일 3국 협력'을 강조하며 적극적으로 목소리를 내왔다.

2013년 12월 당시 아베 일본 총리가 야스쿠니 신사 참배를 강행하자 이를 강하게 비판했다. 그는 방한 당시 연세대 연설에서 "중국이 도발하거나 북한이 핵무기 개발을 포기하지 않으면 절대로 평화가 이뤄질 수 없다. 한국과 미국, 일본이 관계를 발전시키고 협력해야 한다"며 3국 협력을 강조했다.

바이든은 2015년 12월 한일 위안부 합의가 이뤄지자 매우 기뻐하며 환영의 뜻을 밝혔다. 2016년 미국 시사 월간지 애틀랜틱 인터뷰에서 아베의 요청으로 박근혜 당시 대통령과 통화한 사실을 언급하면서 "나는 (위안부) 합의를 만드는 협상을 하진 않았지만 두 사람과 개인적 관계를 맺고 있고 그들이 나를 신뢰했기 때문에 중재자가될 수 있었다. 그것은 마치 부부관계를 복원시키는 '이혼 카운슬러' 같았다"고 했다. 2017년 위안부 합의가 사실상 파기되자 크게 실망감을 표출한 것으로 알려졌다.

바이든이 한미일 3각 협력을 얼마나 중시하는지를 보여주는 일화가 있다. 바이든이 2016년 7월 14일 하와이를 방문했다. 오바마 정부 부통령으로 환태평양 군사훈련(RIMPAC) 참관 후 호주로 향하는 것이 원래 일정이었다. 그는 하와이 출장 직전 이곳에서 세4차 한·미·일 3국 차관협의회가 열리는 것을 알게 됐다. 즉각 회의를 주재하는 토니 블링컨 국무부 부장관에게 연락했다. "3국 협의회에 참석해 얘기하고 싶다."

이 회의에 나타난 바이든이 기조연설을 통해 강조한 것은 딱 한 가지였다. "미국·한국·일본 3국은 기본적인 가치와 아시아·태평양 지역의 미래 비전을 공유하고 있다. 이 가치를 계속 지켜가기 위해 함께 노력하기를 기대한다." 미 부통령이 한·미·일 3국 회의에 참석해 연설한 것은 전례가 없는 '사건'이었다.

당시 차관협의회를 주도한 블링컨은 2021년 바이든 정부에서 국무장관으로 활동중이다. 그가 2015년 국무부 부장관 당시 가장 먼저 구상한 것이 2000년대 초반 활발했던 한·미·일 3국 대북정책조정그룹(TCOG)의 부활이었다. 그는 위안부 문제로 다투던 한·일을 화해시키고 중·북 문제 대응을 위해 차관협의회를 신설했다. 2015년 제1차 워싱턴 회의에 외교부 1차관으로 참석했던 조태용 주미대사는 이렇게 회고한다. "존 케리 장관은 중동 문제를 맡고, 블링컨은 아시아를 담당하기로 역할 분담한 후 차관협의회가 만들어졌는데 블링컨이 매우 적극적이었다."

3국 정책 조율에 효율적이었던 이 협의회는 트럼프와 문재인 정권이 발족한 2017년 7차 서울 회의를 마지막으로 더 이상 열리지 않았다. 트럼프가 이에 대해 관심이 없었다. 문재인 정권도 중국, 북한이 문제 삼는다는 이유로 적폐시했다. 이후 한·미·일 3국 협의는 문재인 정부에서 금기어(禁忌語)에 속했다. 문 대통령 주변 인사들은 대법원 징용배상 판결에 반발하는 일본을 비난하며 3국 협의도 기피했다.

"스가-바이든 전화통화는 100점 만점"

일본의 스가 요시히데 내각은 조 바이든 미 대통령 당선인의 외교·안보 관련 움직임에 안도했다. 전통적으로 일본은 리버럴 성향의 미 민주당 정부와는 불편한 경우가 많았는데 이번에는 그런 우려를 하지 않아도 될 것 같다는 전망이 일본 정부 안팎에서 나오기 시작했다.

이를 상징적으로 보여주는 장면이 2020년 11월 12일 스가 총리와 바이든 당선인의 전화통화다. 당시 취임한 지 두 달도 채 되지 않아 외교 경험이 부족한 스가는 상당히 긴장한 상태였다. 전화 통화를 준비한 외무성도 어떤 대화가 오갈지에 대해 신경을 곤두세웠다. 하지만 기우(杞憂)였다.

전화 통화 후, 일본 외무성 고위 관리는 "(일본과 미국 간) 정책 과제가 완전히 일치했다. (스가 총리와 바이든 당선인의 통화는) 100점 만점"이라며 만족감을 표시했다. 요미우리 신문이 '100점 만점'이라고 제목을 뽑은 기사를 크게 게재할 정도로 성공적이었다.

일본 측이 반색한 것은 중국과 영토분쟁 중인 센카쿠(尖閣·중국명 댜오위다오)열도에 대한 바이든의 언급 때문이다. 스가는 바이든과의 첫 번째 통화에서 큰 기대를 걸지 않았다. 축하의 뜻을 전하며 우호적 관계를 만드는 데 주안점을 두고 있었다. 모두(冒頭) 발언에서도 센카쿠 문제는 구체적으로 언급하지 않았다. 센카쿠 문제는 대화의 흐름에 따라서 거론하는 카드의 하나로 이를 준비했을 뿐이었다.

요미우리 신문에 따르면, 대화를 센카쿠 문제로 끌고 간 것은 뜻밖에도 바이든이었다. 그는 미·일 동맹 강화를 바라는 스가의 발언

이후 중국이 센카구에 대해서 심한 도발을 하고 있다고 비판했다. 이어서 센카쿠에 대해 미·일 안전보장조약 5조 적용을 다짐한다고 말했다.

이 조항은 일본의 영토나 주일 미군기지가 무력 공격을 받을 경우 양국이 공동 대응하도록 규정하고 있다. 일본은 미국의 새 대통령이 취임할 때마다 센카쿠를 일본의 영토로 사실상 인정하는 다짐을 하루라도 빨리 듣는 것을 지상과제로 삼아왔다.

이 때문에 바이든의 언급에 대해 일본 측 배석자 중 한 명은 "갑자기 (바이든 당선인이) 본론으로 들어와 '앗' 하고 놀랐다"고 말했다. 스가 내각 일부에서는 과거 친중(親中) 색채였던 바이든이 취임하기 전부터 확고하게 일본의 입장을 지지하는 데 대해 다소 흥분하는 모습도 나타나고 있다.

바이든이 먼저 센카쿠 보호 언급

2009년 출범한 오바마 정권은 중국을 의식해 한동안 '센카쿠 보호'를 언급하지 않아 일본을 실망시켰다. 2010년 9월 센카쿠 열도 해상에서 발생한 중국 어선 충돌 사건 후에야 힐러리 클린턴 국무장관이 센카쿠에 안보조약을 적용하겠다고 밝혔다. 이에 비해 바이든은 취임도 하기 전에 이를 약속, 일본 측을 '감동'시켰다는 평가다.

스가 내각은 바이든의 외교·안보 라인 인선에 대해서도 만족했다. 바이든이 토니 블링컨 전 국무부 부장관을 국무장관에, 자신이 부통령 당시 외교안보보좌관이었던 제이크 설리번을 백악관 국가안보보좌관에 지명한 것도 스가 내각을 안심시켰다.

블링컨은 오바마 정권에서 2014년부터 약 3년간 국무부 부장관으로 활동하며 일본과 긴밀한 관계를 만들었는데, 당시 그의 카운터파트가 스기야마 신스케 주미 일본대사였다.

스기야마는 2016년 사무차관 역임 당시 블링컨과 호흡을 맞춰 아베 신조 당시 총리의 진주만 방문을 성사시켰다. 아베는 진주만을 방문, 오바마가 지켜보는 가운데 1941년 진주만 침공으로 숨진 미국인들을 애도했다. 스기야마는 2018년 미국에 부임 후에도 블링컨과 긴밀한 관계를 유지했다.

제이크 설리반 NSC 보좌관 지명자도 일 외무성이 오랫동안 '관리'해왔다. 특히 아키바 다케오 현 외무성 사무차관은 당시 주미 정무공사로 활동하면서 그가 힐러리 클린턴 국무장관의 부(副)비서실장을 역임할 때부터 인연을 갖고 있는 것으로 전해졌다. 모테기 도시미쓰 외무상의 '분신(分身)'으로 알려진 야마다 시게오 총합외교정책국장도 2012년부터 약 3년간 미국에 근무하며 바이든 부통령 측과의 인맥을 만들었다는 평가를 받는다.

이 때문에 요미우리는 이들이 지명되자 '동맹중시파 기용 환영'이라는 제목의 기사를 게재했다. 외무성 고위 관리는 이 신문에 "바이든 전 미국 부통령 진영이 발표한 차기 정부의 외교·안보 담당 고위직 인사에 대해 미·일 동맹을 중시하는 실무 경험자가 모였다"며 환영한다는 입장을 밝혔다.

바이든이 부통령이던 2009~2017년에 주미 일본대사로 활동했던 이들이 여전히 건재, 파이프라인을 가진 것도 빼놓을 수 없다. 2008년부터 4년간 주미 대사로 근무했던 후지사키 이치로는 나카소네 평화재단 이사장으로 활동중이다. 그의 후임으로 6년 가까이 워싱딘 DC에 주재했던 사사에 겐이시로는 외무성 산하의 국제문제연구소 이사장을 맡고 있다. 사사에 이사장은 조선일보와의 인터뷰에서 바이든을 자신의 대사관저로 초청한 적도 있다고 밝혔다. 두 사람은 언제든 바이든 캠프의 주요 인사들과 연락해 주요 사안을 논의할 수 있다는 평가를 받는다.

이에 비해 문재인 정권은 2017년 5월 출범 후 오바마 정권과 긴밀한 관계를 맺어온 '워싱턴 스쿨' 인사들을 '친미(親美)주의자'라며 배척, 바이든 관련 인맥이 사실상 끊겼다. 바이든이 부통령 당시 활동했던 주미 한국대사들의 경험을 활용할 생각을 하지 않았다.

'요시' '조'로 부르는 바이든과 스가

조 바이든 미국 대통령은 취임직후 인 2021년 1월 28일 0시45분에 스가 요시히데 일본 총리와 전화 회담을 가졌다. 스가 총리는 회담이 끝난 후 관저에서 대기하던 기자들에게 "일·미 동맹을 한층 더 강화하기로 했다. 자유롭고 열린 인도·태평양 실현을 위해 긴밀하게 협력하는 것에도 일치했다"고 직접 브리핑했다. 이와 함께 양국이 북한의 일본인 납치 문제 해결, 북한 비핵화를 위해서도 협력하기로 했다고 밝혔다. 회담을 계기로 당시 79세(바이든), 73세(스가)인 두 정상은 서로 '요시', '조'라고 부르기로 했다. 일본·미국·호주·인도 4국 안보협력체(쿼드) 활동도 강화하기로 했다. 갓 취임한 바이든이 아시아 국가 정상과 통화한 것은 처음이었다.

이 전화 회담은 이례적으로 한밤중에 열렸다. 2017년 트럼프 대통령 취임 후 첫 미·일 정상 전화 회담은 일본 시각으로 밤 11시에 이뤄졌다. 오바마·부시 전 대통령과의 정상회담은 각각 오전 8시, 오전 9시에 열렸다. 니혼게이자이신문은 "미 대통령 취임 후 첫 회담이 일본 시각으로 심야에 열린 것은 이례적"이라며 "(스가 총리는) 아시아에서 최초의 위치를 확보해 강고한 일·미 동맹 관계를 세계에 발신하고 싶었다"고 분석했다.

심야 전화 회담은 양국 정상의 이해관계가 맞아떨어진 결과였다. 코로나 대책 실패로 지지율이 30%대로 추락한 스가 입장에선 바이든과 '아시아 지도자로서 첫 회담'한 것을 국민에게 신속하게 홍보할 필요가 있었다. 이 때문에 바이든이 가장 편한 시간에 맞춰 통화하는 것에 대해 양해한 것으로 이해됐다. 바이든도 자신의 취임에 맞춰 경고 메시지를 보내는 중국의 시진핑 주석을 견제하기 위해 하루빨리 '미·일 동맹 건재'를 과시할 필요성이 제기돼왔다.

CNN방송은 2021년 1월 중국이 센카쿠, 대만해협, 남중국해에서 군사 훈련 등을 통해 바이든 미 행정부가 어떻게 나올지 시험하려 들 것이라고 보도했다. 이에 대해 갓 출범한 바이든 미 행정부는 대통령·국무장관·국방장관·NSC 국가안보보좌관이 잇달아 일본 측과의 전화 회담에서 '센카쿠 보호'를 천명했다. 센카쿠 열도에서 문제가 발생할 경우 미국이 즉각 개입할 것임을 분명히 한 것이다.

무인도 5개로 이뤄진 센카쿠 열도는 일본 오키나와 이시가키지마에서 약 170㎞ 떨어져 있다. 일본이 2012년 센카쿠 열도를 국유화하자, 중국이 강하게 반발하면서 양국 관계의 리트머스 시험지가 됐다. 트럼프 전 대통령 때부터 미국의 최고 지도자가 직접 나서서 센카쿠 보호를 언급함에 따라 이 문제는 중·일 간의 현안을 넘어 미·중 간의 문제가 됐다. 이런 배경에서 중국이 미국의 움직임을 떠보기 위헤 이곳에서 먼지 갈등을 불리일으킬 기능성이 있다는 깃이다.

중국은 2021년 2월부터 센카쿠 등을 담당하는 해경국(海警局)의 권한을 대폭 강화한 조치를 실시했다. 중국이 주장하는 관할 해역 내에서 위법행위 단속을 명목으로 다른 나라 선박에 대해 퇴거명령을 내릴 수 있고, 긴박한 상황에서는 무기 사용도 허용하는 내용이다. 중국의 해경국 강화는 일본이 실효적 지배 중인 센카쿠 열도를 염두에 뒀다는 분석이 유력하다.

일본 측 주장에 따르면, 2020년 중국 공선(公船)의 센카쿠 주변 접속수역(영해에 인접한 곳) 항행은 333일로 역대 최다였다. 같은 해 5월에는 일본이 주장하는 영해를 침범해 일본 어선을 추적하는 사건도 발생했다. 최근 매일같이 센카쿠 주변에 중국 공선이 출현, 일본을 긴장시키고 있는 상황에서 바이든 행정부의 적극적인 보호 의지는 일본을 안심시켰다고 할 수 있다.

이하원(李河遠) 조선일보 국제부장

조선일보 워싱턴 특파원에 이어 도쿄 특파원으로 미국과 일본에서 동북아 정세와 한미
동맹·미일동맹·한미일 3각 협력 및 북한 문제에 대해 관심을 갖고 기사를 써왔다.
워싱턴 특파원 시절, 카불 인근의 바그람 미군 기지에 파견돼 아프가니스탄 전쟁을 보
도했다. 도쿄 특파원으로는 주일 미군 사령부가 있는 요코다 기지, 요코스카 해군 사령
부와 오키나와의 후텐마, 가데나 기지 등을 현장 취재했다. '서울-워싱턴 포럼' '맨스필
드 재단 한미관계 포럼' 'CSIS 퍼시픽 포럼' 등이 주최하는 국제회의에 참가, 미국 중국
일본 러시아의 전문가들과 국제정세에 대해 논의해왔다.
1993년 조선일보 입사 후 한나라당 취재반장·외교안보팀장·논설위원, TV조선 정치부
장·메인 뉴스 앵커를 역임했다.
고려대 정치외교학과, 하버드대 케네디 행정대학원 졸업 후 하버드대 벨퍼과학국제문
제연구소(BCSIA) research fellow로 활동했다. 2006년 '한중일 차세대 지도자 포럼'의 한
국 대표단 멤버로 선정됐다.

저서: 시진핑과 오바마(김영사)
　　　세계를 알려면 워싱턴을 읽어라(21세기북스)
　　　조용한 열정, 반기문(공저·기파랑)
　　　남북한과 미국, 변화하는 3각관계(나남출판)

사무라이와 양키의 퀀텀점프

초판발행　　　2022년 8월 10일
중판발행　　　2022년 9월 25일

지은이　　　　이하원
펴낸이　　　　안종만·안상준

편　집　　　　전채린
기획/마케팅　조성호
표지디자인　　이소연
제　작　　　　고철민·조영환

펴낸곳　　　　(주)박영사
　　　　　　　서울특별시 금천구 가산디지털2로 53, 210호(가산동, 한라시그마밸리)
　　　　　　　등록　1959. 3. 11. 제300-1959-1호(倫)
전　화　　　　02)733-6771
f a x　　　　02)736-4818
e-mail　　　　pys@pybook.co.kr
homepage　　www.pybook.co.kr
ISBN　　　　979-11-303-1587-4　93340

정　가　　　　18,000원